KB203445

용성 사상 연구

프라즈냐 총서
56

용성 사상 연구

| 백용성의 불교실천운동을 중심으로 |

진관 저

운주사

머리말

이 책은 박사학위 논문에 다소의 수정을 가한 것이다. 박사논문을 책으로 간행하려고 하니 마음에 걸림이 있지만 한편으로 백용성의 삶과 사상을 연구하여 이를 선양하고, 나아가 이 시대에 활용할 수 있는 계기를 찾고자 한 것에 위안을 삼는다.

불교 승려에게 학문이라는 것이 불필요하다고도 하는데, 학문이 없는 수행자는 시대를 바르게 관찰하는 안목이 부족할 수 있다고 생각한다. 고려시대에는 승과 시험이 있어서 승려들이 학문에 전념하기도 했다. 그런 시대에는 승려들도 일반인들과 학문으로 견줄 수가 있었다. 한편 조선시대에는 숭유억불로 인해 유생들과 경쟁할 수 없었지만 허응당 보우로 인해 승과 시험이 다시 시행되어 서산과 사명을 탄생시킨 이후 유생들과 학문에 있어서 동등했던 역사도 고찰할 수 있다.

백용성을 학문적으로 연구함에 있어 불교사상적인 면과 불교문학적인 면에서만 본다면 연구자들에게 소재가 부족할 수 있지만, 불교사 연구에 있어서는 학문적으로 원효, 의상, 의천, 지눌 보조, 태고 보우, 함허, 허응당 보우, 서산, 사명, 지안, 경허, 용성으로 이어지는 연구의 대상이 된다는 점에 주목할 필요가 있다.

또한 백용성은 근대의 실천불교사적인 면, 즉 한문으로 된 불교경전을 국문으로 번역한 역경사업과 저술, 독립운동, 불교포교 운동 등에서 본다면 불교계의 선각자라고 할 수 있다.

일본식민지시대에 백용성의 역할에 대해 고찰해보면, 부처님의 정법을 실현하려는 계를 중시하고 불교경전 공부에 총력을 다해야 한다는, 오늘날의 대한불교조계종의 역사를 회복하는 기틀을 마련했다고 보아야 한다.

하나 짚고 넘어가고 싶은 점은, 3·1운동에 참여한 승려에 대한 국가의 관심이 다른 독립운동 인사들에 비하여 너무 소홀하다는 점이다. 그 역할과 비중에 대해서 보다 깊은 관심과 연구가 필요하고, 이를 위해서 불교계에서의 후원이 있어야 하리라고 본다.

백용성은 옥중에서 한문 경전을 우리말로 번역해서 보급해야겠다는 서원을 세우고 출소 이후 경전 번역에 전념하였으니, 이러한 활동은 백용성을 연구하려는 연구자들에게 많은 소재와 과제를 제공하고 있다.

그런 점에서 백용성을 연구하여 책으로 발행하는 데 늦은 감이 있지만, 백용성을 이 시대에 선양하는 데 조금이나마 헌신하게 되어 참으로 기쁘게 생각하면서 출판에 응해 주신 김시열 사장님에게 백용성을 연구하는 이들의 이름으로 감사하는 바이다.

2022년 12월
무진장 불교문화연구원에서
박진관 합장

머리말 • 5

I. 서론 11

II. 용성의 수행 체계 21

   1. 탄생 및 유년 시절의 시대적 배경 • 21

      1) 탄생 시기 조선의 정국과 불교계 • 21

      2) 용성 이전의 불교실천사상 태동 • 23

   2. 용성의 출가 수행과 불교사상 • 32

      1) 용성의 덕밀암 출가 • 32

      2) 조선개항 이후 일본불교 • 39

      3) 용성의 해인사 출가 • 42

      4) 다라니 염송과 1차 깨달음 • 44

   3. 용성의 수행 체계와 실천 • 49

      1) 무융 선사의 간화선 • 49

      2) 통도사 금강계단에서의 비구계 수지 • 54

      3) 해인사에서의 2차 깨달음 • 58

      4) 용성의 선문답과 선수행 • 64

   4. 용성의 중국불교 사찰 순례 • 71

   5. 용성의 미타회 수행과 원종의 탄생 • 74

Ⅲ. 일제하 용성의 불교실천운동 79

1. 일제강점 직후 조선불교계의 변화 • 79
   1) 조선불교선교양종 30본산 변화 • 79
   2) 조선불교 전통성 회복 운동 • 80
2. 용성의 도회지 불교포교 서원 • 83
   1) 용성의 『귀원정종』 간행 • 84
   2) 용성의 불교 대중화 • 88
3. 용성의 도회지 포교당 건립 • 91
   1) 임제종중앙포교당에 참여 • 91
   2) 용성의 대각사 창건 • 95
   3) 용성의 법계고시, 대종사 • 100
   4) 포교 재원 확보를 위한 금광 경영 • 103
4. 용성과 3 · 1운동 • 105
   1) 3 · 1운동 이전, 용성의 독립정신 • 105
   2) 민족대표, 태화관에서 조선독립선언 • 110
   3) 경성지방법원의 신문 내용 • 114
5. 용성 · 만해의 영향과 대한승려연합회 선언서 • 121

Ⅳ. 용성의 불교실천과 대각운동 129

1. 용성의 옥중 체험 이후 불교포교 • 129
   1) 역경과 출판을 통한 문서포교 • 129
   2) 서대문감옥에서의 체험 • 131
   3) 삼장역회 설립 및 출판 활동 • 133
   4) 용성의 『각해일륜』 간행 • 144

2. 용성의 불교 대중화 실천운동 • 149

   1) 선학원 건립과 선수행 결사 • 149

   2) 대각교 창립과 대중선 운동 • 156

   3) 용성의 잡지 창간과 출판 • 162

      (1) 저술 • 170

      (2) 번역 경전 및 논서 • 171

      (3) 논술 • 172

   4) 용성의 해인사 대승계단 수계법회 • 172

3. 전통 비구계단 상실에 대한 대응 • 176

   1) 전통 계율 상실에 대한 입장 • 176

   2) 용성 중심으로 한 건백서 제출 • 179

      (1) 1차 건백서 • 179

      (2) 용성의 2차 건백서 • 184

   3) 망월사 만일참선결사회 창립 • 187

      (1) 망월사 만일참선결사의 전개 • 187

      (2) 통도사 내원암으로 만일참선결사회 이전 • 199

4. 대각교 용정 포교당과 화과원 농장 • 208

   1) 대각교 용정 포교당 • 208

   2) 화과원과 선농불교 • 217

V. 대각교 운동의 좌절과 과제 225

1. 대각교의 전법의식 • 225

   1) 대각사상 선양을 위한 노력 • 231

   2) 용성의『각설범망경』번역 홍포 • 237

   3) 금강계단 계맥 전승의 전법 의식 • 242

2. 용성 불교실천운동의 한계와 좌절 • 249

    1) 조선총독부의 유사종교 탄압과 대각교 해산 • 249

    2) 대각교당의 조선불교선종총림으로 전환 • 255

    3) 용성의 불교실천운동의 의의와 한계 • 259

3. 용성의 열반과 미래 불교운동 • 264

    1) 용성의 열반 이후의 역할 • 264

    2) 용성의 계율 전승과 불교정화운동의 체용體用 • 269

VI. 결론 275

참고문헌 • 281

찾아보기 • 291

Ⅰ. 서론

용성 진종(龍城 震鐘, 1864~1940)은 계율을 준수하는 비구승 중심의 교단을 확립하고자 진력한 고승이다. 그는 출가자 및 교단이 스스로 정체성을 확립하고, 임제선을 핵심적인 수행의 기조로 하는 전통교단을 확립하고자 노력하였다. 이는 용성이 수행 과정에서 경經·율律·론論 삼장三藏을 바탕으로 다라니 수행, 간경, 참선, 지계 등을 실천하여 불교사상을 폭넓게 체득한 것에서 나온 것이다. 그는 다양한 수행활동을 기반으로 포교와 역경, 선농일치, 대각운동 등 불교실천운동에 주력하여 근대불교사, 민족운동사에 기념비적, 역사적인 의의를 구현하였다. 이러한 용성의 지성과 행보는 훗날 역사가들이 그를 근대불교를 대표하는 독립운동가로 지목케 하였다. 그가 제국주의에 저항하면서 민족의 독립과 자주를 주창하고, 불교의 이념을 현실에 구현하는 불교실천운동을 걸어간 선구자였기 때문이다.

이에 본서에서는 용성의 불교사상 및 민족사에 구현된 불교실천운동을 그의 생애와 더불어 당대의 사회적 맥락(social context)과 관련성 속에서 분석하여 설명하고자 한다. 그렇다면 필자는 왜 용성의 불교실천운동에 관심을 갖고자 하는가?

용성은 무종단과 무교단의 상태였던 조선불교에 재생의 생명을 불어넣기 위해 전 생애에 걸쳐서 고군분투하고 혼신의 노력을 다한 인물이다. 이런 성격은 현대 한국불교와 조계종단의 정체성 확립에 기여한 가치가 인정되는, 결코 간과할 수 없는 중요한 고승으로 간주하게 하였다. 조선후기에서 근대기로 접어드는 과도기에 그가 행한 다양한 행보는 근대불교에서 중요한 의미를 갖고 있지만, 나아가 현대불교에서도 그의 실천적 불교사상은 재인식되어야 할 가치가 있다고 본다. 다시 말해서 현재 한국불교, 그리고 조계종단의 이념 및 사상적인 기틀을 마련한 인물이기 때문에 용성의 불교실천운동에 대한 연구는 한국 근·현대 불교를 이해함에 있어서 반드시 거쳐야 할 과정이다. 뿐만 아니라 용성의 불교실천운동은 그 시대적 맥락을 감안하면, 단순히 당대 불교현실을 이해한다는 차원을 넘어서는 사회운동론적 함의를 갖추고 있다. 여기에서 사회운동론적 함의란 한 시대의 선각자가 자신이 속한 사회의 고통스러운 현실을 이상적인 상태로 전환하려는 노력을 의미한다. 이는 불교의 사회적 실천이 절실한 현재 한국불교에서 용성이야말로 실천운동에 관심을 갖는 후학들에게 모범으로서 가치를 지니고 있음을 시사한다.

실제로 용성이 탄생할 무렵 조선불교계는 교단이 없었을 뿐만 아니라 승려들의 사회적 영향은 미미하였다. 이러한 상황에서 일본불교가 조선에 영향력을 행사하기 위해 조선불교를 포교한다는 명목 아래 조선에 침투하였다. 일본 불교계는 조선불교에 환심을 사면서 그들의 활동 명분으로 삼기 위해 승려들의 도성출입 허가를 얻어내려고 노력했다. 이러한 결과 1895년 3월 29일 도성출입금지가 해제되었다. 그러나 문제는 이를 계기로 일본불교의 영향력을 확인한 조선 승려들이 급속히 일본불교의 포교에 친근감과 모방 등으로 우호적인 경향을 보였다는 점이다. 용성은 바로 이러한 불교계의 비자주적, 몰주체적인 문제점을 차단하기 위해 조선불교의 정체성을 확립하지 않을 수 없었다.

때문에 용성의 수행이력은 불교가 처한 이와 같은 시대적 배경과 무관할 수 없었다. 용성은 해인사에서 출가하여 스승으로부터 지도를 받아 청정한 계율을 지켰고, 고운사에 가서는 다라니 주력을 통해 자신의 존재를 성찰하는 송주 수행을 하였다. 또한 다라니 주력으로 득력을 얻은 이후에는 금강산 표훈사의 무융 선사를 만나 무자화두를 들고 참선수행으로 나아갔다. 그리고 용성은 통도사 금강계단에서 비구계를 수지하였다. 이것은 용성으로 하여금 전통적인 계율을 실천하는 율사가 되도록 하는 결정적인 계기가 되었다. 또한 용성은 이 시기에 불교경전을 학습하면서도 간화선을 겸수하였다. 그리고 불교 삼장三藏의 이력과목을 학습한 이후에는 송광사에서는 33인 도반들과 용맹정진을 하여 무자화두를 타파하기도 하였다. 한마디로 용성은 출가수행자로서 불교 기본 수행의 덕목인 삼장을 학습하면서도 전통선인 간화선 수행에 진력하였던 것이다. 그것은 조선불교를 중흥하는 길이기도 했지만 일본불교화 되어 가는 조선불교의 정통성을 호지하면서 미래불교의 향방을 가늠하려는 불교사회운동에 다름 아니었다.

그 밖에도 용성은 불교를 새롭게 하려는 노력의 일환으로 역경사업에도 많은 노력을 기울였다. 칠불암 선원에서 수행하던 시절 용성은 불교의 존재성을 입증하는 책을 저술해 달라는 도반들의 의견을 받아들인 인연을 계기로 역경·저술을 하기에 이른다. 또한 용성은 경성에 포교당을 건립하려는 서원을 세우고 경성에 와서 무종교인들을 불교로 귀의시키는 포교운동을 전개하였는데, 그 과정에서 용성은 문서포교의 연구에도 진력하였다. 특히 용성은 대중들과 함께 수행하였다. 이는 경성 포교당을 중심으로 정법을 지키고 불교의 근본 목적인 깨달음을 실현하기 위한 것에서 나왔다. 그리고 일본불교의 영향, 혹은 불교근대화를 추구하면서 계율의 배척 및 부정되는 폐단을 거부하고 철저한 계율의 준수와 임제선 중심의 수행불교를 주창하는 노선으로 나갔다.

한편 용성은 조선의 독립을 선포하는 일에 적극적으로 참여하고 독립운동에 큰 힘을 보탰다. 1919년 3월 1일에 선포된 독립선언서에 용성은 만해와 함께 불교계를 대표하여 서명하였다. 이렇듯 불교의 대표자로 조선독립운동에 참여하였다는 것은 그 시기가 일제의 식민통치시기였다는 점을 감안하면, 용성의 삶에서 일대전환의 계기가 되었음을 의미한다. 실제로 용성은 조선독립운동에 참여하여 감옥에 갔는데, 그곳에서 용성은 조선불교가 바르게 실천할 수 있는 방안을 연구하고, 불교실천운동의 방향을 모색하였던 것이다.

그리하여 그는 감옥에서 출소하자마자 불교실천운동의 목표를 설정하고 행동으로 옮겼다. 그 첫 번째가 삼장역회三藏譯會를 조직하여 불교경전을 한글로 번역하고 출판하는 사업이었다. 두 번째는 혁신적인 방안에 의거한 포교였다. 일요불교학교와 부인선원을 개설하여 청소년과 일반 신도들을 대상으로 불교를 전파하였고, 간화선을 바탕으로 포교하였으며, 만주 용정에 대각교당을 설립하였다. 세 번째는 선농불교의 실행이다. 그는 포교자금을 확보하기 위해 북청에서 금광을 경영하였을 뿐만 아니라 선농일치 차원에서 만주 연변에 농장을 설립하였고 경남 함양의 백운산에 과수원(화과원)을 설립하였다. 이는 수행포교 및 불교혁신의 의미를 갖고 있는 활동이었다.

요컨대, 조선이 일제 강점기로 전락되는 역사의 흐름 속에서 조선불교계의 대다수 구성원들은 일본불교 및 서양문명의 영향력에 예속되었지만 용성은 단연코 그에 맞서 실천불교의 길을 고독하게 걸어갔다. 즉 그는 일본의 조선에 대한 식민통치에 맞섰던 것이다. 대다수의 승려들이 일본식 불교제도에 순응하는 길을 선택하였지만 용성은 오히려 조선총독부에 의해 만들어진 조선불교 교단인 선교양종 체제가 일본 식민통치의 도구로 전락하는 데 강력하게 저항하였다. 그 상징적인 사건이 바로 대각교大覺敎의 창립이었다. 특히 대각교 운동은 조선불교의 전통성을 수호하기 위한 불교 중흥 활동이자 조선의 독립을 쟁취하는 자주독립운동의 성격을 아울러 지닌다. 이처럼 용성은 평생 동안 일본의 탄압에 맞서 조선불교의 정체성을 올바르게 정립하는 일에 매진하였다. 필자는 현대적 표현으로 이러한 실천 활동을 총칭하여 '용성의 불교실천운동'으로 명명하고자 한다.

그렇다면 용성의 이러한 불교실천운동은 어떠한 역사적 의의를 갖는가? 이러한 질문에 답하기 위해서는 무엇보다도 용성이 행한 불교실천운동의 당시 시대적 맥락을 객관적으로 분석해야 한다. 즉 조선의 정치와 사회적 상황, 그리고 조선불교가 처한 상황 속에서 용성의 지성과 행보를 해석해야 한다고 본다. 다시 말하면 '용성은 어떻게 지속적으로 밀려드는 도전과 격랑을 하나하나 헤쳐 나가면서 초지일관의 자세로 자신의 사상을 실천할 수 있었는가'를 밝혀내야 한다.

본서에서는 용성의 생애사적 자료를 분석하고 그를 체계적으로 정리함으로써 이에 대한 해답을 찾아보고자 한다. 통상 특정한 인물의 사상과 철학에서뿐만 아니라 그 실천 활동을 당시 시대적 맥락 속에서 재해석하려는 연구를 사회운동론적 시각이라 한다면,[1] 본서는 용성의 불교실천운동에 대한 사회운동론적 연구라고 말할 수 있을 것이다. 그렇기 때문에 본서는 용성 이후 현대기 한국불교(조계종단)의 불교정화운동뿐만 아니라 1980년대 한국 불교계의 민중불교운동 등 근·현대 한국불교의 실천 사상과 활동을 이해하는 데 초석이 될 것으로 기대된다.

이런 맥락에서 용성의 전 생애를 시대별로 조명하고, 시대적 상황 변화에 용성이 어떤 대응과 참여를 하였는지에 유의하면서 논지를 전개하고자 한다.

논의에 들어가기에 앞서 우선 말하고 싶은 것은, 용성에 대한 선행 연구의 취약함이다. 특히 만해 한용운에 대한 연구와 비교하면 더더욱 그러했다. 용성이 근대기 조선불교계에 있어 최고의 승려임에도 불구하고 연구의 대상으로 주목받지 못하고 있었던 것이다. 다만 근간에

---

1 진관, 『실천불교』 창간호, 일월서각, 1980 참조. 실천불교는 사회적 이슈와 결부시켜 불교가 사회참회, 참여불교 운동으로 나아가는 것이다.

한보광과 김광식 등에 의하여 그의 생애와 대각교 운동, 불교사상 등이 조명되고, 이에 따라 그에 대한 관심이 높아지고 있는 점은 다행스런 일이라고 하겠다. 그리고 그 결과 용성의 생애, 전모, 사상, 지향 등이 상당 부분 조명되었으나 필자는 용성의 지성에 있어서 민족성과 선불교의 전통성을 주목하여 탐구해야 본다고 본다. 왜냐하면 용성은 조선불교계의 전통선을 주장하고, 이를 실천했기 때문이다. 따라서 필자는 용성의 지향 및 사상의 핵심을 불교실천운동이라고 보고 본서에서는 다음과 같이 서술해 나가고자 한다.

Ⅱ장에서는 용성의 생애와 수행체계에 대해 5절로 나누어 살펴볼 것이다. 제1절에서는 용성이 태어난 시기의 시대적 배경을 살펴보는데, 조선의 정국과 용성 이전의 불교실천사상의 태동을 검토하고자 한다. 제2절에서는 용성의 출가수행과 불교사상을 용성의 덕밀암 출가, 조선개국 이후 일본불교, 용성의 해인사 출가, 다라니 주력과 1차 깨달음을 통해 살펴보고자 한다. 제3절에서는 용성의 수행체계 실천으로서 무융 선사의 간화선, 통도사 금강계단에서의 비구계 수지, 해인사에서의 2차 깨달음, 용성의 선문답과 선수행 등을 살펴볼 것이다. 제4절은 용성의 중국불교 사찰 순례, 제5절은 용성의 미타회 조직 무렵의 원종 탄생 등을 고찰한다.

Ⅲ장에서는 일제 강점기 하에서 용성의 불교실천운동에 대해서 5절로 나누어 살피고자 한다. 제1절에서는 일제 강점기 직후 조선불교계의 변화를 조선불교선교양종 30본산 변화사와 조선불교 전통성 회복 운동으로 나누어 검토할 것이다. 제2절에서는 도시에서의 불교포교 서원을 실현키 위한 『귀원정종』 간행과 불교 대중화에 대해서,

18

제3절에서는 용성의 도시 포교당 건립에 대해 대각사 창건, 임제종중앙포교당 참여, 금광 경영 등으로 나누어 살펴볼 것이다. 제4절에서는 3·1운동과 용성과의 관계를 3·1운동 이전 용성의 독립정신, 민족대표들의 3·1 조선독립선언, 용성의 경성지방법원의 심문내용으로 나누어 고찰해보고, 제5절에서는 용성과 만해에 대한 해외 동포들의 지지를 해외불교도들의 성명서와 대한승려연합회의 성명서를 통해 검토할 것이다.

Ⅳ장에서는 용성의 불교실천과 대각운동에 대해 4절로 나누어 살펴볼 것이다. 제1절에서는 용성의 옥중 체험 이후의 불교포교에 대해 살펴보는데, 역경과 출판을 통한 문서포교, 서대문 감옥에서의 깨우침, 삼장역회 설립 및 출판 활동, 『각해일륜』 출간 등을 고찰한다. 제2절에서는 용성의 불교 대중화 실천운동의 전개를 선학원 건립과 선수행 결사, 대각교 창립과 대중선 운동, 잡지 창간과 출판, 해인사 대승계단 수계법회 등을 통해 살펴볼 것이다. 제3절에서는 육식대처 등 조선불교계의 계율 상실에 대한 용성의 대응을 살펴보는데, 이는 두 차례의 건백서建白書 제출과 만일참선결사회 창립을 통해 고찰한다. 제4절에서는 용성의 해외 포교와 사찰의 경제적 자립을 위한 활동을 살펴보는데, 이는 용정 대각교 포교당과 화과원 운영 등을 통해 고찰한다.

Ⅴ장에서는 대각교 운동과 불교실천운동이 좌절되는 과정과 그것이 남긴 과제를 3절로 나누어 살펴본다. 제1절에서는 대각사상 선양을 위한 주요 활동을 대각사의 선회 개설과 대중선 수행, 『각설범망경』의

번역과 홍포, 금강계맥 전승의 전법 의식 등을 통해 고찰한다. 제2절에서는 조선총독부가 대각교를 유사종교로 몰아 강제 해산시킴으로서 대각교 운동과 불교실천운동이 좌절되는 과정과 한계를 살펴본다. 제3절에서는 용성의 열반과 함께 그의 사상이 어떻게 전승되고 계승되었는지를 살펴본다.

필자가 보건대 지금까지는 용성이 전 생애에 걸쳐 이루어낸 종단에 대한 공헌이나 불교실천운동의 역할에 비해 그에 관한 연구는 너무도 소홀하고 미흡했다. 이에 본서에서는 용성이 당대에 불교실천의 과제 및 시대적 과제를 해결하기 위해 어떠한 불교실천운동을 전개하였는지를 시계열적으로 추적해 보고자 한다.

이러한 목적을 달성하기 위한 기본 자료로는 당연히 『용성전집』을 꼽지 않을 수 없다. 동시에 개화기를 거쳐 일제강점기 이후 조선불교선교양종의 태동 과정과 개화기 불교계의 역할에 대한 많은 방계 자료들을 활용하고자 한다. 요컨대 본서는 생애사적 방법을 활용하여 용성의 실천활동을 시계열적[2]으로 분석해 나가고자 하며, 이를 사회운동론적 시각, 즉 용성의 다양한 실천활동의 사례를 각각 당대의 사회적 맥락과의 연관성 속에서 검토하여 해석해 나가고자 한다.

---

2 시계열적인 연구와 분석은 한 사상 또는 여러 사상에 대하여 시간의 흐름에 따라 일정한 간격으로 이들을 관측하는 방법을 말한다. 즉, 용성의 실천운동을 연구함에 용성의 나이와 시대상황의 추이를 관련시켜서 그 연관성 위에서 연구하고 해석하며 검토한다는 것이다.

Ⅱ. 용성의 수행 체계

1. 탄생 및 유년 시절의 시대적 배경

1) 탄생 시기 조선의 정국과 불교계

용성은 탄생부터 새로운 역사의 격랑 속에 휩싸였다. 그리고 이러한 사정은 그의 전 생애를 관통한다. 이는 그의 생애가 비운과 파란의 조선 역사와 동반할 수밖에 없었음을 암시한다. 조선 후기는 개화라는 새로운 현실을 맞이하여 많은 변화를 만나게 되었다. 용성은 바로 이러한 시대에 출현하여 개화기 불교를 새롭게 변화시키고자 했던 개화승려의 측면도 일부 갖고 있었다고 볼 수 있다.

그러나 그는 불교계에 입문하여 불교실천운동의 목표를 세우고 철저한 계율, 선수행, 역경, 출판, 도회지 포교, 선농일치 등을 실행하여 불교실천운동을 밀고 나감과 동시에 그를 수행으로 승화시켜서 전통불교를 회복하는 운동을 전개하였다는 점이 주목된다. 그는 개화기라는 신시대를 주도하려는 개혁세력들과 함께 조선의 개혁시대를

22

맞이하는 데 중요한 인물이다. 용성의 생애와 출신에 대해서는 다음의
기록이 주목된다.

갑자년(1864) 5월 8일에 조선 전라남도 남원군 하번암면 죽림리에
서 출생하였다. 부친의 호는 靜愼齊이며 시호는 忠肅이며 휘는
莊之이고 제20세손이다. 貫은 水原白氏이고 南賢의 長子요 母는
密陽孫씨이고 士衡의 여식이다. 하루 밤에 모친의 꿈에 한 스님을
보았는데 법복이 찬란함으로 방에 들어와서 인하여 그를 잉태하여
10달에 탄생하니 처음에는 말이 없었고 入室하고 仍孕之하야 十朔
이 誕하니 初無口言하고 비린내 맡기를 싫어하였다.[1]

이상과 같이 용성이 태어났거니와, 당시 조선의 정치적 상황은
국내외적으로 정치변동이 급변하는 시기였다. 내적으로는 고종이
어린 나이에 즉위하였고 국제적으로는 청과 일본 사이에서 갈팡질팡하
고 있었다. 고종은 명목상 임금이었을 뿐 실제 조선의 통치자는 섭정을
통해 국정을 수행한 홍선 대원군이었다.

한편 당시 승군들은 강화도에 출현한 서양 오랑캐를 물리치는 전쟁
에 나섰다. 그러나 고종은 참전한 승려들에게 합당한 예우를 해준
것은 아니다. 당시 승려들이 나라를 위해 중요한 임무를 수행하였지만,
고종은 여전히 불교계에 대해 호의적이지 않았다. 오히려 1872년(고종
9) 3월 20일에는 부처님 탄신일에 관등불사를 중지하라고 하였다.
고종이 이교복에게 전교하는 내용을 보면 다음과 같다.

1 東山慧日 撰集, 『龍城禪師語錄』 卷上(京城: 三藏譯會, 龍城全集 1, p.377).

8일 깃대에 燈을 다는 것은 佛事이니 행할 필요가 없다. 그러니 금년부터는 이러한 습속을 영원히 혁파하라. 紗燈으로 말한다면, 이는 긴급하지 않은 물건으로 낭비가 적지 않으니, 일체 하지 말라고 분부하였다.[2]

고종은 부처님 탄신일의 축하 행사를 비판한 것이다. 고종은 그 이전에 행해진 봉축행사를 물자의 낭비로 간주하면서 부처님 탄신일의 불사를 중단하라고 하였던 것이다. 그런데 비록 불교에 대한 탄압은 아닐지라도 불교를 배척하는 이러한 조치에 조선불교계에서는 아무런 반응을 보이지 않았다. 하지만 개화세력의 추동자 김옥균을 비롯한 개화파들은 조선불교를 새롭게 하려는 개화승들과 친교하면서 개혁의 기치를 들고 나섰다.

2) 용성 이전의 불교실천사상 태동

조선에서는 용성이 태어나기 이전에 이미 불교의 실천사상이 태동하였다. 그 중심에 있는 인물이 바로 조선말 개화기의 개화승[3] 무불無不과 이동인李東仁, 차홍식車弘植 등이다. 특히 무불은 김옥균을 비롯한

---

2 『承政院日記』 고종 9년(1872, 임신), 3월 20일조(사단법인 민족문화추진위, 승정원 고종 42권, 2001) p.262, 「초파일날 깃대에 등을 다는 것은 불사이므로 금년부터는 영원이 혁파하라는 등의 전교」, 傳于 〈李〉 敎復曰, 八日燈竿, 聞是佛事也, 不必行 之, 自今年爲始, 永革此習, 至於紗燈言之, 以不緊之物, 糜費不少, 一體除之事, 分付。

3 일반적으로 개화승은 탁정식(無不 覺地)과 이동인(琪仁 西明), 차홍식 등을 지칭한다.

개화파들과 개혁운동을 주도했던 인물이다. 무불은 백담사 승려로서
주변에 뜻을 함께하는 승려들을 모아 개화사상에 대한 연구를 시도하
였다. 재가불자들도 다수 모여들어 함께 선불교를 탐구하기도 하였다.
이들이 토론하는 회합은 재가 거사인 유대치가 중심이 되었는데,
박영효·오경석 등 개화를 꿈꾸는 관료 및 양반들도 자주 합석하였다.
이러한 회합이 김옥균과 교류하는 계기가 되었다.

　개화승들은 개화파인 김옥균과 교류하였는데, 그 교류가 무불이
염원하던 개화사상을 현실에서 구현시킬 발판이 되었다. 무불은 백담
사 강사로서 일찍부터 개화의 필요성을 절감하여 김옥균과 교류하였
다.[4] 개화승인 무불은 개화사상을 새로운 출가의 정신으로 여겼기에,
김옥균과 동질적 유대감을 갖고 적극적인 교류에 나설 수 있었다.
이런 측면은 앞선 연구들에서도 지적되었는데, 개화파 인사에 대한
성격은 다음과 같이 이해되었다.

　　개화파 인사는 흔히 급진적 인사와 점진적 인사로 크게 대별되며
　　전자는 金玉均·朴泳孝 등이고, 후자는 金弘集·兪吉濬 등이다.
　　전자 계층은 주로 북학파 실학사상의 영향을 받은 개항론자 朴珪壽
　　와 吳慶錫·劉大致의 연쇄적 영향으로 개화사상을 굳혔다.[5]

　즉 김옥균은 주로 실학사상實學思想을 통해 개화사상을 수용한 지식

---

4 무불의 개화활동, 행적 등에 대해서는 이광린의 선구적인 연구가 있다. 이광린,
　「탁정식론」, 『개화기연구』(일조각, 1997), pp.69~83.

5 이현희, 『한국개화백년사』(한국학술정보(주), 2004), p.14.

인이었다. 무불은 개화파들에게 불교사상을 통한 평등과 민권의 개념을 심어 주었다. 그리고 실제적으로 무불을 비롯한 개화승들의 현실 변혁에의 동참은 개화파들에게 큰 힘이 되었다. 무불을 통해서 개화사상을 키워가던 김옥균이 이동인李東仁을 만난 것은 불교사상을 자신의 이념으로 채택함에 있어서 상승작용을 하였다. 그가 개화승 이동인 및 무불 탁정식 등과 친분을 가졌던 것은 개화기의 승려들이 어떠한 처지에 있었는지, 또 어떠한 방법으로 현실 정치에 참여했는지를 간파할 수 있는 단서이다. 개화승들은 아직도 떳떳하게 승려라는 신분을 드러내지 못하고 숨기면서 활동해야 했다. 교단이 부재했던 당시 조선불교계는 승려의 수계를 전문적으로 시행하는 통일적, 공식적인 계단이 없어서 승려라는 정체성을 적극적으로 알릴 수가 없었다. 단지, 승군의 신분으로 도첩을 받았다고 보여진다. 이는 관청으로부터 천한 대우를 받았음을 말해주는 단서이다. 사회적으로 승려가 천한 대접을 받고 있었을 때, 일단의 개화승들이 지식층인 젊은 개화파들과 어울려 교류를 하였다는 것은 대단히 흥미로운 사건이 아닐 수 없다.

한편, 개화는 시대적으로 절실히 필요한 과제였다. 개화가 그렇게 시대적 과제로 인식되었던 사회적 대세에서 연유한 것인지, 개화파에는 신분을 초월한 각계각층의 인물들이 참여하였다. 이 중 이동인과 무불의 개화 활동의 행적을 살펴보겠다.

대원군의 쇄국정책에서 외국의 정세를 실지 탐사하기는 태산을 끼고 북해를 뛰는 것과 같았다. '구미는 그만두고라도 우선 아쉬운 대로 일본의 그것이라도 좀 보았으면...' 하는 것이 그들의 목마른

초점이었다. 백방으로 강구한 결과 興國寺의 義僧 李東仁을 佛敎視察의 명목으로 일본에 파견하였다. 물론 그들의 운동으로 정부에서 보낸 것이었다. 이것이 己卯(1879)년 봄인데 떠난 지 1년이 지나 해가 바뀌어도 돌아오지 않음으로 다시 卓挺植이라는 僧을 보내는데 왕복 여비는 박영효의 주선으로 판출하였다.[6]

---

6 金振九,「金玉均과 朴泳孝」,『삼천리』15호(1931. 5). "大院君의 鎖國政策 앞에서 외국의 정세를 실지 탐사하기는 태산을 끼고 북해를 뛰는 것 갓햇다.「歐米는 그만두고라도 우선 이순대로 일본의 그것이라도 좀 보앗스면...」하는 것이 그네의 목마른 焦點이엿다. 백방으로 강구한 결과 홍국사의 義僧 李東仁을 佛敎視察의 명목으로 일본에 파견하엿다. 물론 그들의 운동으로 정부에서 보낸 것이엇다. 이것이 己卯(=明治12年)년 봄인데 떠난 지 일년이 지나 해가 박기어도 도라오지 안음으로 다시 卓挺植이라는 승을 보내는데 왕북려비는 박의 주선으로 판출하엿섯다." 그런데 1919년 3·1 운동 이후 한국에는 근대문명을 받아들인 신지식층이 많아졌고, 이들은 문명개화와 국가 독립을 당면과제로 설정하고 여러 계몽운동을 펴나갔다고 이해된다.

한편 김진구는 1920년대, 1930년대의 신지식층으로 문화운동을 전개했다. 김옥균 숭배자임을 자처하고, 야담운동을 통해 민족운동에 기여한다고 생각했다. 그러나 1930년대 중반에는 열렬한 내선일체론자가 되어 있었다. 그는 큐우슈우와 오사카, 도쿄 등에서 노동일을 하면서 도쿄에서 학교에 다녔다. 현양사, 흑룡회 등 우익단체 인사들인 일본 국회의원이나 낭인들과 어울리면서, 전봉준, 손병희, 특히 김옥균에 관심을 갖기 시작했다. 특히 도야마 미쓰루와 만나 김옥균에 대한 찬사를 듣고, 일본 각지를 다니면서 김옥균에 대한 자료를 수집했다. 1925년 김철효와 함께 김옥균에 대한 출판 계획으로 귀국했는데, 민태원이 김옥균 전기를 출간 준비하는 것을 보고 그 일을 돕게 되었다. 이후 김옥균 전집 간행회를 조직하고, 잡지에 김옥균 관련 글을 발표하였다. 갑신정변을 한국근대사의 '劃時期的一大革命'(획시기적일대혁명)으로 묘사하고, '민중본위'라 하면서 민의 열렬한 희망, '排淸獨立'(배청독립), '開化進取'(개화진취)를 갑신정변의 성격으로 규정하였

　이를 보면 이동인과 무불이 개화운동의 최일선에 있었음은 분명하다. 우선 무불의 행적을 보자. 무불은 백담사 강사로 있던 학덕이 높은 승려였지만, 개화파에 참여하여 활동한 내용의 편린만이 전해질 뿐이다. 무불이 백담사에서 강사를 역임한 것으로 보아 그는 건봉사 문화의 영향을 받은 것으로 보인다. 일제하의 경우 백담사는 건봉사의 말사였는데, 당시 건봉사는 금강산 일대의 굴지의 사찰이면서 영동불교의 중심이었다.[7] 백담사의 강사로 있었다는 것은 무불이 도첩을 받은 승려였음이 확실하다는 것을 입증해준다. 무불은 백담사의 강사를 역임하고 있었으므로[8] 개화사상을 습득하는 데에 유리하였고, 이를 널리 전파할 수도 있었을 것이다. 근대기의 건봉사는 금강산불교와 영동불교의 거점 사찰이었다.[9] 이런 구도 하에서 건봉사는 일본과의 교류, 서구문명의 도래 및 접촉, 승려들의 진취성 등이 유별한 사찰이었다. 이런 건봉사 문화권 내의 백담사 승려인 무불이 개화의식을 지녔음

<hr />

다. 《학생》지에 김옥균의 최후를 장렬하게 극화한 희곡 '대무대의 붕괴'를 연재한 후 조선시대 극연구회를 만들어 순회 공연을 하였다. 시대극을 민인 계몽의 수단으로, 위인을 대중역사 교육의 소재로 삼아 김옥균 등 갑신정변에 참여한 인물들을 영웅화해, 김옥균에 대한 부정적 인식 대신 혁명가로 부각시켰다. 김진구에 의해서 개화승 이동인이 소개되고 있음이 흥미롭다.

7　만해 한용운은 백담사에서 출가하여 건봉사 강원에서 수학하였다.

8　이능화, 『역주 조선불교통사』 권6(동국대출판부, 2010), p.221. 무불의 제자는 불영사의 李雪雲, 백담사 張大愚라고 한다. 이설운의 상좌이지만 방한암에게 건당한 승려가 월정사의 난암스님(유종묵)이다. 유종묵은 1930년대에 일본유학을 갔고, 사회주의에 경도되어 해방 후에는 조총련 계열의 대표적인 승려였다. 김광식, 보문선사(민족사, 2012) p.190.

9　김광식 엮음, 『금강산 건봉사의 역사와 문화』(인북스, 2011) 참조.

28

은 그리 이상한 것이 아니었다. 일본 승려가 무불을 묘사한 아래의 평은 무불의 지식, 실력, 정치적 소양이 간단하지 않음을 알 수 있게 한다.

　당시 雇敎官으로 맞이한 朝鮮人 중에 탁정식이라는 위인이 있었다. 氏는 조선 금강산의 高僧으로 學德兼備, 氣像雄大, 특히 時勢를 아는 大人物로 김옥균 어윤중 홍영식 등의 開國 進取의 인물로부터 추천을 받아 來朝한 사람이었으나…[10]

이런 문화의식, 정치의식을 갖고 있던 무불은 김옥균과 자연스럽게 만나는 기회를 가질 수 있었다. 다음 기록은 무불과 김옥균의 절친함, 동지적 관련을 대변하는 내용이다.

　甲申개혁운동을 일으켰던 金玉均씨의 밀사 卓廷植과 일본에 동행 하였던 李東仁이다. 탁씨는 원래 강원도 僧이니까 머리 깎는 것이 문제가 없었지만은 이 李氏는 坡州 興國寺에서 공부하던 書生으로 재주가 비상하고 말이 천사변사인데다가 改革의 思想이 발발함으 로 김씨는 특히 신임하여 高宗 14년 丁丑년 봄에 日本佛敎를 시찰한 다는 명목으로 京都에 가서 체류하며…[11]

---

10 이광린, 「탁정식론」, 『개화기연구』(일조각, 1997), p.78에서 재인용.

11 「萬華鏡」, 『별건곤』 제44호(1931. 10). "甲申개혁운동을 이르키던 金玉均씨의 밀사 卓廷植과 일본에 동행하엿던 李東仁이다. 탁씨는 원래 강원도 僧이니까 머리 깍는 것이 문제가 업섯지만은 李氏는 坡州 興國寺에서 공부하던 書生으로

무불과 더불어 개화기에 막중한 역할을 수행한 불교계의 인물은 이동인이다. 이동인은 1877년(고종 14)까지는 승려의 신분이 아니었다. 승려가 된 것은 그 후의 일인 듯하지만 출가 본사도 확실하지 않다. 출가와 연고 사찰은 부산 범어사, 양산 통도사, 서울 화계사 등으로 기록되기도 하지만 필자는 이동인의 본사를 고양시 흥국사로 추정하고자 한다.[12] 이동인은 무불을 통해 개화파들과 교유하게 되었으며, 개화승이 되어 개화파들과 교류를 하면서 중요한 역할을 수행하였다. 개화사상, 개화운동에 대한 개척적인 연구를 수행한 이광린은 이동인을 다음과 같이 설명하였다.

그들의 동지 이동인을 일본에 派遣한 것이 1879년이었다. 이동인은 일본 본원사 승려의 瀚施에 의하여 密航으로 가게 되었는데, 이에 대하여 다음과 같이 일본측 記錄이 전한다.
「(上略) 8월(1879) 중순에 홀연히 경성으로부터 來謗하여 사람을 멀리한 뒤에 지금까지 속마음을 주기를 좋아하지 않던 씨(이동인)는 "이제사 시기가 도래하였으니 나를 도와주십시오" 하고 전제한 뒤에, 박영효·김옥균 양씨의 依囑을 받아 일본의 정세 시찰을 하기로 결심하였다고 말하고, 이 기회에 일본의 태도를 시찰하고 문물을 연구하여 조선의 문화개혁에 공헌코자 한다는 희망을 말하

재조가 비상하고 말이 천사변사인데다가 개혁의 사상이 발발함으로 김씨는 특히 신임하야 高宗 14년 丁丑년 봄에 日本佛敎를 시찰한다는 명의로 京都에 가서 체류하며." 참조.

12 위의 『별건곤』 기록 참조. 흥국사에서 공부한 것을 강조하는 입장임.

고, 금후는 전적으로 表裏없이 貴師(승려)에 맡길 터이니 나의
뜻을 도와 달라고 赤誠이 그 얼굴에 넘침이 있었다.」[13]

　　이처럼 개화기에 조선불교의 위상을 드높인 무불과 이동인의 역할은
개화기의 불교사 연구에서 빠뜨릴 수 없는 부분이다. 그리고 재가거사
로 당시 개화파의 핵심이던 유대치도 불교인이었다. 개화파들이 유대
치의 문인이었다고 하고,[14] 경성 선풍의 한 주역이었다는 측면에서
유대치, 무불, 이동인을 주축으로 전개된 불교인들의 실천사상은 주목
할 내용이다. 이런 배경 하에 무불, 이동인은 개화파를 대신하여 일본으
로 가서 일본의 변모된 양상들을 살펴보고 메이지유신의 내용과 일본
의 정세를 국내에 전하였다. 개화승이 일본에 간 목적은 조선을 개화
문명세계로 만들고, 동시에 불교도 그런 변화된 세계에 적응할 수
있는 방안을 모색하는 것이었다.
　　한편 이동인과 무불의 활동을 통해서 문명 및 세상 변화에 무감각한
조선불교에 대해 관심을 보였던 일본불교계는 개항장에 일본불교의
별원 및 포교소 등을 세우면서 본격적으로 조선에서의 포교 활동에
나섰다.
　　바로 이와 같이 개화승의 대두, 정치적 개혁운동의 본격화, 일본불교
의 조선 진출 등이 뒤엉킬 때에 용성은 태어나고, 불교권으로 유입되었
던 것이다. 용성은 무불과 이동인이 개화파를 위해 활약하던 1877년

---

13 이광린, 『개화당 연구』(일조각, 1973), p.14. 여기에 나오는 일본측 기록은 조선개교
　　감독부, 『조선개교50년지』(1927.10), pp.137~138에 나온. 자료이다.
14 최남선 『고사통』(삼중당, 1944), p.218.

출가를 단행하였다. 용성이 출가지로 택한 곳은 전라북도 남원의
교룡산성 안에 있는 덕밀암이었다. 덕밀암은 동학의 초창기 지도자인
최제우가 은거하여 동학의 미래를 준비하던 곳이었다. 용성이 덕밀암
으로 출가를 단행하였을 당시는 최제우가 떠난 지 15년이나 지났지만
그의 자취가 남아 있었다.

> 1862년 1월 전라도 南原 蛟龍山城 안에 있는 德密庵(隱蹟庵)에서
> 집필했다. 1861년 9월경에 관으로부터 탄압을 받자 먼 일가인
> 崔仲義를 대동하고 11월에 떠나 12월 중순경 전라도 남원에 도착했
> 다. 南原府中 徐亨七 등을 만나 德密庵에 들어가 1862년 6월까지
> 근 6개월간 은거했었다. 동학문의 핵심은 西道와 다르다는 점을
> 밝히면서 동학의 특성을 설명하는 데 초점을 맞추었다.[15]

덕밀암은 최제우가 동학의 기본 원리를 저술한 곳이라는 의미를
갖는다. 용성은 비록 출가를 결심했으나 그의 눈과 마음이 세상을

---

15 동학농민혁명 자료총서, 『東經大全』 판본 종류, 참조. 최제우는 1860년 4월
5일 종교 체험을 통하여 득도한 후 1861년 11월 경주를 떠나 제자 崔仲義를
대동하고 12월경에 남원으로 들어왔다. 최제우의 남원 생활은 1861년 12월부터
1862년 7월경까지 약 7개월에 불과하지만 호남 지방에서 최초로 동학을 포교했으
며 동학의 기본을 이루는 경전들을 대부분 남원에서 집필했다. 경주로 돌아간
최제우는 1863년 12월 10일 관군에게 체포되어 다음 해 3월 2일 참수되었다.
그렇지만 崔時亨이 대를 이어 계승하여 1894년 동학농민혁명을 일으켰으며,
그의 사상은 이후 여러 갈래의 신흥종교 사상에서 주축을 이루게 되었다. 한국학
중앙연구원에서 펴낸 『향토문화전자대전』의 관련 내용을 참조함.

완전히 떠난 것은 아니었다. 오히려 그는 지극한 관심과 걱정으로 개화기 조선이 어떻게 변모할지 살피고 있었을 것이다. 그의 전 생애를 관철한 실천 사상을 통해 볼 때, 출가하기 전의 격변하는 시대상황에 용성이 무관심했으리라고는 여겨지지 않기 때문이다. 용성은 자신이 출가를 한 장소가 최제우라는 특출한 인물과 연고가 있었기에, 최제우가 담당했던 역사적 소임에 대해서도 감지하고 있었을 것이다. 용성이 덕밀암으로 출가를 한 것에서 최제우에 대한 정보가 개재되었는지는 알 수 없다. 그러나 최제우가 머물렀던 덕밀암을 출가 장소로 정한 것은 최제우의 큰 뜻을 헤아려 보고자 하는 마음이 있었기 때문이었을 것으로 필자는 보고자 한다.

2. 용성의 출가 수행과 불교사상

1) 용성의 덕밀암 출가

일본불교계가 조선에 진출하여 조선불교를 문명적인 개화의 세계에 합류시키고, 일본에 대한 배척적인 감정을 순화시키려고 했던 시기의 용성은 어떤 사색을 하였을까? 필자는 용성이 청소년 시기를 보내면서 남달리 성숙하여 깊은 사색을 즐기는 행동을 하였고, 특히 자비심이 있어 불교에 대한 관심을 보였다는 것에 주목한다. 그러던 용성이 그의 고향에 있는 암자인 덕밀암德密庵으로 출가를 하였다. 용성이 출가를 한 사찰은 전라남도 남원의 교룡산성蛟龍山城에 있는 작은 암자였다. 이 암자는 수운水雲 최제우와 특별한 연고가 있는 곳이다. 용성이 동학에 대해 어떠한 심정을 가졌는지는 기록으로 전해지는 것이 없다. 하지만 용성은 우연히 자신도 모르게 남원의 교룡산성 덕밀암에 왔을 때 꿈에서 보았던 사찰임을 직감하였다. 그러나 용성은 출가를 반대하는 부모의 간청으로 덕밀암에서 속가로 되돌아올 수밖에 없었다. 용성은 부모의 애원을 뿌리치지 못하여 속가로 귀가는 했으나 출가의 의지를 그대로 포기한 것은 아니었다.

한편 그 무렵, 경성에는 선풍이 풍미하였고, 그 구도 하에서 개화파 인사들이 불교와 친연한 모임이 전개되었다.

> 개화운동의 선각자로 알려진 한의 출신 劉大致가 禪學을 즐겼을 뿐 아니라 그의 영향을 받아 갑신정변에서 주동 역할을 하였던 김옥균, 박영효, 서광범, 이종언, 역관 오경석 등이 모두 居士로 자처하여 禪風이 서울에서 성행하였던 것으로 알려져 있다.[16]

개화파와 교류하였던 선진적인 승려로는 탁정식과 이동인을 우선적으로 거론할 수 있다. 지금껏 이동인은 널리 알려졌지만 무불, 즉 탁정식은 그 실력 및 중요성에 비해 실체적인 내용은 미미하였다. 그래서 먼저 무불을 이해할 수 있는 단서를 살펴보자.

> 당대의 수재 김옥균으로서도 이 卓氏의 아페는 低頭畏敬하여 선생으로 부르지 않을 수 없었다 한다. 알지 못하겠다. 이 卓氏야말로 자유학도로서 朝鮮人 일본유학생의 鼻祖가 아니던가? 權東鎭老는 길게 탄식하여 말하길이 卓挺植은 누구보다도 위대한 숨은

---

16 『서울 6백년사』 제3권, 서울특별시, 1979, p.846.

34

재기인 조선개혁의 루—소가 되어 주려든 인물이 아니었든가? 이
卓氏는 그 기약할 風雲을 짓는 길에 오르기 전에 불행히도 요절하였
다 한다. 김옥균은 항상 이 卓氏의 죽음을 뼈아프게 탄식하였다
한다.[17]

위와 같은 무불과 함께 개화운동의 일선에 있었던 승려는 이동인이
었다. 1881년(고종 18) 2월 10일, 이동인은 통리기무아문統理機務衙門
의 참모관으로서 병기와 군선 구입의 특수 임무를 띠고 일본으로
떠났다. 그 당시 이동인이 일본으로 떠날 때의 사정은 아래의 글에서
가늠할 수 있다.

軍械를 만드는 일을 배우러 중국에 사신을 파견하는 것은 이미
成命이 있으므로 삼가 마땅히 마련하여 들일 것입니다. 그런데
日本公使가 또한 총과 대포와 선박 등의 일을 가지고 묘당에 글을
보내기까지 하니, 그 후의를 무시하기 어려울 뿐만 아니라 다른
나라의 군계도 혹 널리 견문할 수 있는 방도가 있을 것입니다.
본 아문에서 추천받은 사람인 전 부사 李元會를 參劃官으로 임명하

---

17 『삼천리』제5권 제1호(1933.1), 「半島에 幾多人材를 내인 英·美·露·日 留學史」.
"當代의 수재 金玉均으로서도 이 卓氏의 아페는 低頭畏敬하여 선생으로 불르지
안을 수 업섯다 한다. 아지못거라 이 卓氏야말로 자유학도로서 朝鮮人 일본유학
생의 鼻祖가 안이던가? 權東鎭老는 長嘆息하여 갈오대 이 卓挺植은 누구보담도
위대한 숨은 才器인 朝鮮개혁의 루—소가 되어주려든 인물이 안이엿든가 이
卓氏는 그 可期할 風雲을 짓는 길에 오르기 전에 불행히도 요절하엿다 한다.
金玉均은 항상 이 卓氏의 죽엄을 뼈아프게 탄식하엿다 한다."

여 해조로 하여금 구전으로 단부하게 하여 참모관 李東仁을 데리고 되도록 빨리 출발하도록 하되 이러한 뜻으로 書契를 지어 보내고…[18]

이처럼 이동인이 일본으로 건너간 것은 조선을 강한 나라로 만들고 정치적으로는 일본과 같은 명치유신의 개혁을 하려고 한 것에서 나왔다. 또한 그는 조선불교의 위상을 높이는 역할도 모색하였지만 그 당시 불교계에서는 이동인에 대하여 관심이 없었다.[19] 때문에 이동인은 김옥균의 정치적인 협력자로서의 역할을 수행함에 머물렀다. 이렇게 개화운동의 최일선에서 이동인은 활약하였지만, 당시 조정 및 정계에서의 이동인에 대한 평판은 그리 우호적이지 않았다. 당시 조정에 있었던 박영효의 상소上疏에서 그 일단을 엿볼 수 있다.

하나는 李東仁의 일입니다. 아아, 저 이동인은 본디 우리나라의 僧으로서 變服하여 국경을 범하여 넘어갔으므로 국법에 비추면

---

18 『承政院日記 고종18년(1881 신사), 2월 10일조(사단법인 민족문화추진위원회, 승정원 고종 88권, 2001) p.35. 「일본의 軍械를 배우기 위해 참획관에 전 부사 이원회를 單付하여 출발할 것 등을 청하는 통리기무아문의 계」. 以軍械學造事, 派使中國, 已有成命矣, 謹當磨鍊以入, 而日本公使, 亦以銃礮船舶等事, 至有文字於廟堂, 非但難忝其厚意, 他國軍械, 亦或有廣見聞之道, 本衙門被薦人, 前府使李元會, 參劃官差下, 令該曹口傳單付, 率參謀官李東仁, 從速發行, 而以此意, 撰送書契, 盤纏從便劃給, 沿路支應之節, 爲念民邑貽弊, 一切除之事, 分付所經諸道, 何如○ 傳曰, 允。

19 아니 존재 자체를 몰랐을 수도 있다.

곧 잡아서 참형에 처하기에 겨를이 없어야 할 것인데, 臣이 정신병을 앓아 聖明을 잃은 것이 아니라면 어찌 조금이라도 끌어들이고 몰래 따를 리가 있겠습니까. 이것은 성명이 이미 다 살피신 바이고 조정의 동료도 보고 헤아렸을 것인데, 이제 터무니없는 일을 꾸며서 한 사람이 창도하고 뭇 사람이 화답하는 것은 또한 무슨 까닭입니까. 그들 말에 '소원한 자가 부화뇌동하였다.'고 하고, '알 수 없는 것으로 사람을 속인다.' 하고, '奏御하는 자리를 살피지 못하였다.' 고 하니, 실로 개탄스러움을 이기지 못하겠습니다.[20]

이렇듯이 이동인이 비판과 질시를 받으면서도 개화운동에 적극 참여하였을 당시 조선불교는 급변하는 현실에 대응할 여건이 전혀 부재하였다. 개화의 기운이 융성한 변화의 호기를 맞았음에도 불구하고 조선불교계는 침묵으로 일관하였다. 전국에 대형 사찰들이 건재하고 있는데도 불교권 밖의 정세를 가늠할 지도자가 부재했다. 자체적으로 교단을 정비하고 개혁 조치를 강구하지 못한 채 정세의 변화를 관망하고만 있었다. 관망보다는, 그저 방관이라는 표현이 적당하다는 것이 당시 불교계 정서였다.

---

20 『承政院日記』 고종18(1881 신사) 8월 2일조(사단법인 민족문화추진위, 승정원 고종 91권, 2001), p.13, 「대신이 논죄하여 파면되는 벌을 받았으므로 司敗에 내려 죄를 다스려 줄 것을 청하는 행 우승지 김홍집의 상소」, "其一曰, 李東仁事也。噫, 彼東仁, 本以我國緇流, 變服犯越, 按以國律, 卽當檳斬之不暇, 臣非病風喪性, 豈或有招引潛隨之理乎? 此則聖明已所悉燭, 同朝亦當見諒, 今其捏合無據, 一唱群和者, 抑又何故? 藉曰, 疎遠之蹤, 動於浮訛之說, 誣人以曖昧之科, 不審於奏御之地, 實不勝慨然也."

한편, 그 당시 일본불교는 조선에 진출하여 일본인 외호를 하면서 조선 포교에도 적극적이었다. 일본불교 가운데 최초로 조선에서 포교를 시작한 종파는 정토진종淨土眞宗이었다. 정토진종이 조선 개교를 시작하자, 뒤를 이어 일련종이 조선에 개교를 하기 시작했다. 일련종은 일본에서 자생한 불교 종파로서 개조인 일련의 입정안국론立正安國論을 신봉했다. 일련종은 군국주의화된 일본의 메이지 정부에 이념적 기반을 제공함으로써 급속히 세력을 키웠다. 당시 일본불교의 조선 진출의 인식은 다음의 글에서 파악된다.

조선의 불교는 표면상으로는 조선왕조의 억불정책으로 말미암아 침체될 대로 침체되어 무력하게 보이지만 오랜 역사와 전통이 있으며 사회의 밑바탕에 깊이 뿌리를 내리고 있어 불교를 앞세우면 한국의 민심을 쉽게 포섭하여 침략에 성공할 수 있을 것이라고 판단하였기 때문이다.[21]

이렇게 일본불교가 조선에 진출한 것은 일본의 제국주의 정책과 무관할 수는 없는 것이었다. 일본 정부는 조선 침략의 수순에 있어 제일 먼저 정토진종淨土眞宗 대곡파大谷派를 앞세우고 전폭적인 지지를 아끼지 않았다. 이에, 조선 정부는 정토진종의 조선 내 포교 활동을 인정해 주지 않을 수 없었다. 이런 구도 하에서 일본을 배경, 모델로 근대화를 추진하였던 개화세력은 일본불교에 우호적인 인식을 갖게

---

21 최병헌, 「한국의 역사와 불교 - 사회전환과 불교변화」, 『한국불교사 연구 입문』(상)(지식산업사, 2013), p.128.

되었다. 즉 일본불교의 조선 진출에 개화파는 협조적인 입장을 취하고 있었다. 수구파가 청나라 세력을 배경으로 삼고 있었던 것에 비해 개화파는 일본 세력에 의지하였기 때문이다.

　물론 일본의 힘을 빌려서 조선을 발전시키고자 한 개화파의 의도와 개화파를 조선 침략의 수단으로 이용하려고 한 일본 정부의 속셈은 서로 달랐다. 하지만 조선을 개화시키고자 하는 목적은 같았으므로 개화파와 일본은 긴밀한 협조 관계를 유지하고 있었다. 이렇게 개화파와 일본불교가 친연성을 갖게 되자 그 구도에 동참하였던 개화승들의 활동 영역도 고양되었다. 이런 변화는 개화승들이 개화운동이 추동되는 대세의 탄력을 받아서 불교개혁 및 실천에도 나설 수 있는 가능성을 말해주는 것이었다.

　　이듬해 庚辰년 봄에야 이의 귀국을 보아 정부에 대한 일본불교의 상황보고는 대충 보고하였고 그날 밤 興國寺 뒤 佛堂에서 청년혁명객들이 둘러앉은 그 자리에서 이동인의 文化施設이라든지 新進思想의 흡수라든지 국력의 날로 뻗쳐가는 그 형편을 눈앞에 보이는 것처럼 낱낱이 설명한다.[22]

___

22 金振九, 「金玉均과 朴泳孝」, 『삼천리』 15호(1931. 5). (李는 其後에 斬刑을 당하고 卓은 東京서 죽어 後日 亡命갓든 金玉均이 東京本郷區 眞淨寺 後庭에 建碑한 것이 至今尙存) "이듬해 庚辰 봄에야 리의 귀국을 보아 정부에 대한 일본불교의 상황보고는 대총대총 하엿고 그날 밤 흥국사 뒤 佛堂에서 청년혁명객들 둘러안진 그 자리에서 리동인의 文化施設이라든지 新進思想의 흡수라든지 國力의 날로 뻐처가는 그 형편을 눈압헤 보히는 것처럼 일일히 설명한다."

이렇듯이 개화파의 세력이 커지면서 개화승들이 활동할 수 있는 공간도 넓어졌다. 개화승들에게는 난국에 빠진 정세가 오히려 조선불교계를 부흥, 변화시킬 수 있는 호기로 받아들여졌다. 여러 가지 정세적인 측면들이 개화승들에게 유리한 방향으로 작용하고 있었다.

2) 조선개항 이후 일본불교

조선을 개항시킨 일본은 한국을 침략하는 길로 적극 나섰다. 이런 구도 하에서 일본불교의 정체성은 모순적이었다. 불법을 홍포하는 보편성을 갖고도 있었지만, 일제의 조선 강탈에 협조적인 자세를 배제할 수 없었던 것이다. 여기에서 일본 승려들은 조선의 승려들이 도성(서울)을 마음대로 출입하지 못하는 것에 착안했다. 즉 조선 승려들의 도성출입금지는 해제되어야 한다는 입론을 세우고, 그를 실행하였던 것이다.

조선을 개국시키는데 성공한 일본은 군사력을 앞세운 정치적 침략과 아울러 종교를 첨병으로 하는 정신적 문화적 침투를 시도하는 정책을 추진하였다.[23]

이렇듯이 일본불교의 행보가 가속화되자, 조선 정부는 시대적 변화에 따라 더 이상 탄압만으로는 불교를 규제할 수 없다는 점을 인식했다. 조선 정부가 불교에 내재된 힘과 역할을 제대로 인식하고 활용했더라면 정치적인 발전과 안정을 기하는 데에도 큰 도움이 되었을 텐데

---

23 최병헌 외, 『한국불교사 연구 입문』(상)(지식산업사, 2013), p.128.

그러지 못했던 것은 개화기 불교의 한계였다. 한편, 이런 시대적 분위기가 조성될 무렵의 이동인은 불교계에 아무런 자극도 주지 못했으며, 그는 정치적 활동을 수행하는 데 있어 김옥균과의 협력을 통해 문명개화에 진력했다. 개화파의 주동으로 일어난 갑신정변甲申政變 이후에 조선은 한성조약을 체결하였다.

> 홍종대가 의정부의 말로 아뢰기를 오늘 午時에 좌의정 신 金宏集이 일본 全權大臣 정상형과 조약을 議定하고 서로 날인하겠습니다. 감히 아룁니다."하니, 알았다고 전교하였다.[24]

갑신정변으로 일본은 막대한 피해 보상금을 받아냈으나 청나라에 비해 조선에서의 영향력은 약화되었다. 반면에 조선에 진출한 일본불교는 급속히 세력을 키워가고 있었다. 일본의 승려들이 다양한 수단으로 포교 활동을 펼치고 있는데도 조선불교계는 속수무책으로 지켜보기만 했다. 무기력하게 제 역할을 제대로 하지 못하기는 조선 정부나 조선불교계나 마찬가지였던 것이다.

오타니파의 오꾸무라엔신은 부산에 별원을 세우고 일본승려들에게는 한국어 한국인에게는 일본어를 학습시켜 한국의 승려와 신도

---

24 『承政院日記』, 고종 21(1884. 갑신), 11월 24일조(사단법인 민족문화추진위, 승정원 고종 109권, 2001), p.87, 「오늘 좌의정 김굉집이 일본 전권대신과 조약을 의정하고 날인하겠다는 의정부의 계」, 洪鍾大, 以議政府言 啓曰, 今日 午時, 左議政臣金宏集, 與日本全權大臣井上馨, 議定條約, 交鈐之意, 敢啓.傳曰, 知道.

를 포섭하는 종교적 침략 활동을 전개함과 개화당의 지식인들과도
연결하여 1884년의 갑신정변을 지원하여 집권함으로써 정토진종
으로 조선의 국교를 삼으려고 하였다.[25]

정토진종 승려들을 비롯한 일본불교계가 조선 승려들의 지위 향상을
위해 어떻게 노력했는지를 단적으로 보여 주는 대목이다. 이러한
일본 승려들의 노력을 조선의 재가불자들은 큰 기대감을 품고 지켜보
았다. 당시의 조선 정부를 움직이는 데에 재가불자들보다는 일본불교
계인 정토진종 승려들의 활동이 더 유효하였을 가능성이 많은 것은
사실이었다. 조선불교계의 입장에서 본다면 이 점은 비판과 반성의
여지가 많은 부분이거니와 그런 역사적 사실을 부인할 수는 없다는
것이 필자의 견해이다. 일본불교는 조선불교 승려들의 지위를 회복시
켜 주는 것이 그들의 활동에도 유리하다고 판단하였을 것이다. 일본불
교에 대한 의혹을 불식시키고, 일본에 대한 우호성을 증진시킬 수
있었을 것이라고 보았을 것이다. 그래서 조선 승려들의 도성출입금지
조치를 해제하는 데에 전력을 기울였다. 이것은 일반 불자들의 가장
큰 소망을 정확히 판단한 것이기도 했다. 그 결과 많은 재가불자들이
일본불교에 대해 우호적인 입장이 되었고, 심지어 일본 승려들이
포교당을 건립하는 불사에 관심을 가지기까지 했다. 그리고 조선의
승려들 중에는 일본의 불교 및 승려들과 접촉, 교류하려는 행보가
늘어갔다.

---

25 최병헌 외, 『한국불교사 연구 입문(하)』(지식산업사, 2013), p.273.

한편, 일본 정부는 조선에서 일본 승려들이 포교 활동을 통해 세력을 확장시켜 가는 것을 침략정책의 구도에서 주시하고 있었다. 그것은 일제의 군국주의 세력이 조선 국토에 대한 지배력을 점차적으로 넓혀 가는 것과 다름없었다.

3) 용성의 해인사 출가

용성이 해인사에서 출가하려고 하였을 무렵, 일본은 치밀하게 마련된 계획에 따라 불교를 앞장 세워 조선에 대한 침략책동을 준비하고 있었다. 그러나 고종과 조선의 관료들은 이것을 우호적인 행위로만 보고 있었다. 한편 개화승들도 조선의 개화를 위하여 노력하면서, 조선의 문명개화를 위한 구도에 동참하였다. 특히 개화승인 무불과 이동인은 고종의 명을 받고 한미韓美 수교 교섭에 일조하는 등 외교관의 역할도 수행하였다.

한편, 여기에서 필자는 용성이 1차 출가하였던 덕밀암에서 시대적 상황을 감지하고 있었을 것으로 본다. 그리고 출가 장소로 동학의 교주인 최제우가 은거 수행한 장소를 설정한 데에서 이미 이때부터 용성의 불교실천운동사상이 태동되고 있었다고 보려고 한다. 그러나 용성이 덕밀암에 있다는 것을 알게 된 용성의 부모는 즉시 덕밀암으로 용성을 찾아가서 하산하기를 종용했다. 이때 덕밀암에 있던 혜월 선사는 부모님이 용성을 데려가는 장면을 보았을 것이다. 비록 부모의 애원을 뿌리치지 못하여 속가로 돌아가기는 했으나, 용성이 출가의 의지를 포기한 것은 아니었다.

이러한 시기에 덕밀암의 혜월 선사는 1차 출가에 실패하고 속가로 돌아간 용성을 해인사로 보내 출가를 결행하는 데 도움을 주었다. 그의 출가에 대한 기록을 보면 1차 출가는 14세였고, 2차 출가는 19세로 기록되어 있다. 1차 출가는 정축년이라고 하는데, 정축년은 1877년으로 이때 용성의 나이 14세였다.

> 丁丑年에 師 14歲니 一日에 潛出去南原郡 鮫龍山城德密庵이러니
> 父母知而强挽還家하다 己酉是歲에 師 19歲니 往慶尙南道 陜川郡
> 伽倻山海印寺 極樂殿하야 禮師華月和尙而 剃髮得度時에 依相虛
> 慧造律師[26]

용성은 14세에 부모의 허락을 얻지 않고 출가를 하여, 부모의 권유로 일단은 집으로 돌아갔다. 하지만 용성은 19살 되던 해에 해인사에서 출가하였다. 그 배경에는 덕밀암 혜월의 영향이 컸을 것으로 보여진다. 용성이 덕밀암으로 출가한 것은 우연과 인연의 어울림에 의한 것으로 보인다. 한편 용성을 해인사로 출가하게 권유하였던 혜월 선사에 대한 자료가 없어서 그에 대해 자세하게 알 수는 없지만, 용성을 불교계에 귀의하게 한 스승이라는 측면은 부정할 수 없다. 용성은 해인사에서 화월 화상으로부터 법명을 진종震鐘으로 받고 불교에 입문, 정식으로 승려가 되었다.

이렇게 용성이 출가하여 승려가 되었지만 그 당시 해인사에는 출가 수행자들을 위한 교육기관이 마련되지 못했던 같다. 그것은 당시

---

26 東山慧日 撰集, 『龍城禪師語錄』 卷上(京城: 三藏譯會, 龍城全集1, p.378).

사찰의 현실, 즉 해인사의 교육에 관한 하나의 단면을 말해준다. 해인사에서 정상적으로 불교 학문을 수학할 수 있었다면 용성은 해인사에 머물면서 수학하였을 것이다. 해인사의 교육 기관이 정상적으로 가동되었다면, 해인사에 계속 머물면서 불교 교육을 받았을 것이다. 그러나 용성은 해인사를 떠나 고운사로 가게 된다.

4) 다라니 염송과 1차 깨달음

용성이 해인사에서 승려가 되어 수행자의 길로 들어섰지만 해인사에는 교육 체계가 부재하였다. 당시 해인사는 강원도 운영할 수 없고, 계단戒壇도 없으며, 선禪을 수행하는 선원도 없는 도량이었다. 다만 팔만대장경을 보존하는 역사성이 널리 알려진 정도의 사찰이었을 뿐이다. 즉, 해인사는 출가 승려들에게 불교학문을 교육하는 교육도량도 아니었고 팔만대장경을 모시고 있는 법보 사찰로서의 역할도 다하지 못하였다.

　용성이 출가한 해인사에 몇 개월만 체류하고 고운사로 옮겨 간 사정에 대하여는 자세히 전하는 관련 기록은 없다. 이에 대해서 필자는 당시 해인사가 용성의 학문에 대한 열정을 충족시킬 여건이 못 되었으리라는 사실을 추정할 뿐이다. 이런 배경 하에서 용성에게 출가 수행의 길로 안내하고 사미계를 설하였던 상허相虛 율사는 용성에게 해인사를 떠나 고운사 수월 화상에게로 가서 다라니 수행에 대한 지도를 받으라고 권했다. 용성은 그 권유를 받아들여 수월 화상(1817~1893)[27]이

---

27 여기에 나오는 수월은 경허의 제자로 널리 알려진 수월과는 다른 고승이다.

거주하고 있는 의성 고운사孤雲寺를 찾아갔다. 용성은 수월 영민水月永
旻 장로를 친견하고 "생사대사生死大事하고 무상無常이 신속迅速하니
어떻게 하여야 견성見性할 수 있습니까?" 하고 질문하였다. 이에 대하
여 수월 영민은 다음과 같이 말했다.

부처님이 가신 지 오래 되었으니
마군은 강하고 법은 약하며
지난 세상 업의 장애 무겁고
선善은 약해 물리치기 어렵도다
정성들여 삼보 전에 예경하며
부지런히 대비주를 염송하면
자연히 업장은 소멸하고
마음의 광명이 번뇌를 꿰뚫으리라.[28]

용성을 지도한 수월은 고운사에 거주하면서 다라니 주력으로 득력을
얻은, 명성이 드높은 고승이었다. 그런데 다라니를 수행하는 데는
특별한 교육을 받지 않아도 되었다. 용성은 수월 화상이 설명해 준
대비주 염송의 의미를 듣고 지극하게 수행에 임하였다. 수월 화상이
천수주千手呪와 육자주六字呪를 송주誦呪하라고 가르쳐준 대로 수행했
던 것이다.

---

28 東山慧日 撰集, 『龍城禪師語錄』 卷上(京城: 三藏譯會, 龍城全集1, p.378). 水月
和尙 曰 去聖時遙에 魔强法弱하며 宿業障重하야 善弱難排이니 誠禮三寶하며
勤誦大悲呪하면 自然業障消滅하고 心光透漏하리라.

千手呪와 六字呪 뿐이라 9개월 동안에 남북으로 다니며 참참이 지송하다가 대각응세 이천구백십년 추팔월에 금강산에 들어가 두루 구경 하다가 내가 다시 공부를 더욱 힘써하되 은산철벽과 같이하여 더 나아감을 보지 못한 네라.[29]

용성은 고운사에서 9개월 동안 수월 화상으로부터 천수주와 육자대명주를 갖고 하는 주력수행의 지도를 받으면서 본격적인 수행을 경험하였다. 수월 화상은 전통적인 다라니 주력을 통해 조선불교를 회복하고자 하였던 것 같다. 그런데 용성이 수월 화상으로부터 송주하는 방법을 배웠다는 문구를 제외하고는, 당시 용성이 주력하였던 방법에 대한 기록이 없어서 그 자세한 내용을 알 수는 없다. 하지만 다음의

용성은 최초로 수행법을 배운 대로 지극정성 천수주와 육자주를 9개월 동안 지송하였다.[30]

라는 문구의 내용에서 용성이 수월 화상의 지도를 받아 일심으로 다라니를 송주하였음을 알 수 있다. 이런 정보는 개화기 조선불교의 한 측면을 살피는 데에 중요한 단서를 제공한다. 용성은 고운사에서 9개월 동안 수월 화상의 다라니 송주 지도를 받으면서 수행자로서의 실천 수행을 경험하였다. 용성이 수월 화상을 만나서 다라니 주력을 학습할 수 있었던 것은 큰 행운이었다.

---

29 白相奎, 『修心論』(京城: 大覺敎中央本部, 龍城全集1, p.10).
30 한보광, 『용성선사연구』(감로당, 1981), p.6.

그런데 고운사도 학문에 전념할 수 있는 여건은 미비했던 듯하다. 용성의 다라니 주력 학습을 지켜보던 수월 화상은 새로운 스승을 찾아 나서도록 권유했다. 수월 화상은 용성에게 다라니 주력을 하는 데에도 인연이 있는 도량이 있다고 하면서 양주 고령산 보광사普光寺의 도솔암兜率庵을 추천해 주었다. 용성은 수월 화상의 권유에 따라 도솔 암으로 옮겨 갔다. 그곳에서도 수월 화상이 가르쳐준 방법에 따라 다라니 주력을 수행하면서 용맹정진하였다.

> 고령산 보광사 도솔암에 이르러 홀연히 한 생각이 일어나되 이 山下大地와 森羅萬象이 다 근원이 있을 것인데 이른바 사람은 무엇으로써 근원을 삼는 것일까. 나의 이 깨달아 아는 것의 근본이 어떻게 된 것인가. 이와 같이 의심이 번쩍 나더니 또 다시 한 생각이 나되 그것도 그만두고 지금 이 생각이 어디에서 일어나는 고. 이 생각나는 곳을 의심하여 찾으니 생각이 본래 空하여 生滅이 없는 것이 마치 虛空과 같더라.[31]

용성은 도솔암에서 6일 동안 다라니 주력으로 용맹정진을 하는 동안 의심이 풀렸다. 이때 용성은 오도송悟道頌을 지었는데 이것이 용성의 1차 깨달음이다. 부처님께서 새벽에 별을 보고 깨달음을 성취했 듯이, 용성은 도솔암에서 다라니 주력을 통해 정각正覺을 이루었던

---

31 東山慧日 撰集, 『龍城禪師語錄』 卷上(京城: 三藏譯會, 龍城全集1, p.378). 山下大地, 森羅萬象, 皆有根源, 所謂人者, 以何? 爲根 更疑我此覺知之根 在甚處念 又念從甚 處起如是情至第六日一念子如桶 底脫相似 不可口議心思也.

48

것이다. 다음은 용성의 1차 깨달음의 게송이다.

五蘊山中尋牛客   오온 산중 소를 찾는 나그네가
獨坐虛堂一輪孤   텅 빈 집에 홀로 앉아 둥근 해를
方圓長短誰是道   방원장단을 누가 말하였는가?
一團火炎燒大千   한 덩어리 불꽃 대천세계 태운다.[32]

용성은 양주 도솔암에서 오도를 한 뒤에 더 큰 깨달음을 성취하기 위해 금강산 표훈사表訓寺로 떠났다. 금강산에는 마하연摩訶衍선원을 비롯하여 여러 선원이 있고, 각 선원마다 수많은 간화선 수행자들이 조선불교를 지키려고 수행 중이었다. 실로 금강산은 조선불교의 역사성을 그대로 전승하고 있는 불교 성지라 할 만했다.[33] 금강산에 그토록 불교가 성행할 수 있었던 까닭은 조선 정부의 행정력이 거기까지 미치지 못하여 유교 세력의 탄압을 비교적 적게 받았으며, 승려들이 수행하는 데에 간섭이 덜했기 때문이었다.

금강산은 수행자에게 더없이 좋은 환경과 여건을 제공해 주고 있었다. 금강산은 유생들의 탄압이 덜했던 덕분에 마하연선원을 비롯하여 유서 깊은 사찰들이 잘 보존되어 있었고, 이름 높은 선지식善知識들이 수행하고 있어서 가르침을 받기에 용이하였다. 용성이 금강산 표훈사를 찾아가게 된 계기에 대해서는 밝혀져 있지 않다. 그러나 용성은

---

32 東山慧日 撰集, 『龍城禪師語錄』 卷上(京城: 三藏譯會, 龍城全集1, p.378).
33 고영섭, 「금강산의 불교신앙과 수행전통」, 『금강산 건봉사의 역사와 문화』, 인북스, 2011.

표훈사 수행에서 조선 전통의 간화선 수행을 접하였는데, 이는 용성의 수행 역사에서 일정한 의미를 갖게 하였다.

3. 용성의 수행 체계와 실천

1) 무융 선사의 간화선

용성은 『화엄경』에 나오는 53선지식을 친견하는 것과 같은 기분으로 금강산을 순례하였다. 금강산은 조선 최고의 명산이며 조선불교의 영혼이 살아 있는 곳이었다. 마하연선원을 비롯하여 여러 선원이 있었고, 각 선원마다 수많은 수행자들이 서구의 문명과 외래종교가 거세게 도전하던 개화기의 불교를 지키려고 수행 중이었다.

용성은 금강산 표훈사에서 선禪 수행자가 실천해야 할 수행 덕목을 지키면서 정진에 임하였다. 출가 수행자가 실천해야 할 결사結社의 정진은 간화선 수행의 전제였다. 개화기의 사대부들이 선에 대해 탐구하였고, 그로 인하여 선풍이 불었다. 그 당시 풍미한 선사상을 무융 선사는 잘 알고 있었던 것 같다. 무융 선사는 용성의 간화선 수행의 지도자였다. 용성은 해인사에서 출가하였지만, 금강산은 용성에게 더없이 좋은 수행 환경과 여건을 제공해 주었을 것이다. 용성에게는 새로운 세상을 보는 듯하였다.

무융 선사는 용성에게 선禪 수행의 방법으로 무자화두를 들고, 앉아서 정진하는 것을 통해 자아를 발견하라는 가르침을 주었다. 간화선을 수행하는 데 있어서는 평상심平常心이 가장 중요하다. 평상심을 잃지 않고 정진하는 데에 주력함이 수행 정신이라고 말할 수

있다. 금강산 표훈사에서 용성은 자신의 이전 수행 경지를 무융에게
고백하였다. 그러자 무융은 용성에게 무자화두를 들라고 하였다. 용성
과 무융 간의 문답 내용은 다음과 같다.

> 금강산 표훈사에 가서 無融禪師에게 참알하고 도솔암에서 경험하
> 였던 경계에 대하여 설명하였다. 그러자 무융선사께서, "문득 한
> 생각이 통 밑이 빠지는 것과 같았다고 하는데 그러면 그것을 아는
> 자는 어떤 물건인가?"라고 물었다. 그러나 용성은 대답하지 못하고
> 묵묵히 있었다. 그러자 무융선사께서는, "그대가 대답하지 못한다
> 면, 아직도 완전하지 못하다. 다시 話頭를 참구하여 다시 시작하도
> 록 하라."라고 하였다. 이때부터 다시 無字話頭의 참구를 시작하였
> 다.[34]

무융은 용성과 문답을 한 뒤에 용성에게 조주趙州 무자화두無字話頭
를 주면서 용맹정진으로 참구하라고 일렀다. 그것은 다라니 주력을
권유하였던 수월 화상과는 성격이 다른 수행 방법이었다. 용성은
무융 선사로부터 받은 화두를 참구하면서 고운사에서 다라니 주력을
송주하던 방법과 차원이 고양된 수행 방법임을 깨달았다. 용성은
무자화두를 받아서 용맹정진하였지만 화두의 의미를 알고 정진한

---

34 東山慧日 撰集, 『龍城禪師語錄』 卷上(京城: 三藏譯會, 龍城全集1, p.378). 金剛山
表訓寺 하야 參禮 無融禪師하고 具述前緣한대 間曰 能知一念子如桶低脫相以者
是麼物고 師 默然無對라 無融云 不道不是나 更參話頭하야사 始得다 自此로
更參無字話頭하다.

것은 아니었다. 그렇지만 지극정성으로 화두참구 수행을 하였다.

무용 선사는 조선불교를 바르게 이끌기 위해서는 조속히 조선불교의 전통성을 회복해야 한다고 보았다. 용성은 무용 선사로부터 수행자의 덕목과 선원에서 지켜야 할 청규淸規도 중요하니 철저히 이행하라고 가르침을 받았을 것이다. 하여간 용성은 무용 선사로부터 받은 무자화두를 타파하기 위해 표훈사에서 용맹정진하였다.

그 무렵 고종은 불교계에 대한 변화를 시도하였다. 명산대천에 제사를 지내고 축원하는 것을 임금도 행하겠다는 것이었다. 즉 백두산, 금강산, 지리산, 태백산, 계룡산을 찾아 나라를 수호하는 기도를 하게 하였다. 그것은 바로 김상봉이라는 인물의 주청을 받아들여 시행케 한 것이다.

名山大川에 제사를 지내 비는 것은 옛날 明王들 역시 행하였습니다. 우리나라의 백두산, 금강산, 지리산, 태백산, 계룡산 다섯 산은 모두 나라를 진압하는 명산입니다. 참으로 지성으로 기도하면 나라의 운명과 천명을 오래 가게 할 수 있습니다. 신이 감히 犬馬의 정성으로 조금이나마 보답하고자 하는 뜻을 둔 지 오래였습니다. 그러나 일이 중대하므로 사사로이 마음대로 해서는 안 되기 때문에 감히 죽음을 무릅쓰고 아룁니다. 삼가 원하옵건대, 특별히 처분을 내려 신의 기도를 허락하시면 들어가는 冪幣의 물자를 신이 스스로 마련하여 다섯 산에 각기 100일을 한정으로 하고 천신의 국가에 대한 정성을 만분의 일이나마 바치고자 하는데, 성상의 뜻은 어떠하신지요.[35]

위와 같은 김상봉의 주청을 고종은 수용하였다. 그리고 그 시점은 용성이 금강산 표훈사에서 무자화두를 들고 좌선을 수행하고 있던 1884년(고종21) 무렵이었다. 즉 고종은 김상봉이라는 인물의 건의를 받아들여 금강산 등 명산에서 100일 간 기도를 올리도록 한 것이다.

그런데 당시 조선불교에는 간화선에 대한 수행 체계가 전혀 없었다. 선대의 선사들이 남긴 막연한 수행 방법은 있었으나, 그것을 계승하여서 시대에 맞게 조율한 탄력적인 수행 체계는 없었다. 그러나 용성은 무용 선사가 준 무자화두 참구를 하면서 고려시대 보조 지눌의 정혜결사 수행정진의 핵심이 간화선 수행법이라는 것을 점차 알게 되었다. 그로 인하여 용성은 새로운 전통불교와 만났는데, 이를 통해 불교사상 및 수행에 대한 개안開眼을 하였다. 용성은 후일 그의 저서『각해일륜』에서 화두에 대한 그의 생각을 다음과 같이 밝혔다.

是甚麼란 一物의 所以然을 알지 못하여 의심하는 것인데, 이 물건은 천지 허공과 만물을 온통 집어삼키고 있는 물건이니 이것이 무슨 물건인고? 이 물건은 있는 것으로도 알 수 없고, 없는 것으로도 알 수 없으며, 없고 있는 것도 아니고, 참으로 없는 물건도 아니며,

---

35 『承政院日記』고종 21(1884. 갑신)년 6월 17일조(사단법인 민족문화추진위, 승정원 고종 145권, 2001), p.263, 「백두산 등에 제사를 지내는 일을 허락해 주기를 청하는 유학 김상봉의 상소」. 我東之白頭·金剛·智異·太白·鷄龍五岳, 皆鎭國名 山, 苟以至誠禱祈, 則足以壽國脈祈天命也. 臣敢以太馬[犬馬]之忱, 欲效涓埃之 報, 齋志久矣, 而事係重大, 不可私自擅便, 故玆敢冒死以陳. 伏願特下處分, 許臣 祈禱, 則所入奠幣之物, 臣請自當, 五山各以百日爲限, 以效微臣爲國家萬一之報, 未知聖意何如.

一物이 아니라고 할 것도 아니다. 다만 一物이라고 할 것도 아니며,
一切思議로 알 것도 아니고, 일체 無思議로 알 것도 아니니 이것이
무엇인고? 이와 같이 다만 의심할 뿐이다.[36]

용성은 금강산 표훈사에서 간화선 수행 방법인 좌선坐禪 및 간화看話
를 통해 앞날에 실천하여야 할 자신의 목표를 분명히 설정할 수 있었다.
이때의 경험으로 용성은 수행에 있어서 화두의 중요성을 절감하였다.
용성은 금강산 표훈사에서 무자 화두선을 행함에 있어서 수행자가
실천해야 할 수행의 덕목과 청규를 지키면서 정진에 임하였다.[37] 추정
하건대, 무응 선사는 용성으로 하여금 화두 참구와 다라니 주력에
대한 차이점을 가르쳐주었을 것이다. 금강산 수행을 마친 용성은
그 이전 수행처인 보광사 도솔암으로 돌아왔다.

1884년 다시 양주군 보광사 도솔암에 와서 홀연히 心境이 空하여
能見所見과 能覺所覺이 없더라. 이 뒤로는 유위법과 무위법과
세간법과 출세간법과 백만 아승지 모든 법이 하나도 이곳에 어리댈
수 없더라.[38]

이는 용성이 도솔암에서 깨달은 경지를 표출한 내용이다. 도솔암으

---

36 용성진종, 『각해일륜』(불광출판부, 2004), pp.181~182.
37 물론 그 시기의 재가불자들도 출가 수행자가 수행하고 있는 선수행을 하고
    있었다.
38 白相奎, 『修心論』(京城: 大覺教中央本部, 龍城全集1, p.10).

로 돌아오기 이전, 무융 선사가 더 이상 용성을 지도할 수 없다고 판단하였는지 혹은 비구계를 수지하라는 무융 선사의 지시가 있었는지는 명확하지 않다. 아무튼 당시 금강계단이 있는 통도사에 가서 비구계를 수지하라는 조언을 받았다. 선 수행자는 언제나 청정해야 하며, 청정한 마음으로 수행자의 덕목을 실천하기 위해서는 부처님의 금계인 금강계단의 계맥을 수지해야 한다고 설명하였을 것이다. 당시 조선불교계에 비구계단 산림을 하는 사찰은 양산 통도사의 금강계단뿐이었다.[39] 이는 용성이 통도사에 가서 완전한 출가를 의미하는 비구계를 받아야 된다는 당위를 촉진하는 요인으로 작용하였을 것이다. 그래서 용성은 통도사 금강계단에서 비구계를 수지하여 불교계 중심부로 진입하였다.

2) 통도사 금강계단에서의 비구계 수지

용성은 금강산 표훈사에서 무융 선사의 지도를 받아 수행을 하고 양주 보광사 도솔암으로 돌아왔다. 그리고 정진 중에 홀연히 깨달음을 성취하였다. 도솔암은 용성의 행보 및 역사에서 중요한 인연처였다. 용성 자신이 다라니 수행을 철저하게 한 곳이었기에 감회가 새롭지 않을 수 없는 암자였다.

　　양주군 보광사 도솔암으로 와서 수행하던 중 어느 날 부지중에
　　웃음이 나왔는데, 古所謂 去年貧은 未是貧이라 無立錐地러니 今年

---

39 그러나 이는 추후에 보완되어야 할 측면이다. 아직 이 분야에 대한 연구가 부진하여 그에 대한 단정적인 이해는 보류한다.

貧이 始是貧이라 錐也無라 하심이 正謂此也로다.[40]

이렇듯이 용성은 도솔암에서 깨달았다. 용성은 도솔암에서 기도를
끝내고 무융 선사가 가르쳐준 대로 비구계를 받기 위해 금강계단이
있는 통도사로 향했다. 용성은 21세에 통도사 금강계단에서 비구계와
보살계를 수지하였다. 이는 용성이 비구로서의 정통성을 획득하였음
을 말한다. 통도사로 간 그는 금강계단에서 선곡禪谷 율사에게 비구계
와 보살계를 받았다. 용성이 선곡 율사의 계맥을 전승받은 의미를
바르게 살피기 위해서는 그 율맥의 개요 및 성격을 객관적으로 고찰하
는 것이 중요하다.

　통도사의 선곡 율사는 지리산 서상수계瑞祥受戒[41]를 전승한 율사였
다. 물론 자장 율사로부터 전계되었던 계맥이 통도사에서 전승되었다
고 볼 수 있다. 서상수계의 전승에 대하여 이지관은 다음과 같이
설명하였다.

朝鮮朝에 접어들어서는 영암 道岬寺의 大隱朗昕和尙이 그의 스승
金潭長老와 더불어 戒學이 失傳 상태에 놓여 있는 실정을 개탄하고
1826년 순조 26년 7월 15일 解制後 河東 7佛庵 亞字房에서 瑞祥受
戒를 서원하고 7일간의 기도를 봉행하던 중 7일만에 一道祥光이
大隱의 頂上에 灌注하므로 스승인 金潭이 이르기를 나는 오직
法을 위함이요, 師資의 서열에 구애받지 않는다면서 곧 상좌인

40　東山慧日 撰集,『龍城禪師語錄』卷上(京城: 三藏譯會, 龍城全集1, p.379).
41　원영,「삼취정계의 형성과 자서수계」,『대각사상』10집, 2007 참조.

大隱을 전계사로 하여 보살계와 비구계를 받았다.[42]

통도사의 선곡 율사는 지리산 칠불암七佛庵의 대은大隱 율사로부터 이어져 온 정통 계맥을 받아 지닌 승려였다. 지리산 칠불암의 서상계단의 법은 대은, 금담, 초의, 법해, 선곡으로 이어졌던 것이다. 조선불교를 회복하기 위한 중요한 과제는 전통적으로 전승된 비구계를 회복하는 일이었다. 용성은 통도사 금강계단에서 지리산 칠불암의 서상수계瑞祥受戒의 계단 법을 전승하였던 것이다. 통도사 계단은 또한 청나라 불교계단에서 전수한 계단의 계맥도 함께 전승하였다. 이로 볼 때 당시 통도사 계단에는 전통 계단과 서상수계의 계단이 병렬적, 혼합적으로 존재하였을 것이다.

통도사로 간 그는 금강계단에서 禪谷 율사에게 비구계와 보살계를 받는다. 그런데 선곡 율사는 지리산 七佛庵의 大隱 율사로부터 이어져 온 정통 계맥을 지닌 승려였다. 조선 시대에 계율에서는 大隱, 錦潭, 艸衣, 梵海, 禪谷 등으로 이어져 계맥을 인정하였다.[43]

---

42 지관, 『한국불교계율전통, 한국불교계법의 자주적 전승』(가산불교문화연구원, 2005), p.150.

43 이능화『조선불교통사』(6)하편(동국대 출판부, 2010), p.207. 용성의 법계를 살펴볼 때 금담이 대은의 스승이 되고, 계맥으로 말하자면 금담은 대은의 제자가 된다. 이어서 대흥사의 초의 선사에게 전하였고, 초의 선사는 범해 화상에게 전하였다. 또 범해가 계를 전해 준 제자를 꼽자면 대흥사의 翠雲, 선암사의 金峰, 해인사의 霽山 등 여러 화상들이 있다. 제산 선사는 또 이 절의 용성에게 전했다.

용성은 21세에 통도사 금강계단에서 비구계를 수지함으로써 비구로
서의 정통성을 획득하였다. 이는 조선불교 율맥律脈의 역사성 전승이
라는 면에서 아주 중요한 의미를 지닌다. 개화기 조선불교의 계단은
계단의 존재를 잊고 있거나 알면서도 무시할 정도로 황폐하였다.
그러한 상황에서 마구잡이로 양산된 승려들에게 승려로서의 본분과
역할을 해내기를 바란다는 것은 애초부터 무망한 일인지도 몰랐다.

> 『六祖法寶壇經』을 봉독하였다. 大隱 율사의 전통을 전승한 草衣
> 율사, 法海 율사의 계맥을 이으신 禪谷 율사에게서 보살계를 받
> 았다.[44]

이로써 용성은 자장 율사의 통도사 금강계단의 전승과 지리산 칠불
암의 서상수계瑞相受戒의 계단법을 통합한 통도사 금강계단의 전승자
가 되었다. 한편 통도사 만하 승림 율사가 청나라에서 계단의 계맥을
받아온 것을 보면 용성이 수계한 이후의 통도사 계단은 적지 않은
모순이 있었을 것으로 보여진다.

> 해동사문인 만하승림 율사가 수계하였다. 만하승림 율사가 귀국하
> 여 곳에 따라 건단 수계하였는데 광무원년(1897)에 만하승림 율사
> 가 통도사에 계단을 열고 계법을 전수할 때에 해담치익 율사가
> 수계하였고…[45]

---

44 龍城震鍾, 『호국호법삼부경』(금강명경, 묘법연화경, 신역구역호국인왕경)(大覺會,
龍城全集10, p.88).

만하 승림이 중국(청)에서 새로운 계를 받아왔다는 것은 서상수계의 맥이 단절되거나 흔들린 상황을 말해주는 것이다. 그러나 지리산 칠불암의 서상수계 계단의 역사성은 용성에 의해 전승되었다.

용성이 통도사 금강계단에서 비구계를 수지한 것은 용성 개인에게나 조선불교계에 아주 중요한 의미를 가진다. 용성의 율맥[46]은, 지리산 칠불암 아자방 서상수계 계단을 이어온 영암 월출산 도갑사의 대은大隱 낭오朗旿 서상수계 계맥이었다. 이로써 용성은 금강계단에서 비구계를 받아 조선불교계의 금강계단을 전승해야 할 막중한 사명감을 가졌다. 용성이 수행에 몰두하고 있는 동안에도 바깥세상에서는 격변의 물결들이 높이 출렁이고 있었다. 여기에서 용성은 불교계가 담당할 역사적 과제를 떠안게 되었다.

3) 해인사에서의 2차 깨달음

용성은 통도사 금강계단에서 비구계를 수지함으로서 조선불교의 정체성을 회복할 수 있는 인연을 가졌다. 그러나 금강산 무융 선사로부터 무자화두를 받고 화두 타파에 온 힘을 모두 쏟기로 결심했다. 그래서

---

45 지관, 『한국불교계율전통, 한국불교계법의 자주적 전승』(가산불교문화연구원, 2005), p.146.

46 용성의 법계를 말하자면 금담이 대은의 스승이 되고 戒脈으로 말하자면 금담은 대은의 제자가 된다. 이어서 대흥사의 草衣선사에게 전하였고 초의선사는 梵海화상에게 전하였다. 또 범해가 계를 전해준 제자를 꼽자면 대흥사의 翠雲 선암사의 金峰 해인사의 霽山 등 여러 고승들이 있다. 제산 선사는 또 이절의 龍城에게 전해졌다. 이능화, 『조선불교통사』, 권중, 「삼보원류, 율종」(동국대학교 출판부, 2010), p.207.

정진의 터인 선원을 찾아 전라도 지방으로 수행처를 옮겼다. 이것은 새로운 스승을 찾아 나선 여정이기도 했다. 용성은 통도사 금강계단에서 비구계를 수지했다고 하지만 당시의 용성은 종파가 없는 무종무적의 승려였다. 용성은 그러한 자신의 처지에 구애됨이 없이 배움을 구하여 송광사 삼일암으로 호붕 강백을 찾아갔다. 당시 용성의 나이 21세였다.

> 용성은 21세에 통도사에서 비구계를 받은 후 지리산 金剛臺에서 冬安居를 지내고, 順天郡 曹溪山 松廣寺 三日庵에서 夏安居를 하는 도중 여가에 『傳燈錄』을 열람하다가 至月似彎弓하고 小雨多風處하야 忽然打失臭孔하니 日面佛月面佛話와 無字話意旨가 煥然明白하여 의심이 없더라.[47]

용성은 삼일암에서 경전을 보고 견처를 재확인했다. 용성은 송광사 삼일암에서 『기신론』과 『법화경』을 배우고 난 후 지리산 상선암上禪庵에서 33인의 도반道伴과 함께 정진을 하였다. 도반들과 함께 정진한 것은 금강산 표훈사에서 무융 선사에게 지도를 받았던 그 정진의 힘이라고 생각할 수 있다. 용성은 무자화두 타파에 온 힘을 기울여 정진한 끝에 마침내 깨달음을 체득한다. 을유년乙酉年 22세(1885) 가야산 해인사海印寺에서 2차 오도悟道를 하였던 것이다. 그때에 읊은 오도송을 보면 다음과 같다.

---

47 東山慧日 撰集, 『龍城禪師語錄』 卷上(京城: 三藏譯會, 龍城全集1, p.379).

伽倻名價高靑丘	가야의 이름이 청구에 높으니
明心道師幾往來	명심도사가 얼마나 왕래하였는가?
矗矗寄巖疊鱗高	곧게 뻗은 기암이 기린처럼 높이 쌓여 있고
密密柏樹相連靑	빽빽이 뻗은 잣나무가 서로 이어 푸르구나.
無限白雲滿洞鑽	무한한 흰 구름이 동구를 가득 메웠으며
洪鍾轟轟碧空衝	크게 울리는 종소리는 푸르른 창공에 가득하고
回首看山醉流霞	머리를 들어 산을 보니 저녁놀에 취해 있으며
倚樹沈眼日已斜	나무에 기대어 곤히 잠드니 해가 서산에 걸려 있네.[48]

용성은 해인사에서 2차 깨달음을 얻은 뒤 순례 길에 나섰다. 그의 발길은 경학 방면의 고승을 찾아 배우는 것이었다. 참선수행에서 얻은 깨달음을 경전을 통해 재확인하는 것이었다.

선승들과 더불어 33人으로 여름안거를 지리산 상선암에서 지냈다. 다시 곡성군 태안사 水鯨 講伯에게 禪要를 보고 상무주로 가서 동안거를 하고 청화산 石橋律師게 사사하여 梵網經四分律의를 배우고 共三十三道友로 夏安居于此山하고 다시 松廣寺湖鵬講伯 의하여 華嚴經을 看了하고 依海印寺月華講伯하여 看拈頌하고 大乘寺月華講伯을 의지하여 看華嚴十地하고 兼學緇門하다.[49]

48 東山慧日 撰集, 『龍城禪師語錄』 卷上(京城: 三藏譯會, 龍城全集1, p.379).
49 東山慧日 撰集, 『龍城禪師語錄』 卷上(京城: 三藏譯會, 龍城全集1, pp.379-380).

　용성은 33인의 도반들과 함께 하안거 수행에서는 지리산 상선암에서 정진하였다. 그리고 태안사 수선 강백에게 『선요』와 『서장』을 배우고, 상무주로 가서 동안거를 하였으며, 이후 석교 율사에게 『범망경』과 『사분율』을 학습하였다. 그 이후에는 송광사 호봉 강백에게 『화엄경』, 해인사 화월 강백에게 『염송』, 대승사 화월 강백에게 『화엄경』과 『치문』을 배웠다. 이렇듯 다양한 경전 수학을 거친 용성은 낙동강을 거닐다가 새로운 느낌을 받았다. 그는 자아를 발견하여 정진하는 것은 바로 자신의 존재를 성찰하는 것이며, 계를 지키고 수행을 하는 것은 수행자의 덕목을 실천하려는 의지로 보았다. 용성에게 있어서는 일종의 무심無心이며 처처가 모두 불공佛供이었다. 수행 정진을 통해 깨달음을 성취한 용성은 자신의 존재를 수행자의 참모습으로 되돌릴 것을 다짐하였다. 마침내 그는 23세 때인 1886년 낙동강 근처에서 구경각 깨달음을 하였다. 이는 그때 읊은 오도송이다.

金烏千秋月　금오산에 천년의 달이오
洛東萬里波　낙동강에 만리의 파도로다.
漁舟何處去　고기잡는 배가 어느 곳으로 갔는고
依舊宿蘆花　옛과 같이 갈대꽃에서 잠자도다.[50]

　그러나 용성은 자신이 정진을 통해서 가아假我를 발견한 것 같은 지견이 열린 것이라고 생각했다. 용성이 무자화두를 타파한 것은

50 東山慧日 撰集, 『龍城禪師語錄』 卷上(京城: 三藏譯會, 龍城全集1, p.380).

정진을 통해서 가능하였지만, 그는 경전을 통해서 자신의 견처뿐만
아니라 자아의 진리를 발견하려고 하였다.

춘삼월에 전라도 금구군 룡안대에 가서 홀연히 자문자답하되,
"세상 사람이 혹 能所가 끊어져서 無滋味沒莫素 한곳에 앉어 一大事
因緣을 다맛첫다 하야 몽둥이질하기를 비오듯하며 호령하기를
우레같이하야도 도의 근원을 다 통달치 못한것이며, 혹은 어떤
곳에서 다시 일보를 나가서 水水山山이 各完然이라하야 平常答話
를 조와하나 그들이 다분히 최묘한 骨子를 깨닫지 못하니 그대는
엇더케 깻었나뇨.[51]

용성은 중생들을 위해 부처님의 법대로 살아가는 진어자眞語者가
되고, 자아를 발견하는 참 진리의 세계로 돌아가고자 했다. 또한 그는
수행자의 덕목을 바르게 학습하고 철저히 행하는 불교실천운동에
더욱 정진하였다. 즉 몇 차례의 깨침과 여러 곳에서의 경전 열람을
통해 불법, 불교사상의 본질을 지속적으로 점검하면서 또한 당시
불교계 상황을 극복할 수 있는 실천적 행보를 모색하였던 것이다.

불(火)을 입으로 말하여도 입이 불타지 아니하니라(道火不曾燒却
口) 능소가 끊어진 곳이 그대의 본성인가 능소가 끊어진 곳을
타파하여 뿌리조차 빼야 眞蹟이 없는 것이 그대의 본성인가? 능소
가 끊어져 말할 수 없는 것과 이 尊貴頭角을 타파하고 다시 한

---

51 白相奎, 『修心論』(京城: 大覺教中央本部, 龍城全集 1, p.11).

걸음 나아가는 것이 분명하나 그러나 그 裏面에 가장 묘한 골자를
그대가 엇더케 깻엇나뇨 격담말고 말로 분명히 표시하라하거늘…[52]

당시 조선불교계는 자율적인 사찰의 기능을 수행하지 못하고 있었는
데, 용성은 조선불교계의 발전을 위해 무엇을 할 수 있을지 끊임없이
사색하였을 것이다. 한편 용성은 깨달음을 겪은 23세 이후에도 당대
최고의 전문 강백을 찾아 경전을 학습하였다는 것이 특이하다. 용성이
경전을 열람하고 수학했던 개요를 다시 정리하면 다음과 같다.

松廣寺 甘露庵의 湖鵬講伯 문하에서 起信論과 法華經을 보았으며,
谷城郡 泰安寺의 水鯨講伯 문하에서 禪要와 書狀을 보았으며,
淸華山의 石橋律師 문하에서 梵網經과 四分律을 공부하였으며,
다시 松廣寺의 湖鵬講伯 문하에서 華嚴經을 보았으며,
海印寺의 月華講伯 문하에서 拈頌을 보았으며,
大乘寺의 月華講伯 문하에서 華嚴十地와 緇門을 공부하였다.[53]

깨달음을 득한 이후의 이러한 학습 과정은 불교사상의 근원을 검증
하는 것으로 볼 수 있다. 송광사 도반들과 함께 수행정진을 결행했던
것도 그러한 모색 중의 하나로 보아야 할 것이다. 용성은 안거 수행을
철저히 지키려고 하였고, 그런 과정에서 다시 의심이 나면 대강백을
찾아다니면서 학습을 하였다. 그러면서도 용성은 무자화두를 들고

52 白相奎, 『修心論』(京城: 大覺敎中央本部, 龍城全集 1, pp.11~12).
53 東山慧日 撰集, 『龍城禪師語錄』卷上(京城: 三藏譯會, 龍城全集1, p.380) 참조.

64

정진하는 선승으로서의 수행자였다.

4) 용성의 선문답과 선수행

용성의 나이 37살 무렵 1900년 8월, 충청남도 내포內浦의 천장암天藏庵
으로 갔다. 그리고 경허 선사의 제자인 혜월 혜명慧月慧命 선사를
만나기 위해 정혜사定慧寺로 찾아갔다. 용성과 혜월慧月 선사는 다음과
같이 문답을 하였다.

　선사(혜월)가 묻기를, 어디에서 왔느냐.
　용성이 답하기를, 주먹을 불끈 쥐고 왔습니다.
　선사가 다시 목침을 일으켜 세우면서 또 묻기를, 이것이 무엇인가.
　용성이 답하기를, 목침입니다. 그것도 모르느냐.
　선사가 목침을 놓고 또 묻기를, 이것이 무엇인가.
　용성이 답하기를, 목침입니다 라고 하였다.[54]

　그대는 어디에서 왔느냐.
　용성이 답하기를, 천장암에서 왔습니다.
　혜월이 목침을 일으켜 세우면서, 이것이 무엇인가.
　용성이 답하기를, 목침입니다.
　혜월이 목침을 내려놓고 묻기를, 정당히 있을 때 무엇을 얻는가.

---

54 東山慧日 撰集, 『龍城禪師語錄』 卷上(京城: 三藏譯會, 龍城全集1, p.381). 有漢
　禪者 問從甚處來, 師 堅起拳頭. 禪者 又擧起沈子 問曰是甚麼, 師云 沈子也不識.
　禪者 移却枕子 又問是甚麼, 師云 枕子.

용성이 답하기를, 그곳은 제불이 광명을 나투는 곳입니다.[55]

용성은 정혜사에서 혜월 선사와 선문답을 나눈 뒤 조계산 송광사 조계봉曹溪峯 토굴土窟에서 동안거를 하였다. 그리고 용성은 38세 되던 해(1901)에는 가야산 해인사로 가서 제산 정원齊山淨圓 선사와 선문답을 하였다. 목침을 들고 법거량한 내용은 다음과 같다.

辛丑 春 2月에 到海印 禪社하야 問 齊山曰 喚作枕子則觸이요 不喚 作枕子 則背니 道道하라 齊山이 擲不枕子어늘 師 – 云 喚作山河則 觸이요 不喚作山河則背-니 道道하라 齊山이 黙然하다.[56]

이렇듯 용성은 선사들과 법거량을 걸림없이 하는 데 자신감을 보였다. 용성이 제산 율사에게 선법을 물었다는 것은 선과 율을 바르게 실천해야 한다고 보았기 때문이다. 용성은 이처럼 치열한 선문답을 통해 조선불교 본래의 모습을 회복하는 노력을 전개하였다. 1902년(임인년) 용성은 지리산 화엄사 탑전에서 정진하고 있는 만공을 만나

---

55 東山慧日 撰集, 『龍城禪師語錄』 券上(京城: 三藏譯會, 龍城全集1, p.381). "翌日에 到定慧寺 修德庵하니 慧月禪師 問曰 從甚麼處來오 從天藏庵來니라 慧月이 擧起 枕子 問曰這箇是甚麼오 師云 枕子니라 慧月이 又移却枕子 問曰 正當恁麼時하야 如何得고 師云 此是諸佛이 放光明處라하다."

56 東山慧日 撰集, 『龍城禪師語錄』 券上(京城: 三藏譯會, 龍城全集1, p.381). 辛丑春二月에 到海印禪社하야 問霽山曰喚作枕子則觸이요 不喚作枕子則背니 道道하라 霽山이 擲下枕子어늘 師云 喚作山河則觸이요 不喚作山河 則背니 道道하라 霽山이 黙然하다.

66

선문답을 하였다.

용성이 물었다. 遠路에 노독이 어떠하며 시자는 몇이나 되오. 시자도 없고 노독도 없습니다. 용성이 말하였다. 너무나 고생이 많소. 만공이 반문하였다. 어떻게 견디오. 용성이 대답하였다. 피곤하면 잠을 잘 뿐이요. 다른 묘책은 없으니 시절인연이 도래하면 바람이 등왕각으로 보낼 것이오.[57]

화엄사에서 만공 선사와 선문답을 한 뒤에 용성은 통도사의 옥련암으로 가서 도은 강백에게 염송을 배웠다. 용성이 선문답을 한 뒤에 경전을 탐독하고 『선문염송』을 학습한 것은 자신의 선지를 깊게 하여 재점검하려는 의지였다.

往通度寺玉蓮庵하야 依東隱講伯하야 看拈頌하다.[58]

용성이 이처럼 선수행 정진과 경전을 학습한 것은 불교사상으로 무장하려고 했던 것이며 정진의 힘을 보여주기 위함이었다. 1903년 용성이 40세에 이르는 해 2월에는 묘향산 상비로암上毘盧庵에서 정진

---

57 東山慧日 撰集,「機緣門答章 二」,『龍城禪師語錄』 券上(京城: 三藏譯會, 龍城全集1, p.125.). 壬寅 二月에 往求禮郡 華嚴寺 塔殿하야 過夏러니 滿空이 從內浦어늘 師問曰 禪德이 路遠에 無路毒之患이며 侍者는 幾人乎아 滿空이 云我無侍者하며 亦無路毒호라 師云 太孤生이로다. 空이 反問曰 如何支對오 師云 困眼打睡無巧竗라 時來風送滕王閣이니라

58 東山慧日 撰集,『龍城禪師語錄』 卷上(京城: 三藏譯會, 龍城全集1, p.381).

하였다. 용성은 이곳에서 선회禪會를 가졌는데, 하루는 금봉金峰 강백
이 용성에게 물었다.

조주가 짚신을 이고 간 뜻이 어떠한가. 용성이 답하기를, "문 앞의
한 그루의 소나무에 까마귀 날아가자 까치가 와서 앉습니다."[59]

용성이 묘향산의 깊은 골에까지 선수행을 하려고 갔다는 것은 선에
대한 깊은 사상이 있었기 때문이라고 말할 수 있다. 그리고 용성은
석왕사를 거쳐 금강산 불지암에서 동안거를 났다.

癸酉年 9月에 往香山에 到釋王寺하야 聞北地擾亂하고 向金剛山佛
地庵하야 동안거(冬安居)[60]

용성은 금강산에서 동안거를 끝내고 1904년 철원 보개산寶蓋山 성주
암聖住庵에서 수선회修禪會를 개설하였으며, 이듬해 가을에는 보개산
에 관음전을 건립하였다.

甲辰 2月에 往 寶盖山 聖住庵하야 創禪會하다.[61]

---

59 東山慧日 撰集, 『龍城禪師語錄』 卷上(京城: 三藏譯會, 龍城全集1, p.382). 필자는
　 북한을 탐방할 시에 함경도 묘향산에 있는 중비로암까지 방문을 하였는데, 안내자
　 의 설명에 따르면 고개를 넘어 얼마 가지 않으면 상비로암이라고 하였다.
60 東山慧日 撰集, 『龍城禪師語錄』 卷上(京城: 三藏譯會, 龍城全集1, p.382).
61 東山慧日 撰集, 『龍城禪師語錄』 卷上(京城: 三藏譯會, 龍城全集1, p.382).

용성은 간화선의 역사성을 고찰하기 위한 자료를 수집하는 일에도 관심을 두었다. 용성이 42세 되던 해인 1905년 일본은 조선 정부를 강박하여 을사보호조약을 체결하였다. 1905년 용성은 보개산에 머무르면서 관음전을 창건하고 『선문요지』 1권을 저술하였다고 하는데 현존하지 않는다. 이 중요한 저술이 전해지지 않는다는 것은 조선불교계로서는 안타까운 일이었다. 같은 해 11월에 용성은 보개산에서 삼각산 망월사로 거처를 옮겼다. 망월사에서 정진하고 있을 무렵에 궁중에서 용성을 찾아와 해인사 장경불사를 권유하였다. 용성은 아주 소중한 인연이라고 생각하고 대장경불사에 동참하였다.

광무10년 43세(1906) 1월 14일 봄에 내탕금 6천원을 출자하여 해인사 대장경판 장정을 보수하도록 명하였다. 아울러 불경 1천4백 권을 인출하여 금강산 정양사에 봉안하고 빠진 책을 보충하게 하였는데 봄에 시작하여 여름에 끝났다. 화주는 용성이고 감독은 대련이며 해인사 정명은 발문을 짓고 가선대부 전 한성 판윤 박창선은 서명하였다. 이에 앞서 해인사 승려 용성이 연줄을 넣어 순빈 엄씨에게 이 불사를 행하도록 건의하였는데…[62]

1906년 용성은 해인사에서 팔만대장경 목판 장식 보수 불사를 성공적으로 마쳤다.

한편 1906년 불교계에서는 불교혁신 움직임이 있었다. 그는 봉은사 승려 이보담과 화계사 승려 홍월초 등이 새로운 불교운동을 전개하던

---

62 李能和, 『조선불교통사』 제2권, 상편(동국대 출판부, 2010), p.570.

것을 말한다. 신식학교인 명진학교 건립 운동을 전개한 것이 조선불교
의 독자적인 활동이라고는 볼 수 없지만 그래도 당시 그들의 불교운동
은 새로운 불교의 모색이라고 말할 수 있을 것이다.

1906년 2월 봉원사의 승려 이보담과 화계사의 승려 홍월초 등이
주축이 되어 원흥사에 불교연구회를 설립하였다. 그리고 또한
원흥사에 최초의 근대식 불교학교인 명진학교를 설치하였다. 그러
나 이 불교연구회는 한국 승려의 순수한 자각과 자주적인 발의에
따라 설립된 것이 아니고 일본불교 특히 일본 정토종의 승려 이노우
에 겐신의 사주와 영향으로 세워진 것이었으며 실제 정토신앙을
종지로 하였다.[63]

그런데 그 무렵, 용성은 무주 덕유산에 터를 잡고 작은 암자를
건립하는 불사를 시작하였다. 일본불교의 여러 종파들이 조선 각
지역에 포교당을 개설하고 있던 무렵, 용성은 이에 맞서 덕유산에
법천암이라는 선원을 개설한 것이다.

丙午 9月에 徃茂朱郡 德裕山 護國寺하야 開禪會하고 丁丑 末 3月에
於舊基에 新創禪院하고 額 法泉庵이라 하다.[64]

용성이 무주 덕유산에 법천암을 창건한 것은 조선불교계에 소멸되었

63 최병헌 외, 『한국불교사 연구 입문』(하)(지식산업사, 2013), pp.283-284.
64 東山慧日 撰集, 『龍城禪師語錄』 卷上(京城: 三藏譯會, 龍城全集1, p.386).

던 선원禪院을 회복하는 불사의 뜻을 담고 있는 것이기도 했다. 또한 호국사를 창건하였는데, 호국사에도 선원을 개설하였다. 그리고 이렇듯 선원을 개설할 만한 경제력이 있었던 것은 후원 세력이 있었다고 보아야 한다. 용성이 암자를 창건하고 사명寺名을 호국사라고 한 점도 특이하다. 이는 용성이 호국불교의 역사를 깊이 성찰하였던 것이 아닌가 한다. 그것은 불교가 국가를 위함이라고 보았던 용성의 역사의식의 발로였다.

법천암 불사를 성공적으로 끝낸 용성은 44세 때인 1907년 무주의 선원을 떠나 지리산 칠불선원으로 가서 정진하고 있었다. 용성이 지리산 칠불선원에서 정진하고 있을 무렵에 고종 황제는 황태자(순종)에게 대리청정을 하게 하였다. 그리고 결국은 일본에 의해서 강제로 황제의 자리에서 물러나야 했고, 일본의 내정 간섭은 더욱 가속화되었다.

이제 44년이 되었다. 누차 많은 난리를 겪었기에 정사가 뜻대로 되지 않아 인재 등용에 더러 적임자를 얻지 못하여 소란이 날로 심한가 하면 시행한 조치가 대부분 시의 적절하지 못해 어려움과 걱정이 다급한 실정이다. 民生의 곤궁함과 나라의 위기가 지금보다 심한 때는 없었기에, 깊은 연못에 임하거나 얇은 얼음을 밟는 듯 두렵기 그지없다. 그런데 다행스럽게도 황태자는 덕성을 타고났고 훌륭한 명성이 일찍부터 드러나 일상적으로 문안하는 여가에 나에게 도움을 많이 주었으며, 그로 인해 정사를 개선하는 방도에 대해서도 이제 부탁할 사람이 있게 되었다.[65]

44년의 고종 통치를 마감하고 황태자에게 권력을 보임하였지만 황태자는 조선을 통치하는 데 있어 정치적으로 나약한 모습이었고, 게다가 일본의 간섭에 의하여 정상적인 통치는 불가능했다고 말할 수 있다. 이러한 시기에 용성은 조선을 떠나 중국 청나라에서 중국불교를 탐구하고 북경 관음사에서 동안거 수행에 들어갔다. 청나라에서 용성이 머물 수 있는 기회를 제공한 것을 보면 청과 조선은 호상 교류를 할 수 있는 조약이 있었던 것으로 볼 수 있다. 조선의 승려가 청나라에서 동안거를 할 수 있었다는 점이 특이하다.

4. 용성의 중국불교 사찰 순례

1907년, 용성은 북경에 있는 관음사에서 동안거에 들어가 정진을 하였다. 용성이 중국의 사찰을 순례하려고 했던 데는 중국불교의 수행 방법을 고찰하기 위한 목적도 있었을 것이다. 용성이 중국에 건너가서 수행한 상황은 아래와 같이 기록되었다.

정미 九月에 청국나라 北京에 도착하야 대사찰을 관람하고 관음사 대중과 더불어 정진하였다. 한 스님이 물었다. 어떤 것이 안심임명처요. 龍城이 말하였다. 觀音院裏에 戶米飯이라 僧이 云 吾不不飯하니 如何是安身立命處오 師云 又有好菜니라.[66]

---

65 『承政院日記』 고종 44년(정미 1907, 광무11) 6월 9일조(사단법인 민족문화추진위, 승정원 고종 210권, 2001) p.248, 「일 나라의 대사를 황태자에게 대리하게 한다는 조령」.

용성이 북경에 있는 관음사 승려와 대화를 나눈 장면이다. 관음사 승려가 용성에게 가르침을 구하자 용성이 대답하고 있는 것으로 이해된다. 용성은 북경에서 동안거를 할 수 있는 여유를 가졌던 것이다. 1908년 2월, 용성은 통주通州의 화엄사를 찾아갔다.

戊申년 봄 2월에 通州의 華嚴寺에 갔는데 한 승려가 묻기를, "그대는 어디에 살며, 어디에서 계를 받았습니까?"라고 하였다. 용성스님이 "본국의 通度寺 金剛戒壇에서 수계했습니다."라고 하였다. 다시 승려가 "우리 중국의 淨戒가 언제 조선에 들어갔습니까? 내가 듣기로는 조선에는 沙彌戒만 받고 승려가 되지 大戒를 받는다고는 듣지 못했습니다." 라고 하였다. 이에 대해 용성은 크게 웃으면서, "공중의 해와 달이 그대 나라의 해와 달인가? 불법도 이와 같아 천하의 公道인데 어찌 그대의 나라 것이라고만 할 수 있겠소. … 중략 … 우리나라의 계법이 스승에서 스승으로 서로 전하여졌는데 백여 년 전에 金潭, 大隱 두 장로가 동국제일선원에서 서원을 세워 7일간 기도하던 중 한 줄기의 상스러운 빛이 大隱의 정수리에 비추었는데 이 후로 크고 작은 계단을 설치하였소. 이는 중국의 古心律師의 경우와 같은 例이요.[67]

여기서 우리는 용성의 자존감과 더불어 대기대용의 기백을 감지할 수 있다. 뿐만 아니라 미래에 전개될 용성의 불교실천운동의 의지가

---

66 東山慧日 撰集, 『龍城禪師語錄』 卷上(京城: 三藏譯會, 龍城全集1, p.386).
67 東山慧日 撰集, 『龍城禪師語錄』 卷上(京城: 三藏譯會, 龍城全集1, p.387).

감지되는 부분이기도 하다. 중국 선사는 용성에게 조선불교계는 사미
계만 받고 비구계를 수지하지 않고 있다는 투의 말을 했다. 이 물음
속에는 조선불교를 비하하는 중화中華의 우월감이 깃들어 있었다.
용성은 자신이 양산 통도사 금강계단에서 비구계를 수지하였기에
조선에도 금강계단이 있다고 답하였다.

용성은 중국의 5대 명찰을 순례하는 동안 중국불교의 실상과 중국
백성들이 신앙하고 있는 불교를 성찰할 수 있었다. 이를 통해 조선불교
를 어떠한 방향으로 발전시킬 것인지 모색하게 되었다. 중국불교의
특질이야말로 정토淨土 발원이라고 할 수 있다. 또한 당시 중국에서는
아미타불을 찬탄하는 정토발원을 빼놓고서는 불교를 말할 수 없었다.
용성은 중국불교의 사상적인 밑바탕을 이루는 정토 발원에 대해서도
이해의 깊이를 더할 수 있었다.

한편 이 무렵 조선불교계에서는 중지를 모아 불교 발전의 역할을
수행하기 위해 불교연구회佛敎硏究會라는 조직을 만들었다. 또한 미래
조선불교를 이끌어 갈 사업 가운데 민족불교의 구현의 의미를 갖고
있는 명진학교明進學校를[68] 설립하여 운영하였다. 이런 구도에서 1908
년에는 원종圓宗이라는 종단을 만들어갔다.

1908년 3월 6일 각도의 사찰 대표자 52인이 원흥사에서 총회를
개최하고 원종종무원을 설립하였다. 이회광을 대종정으로 추대하

---

68 남도영, 「구한말의 명진학교」, 『역사학보』 90집, 1981.
김광식, 「명진학교의 건학정신과 근대 민족불교관의 형성」, 『민족불교의 이상과
현실』(안성; 도피안사, 2007), pp.292~295.

고 김현암을 총무로 삼았다. 또 원내에 여러 부서를 두었는데
교무부장은 전진응이 맡았으나 오지 않았고 학무부장은 김보륜과
김지순이 서로 이어 맡았으며 서무부장은 박보봉과 나청호 등…[69]

이회광을 초대 종정으로 하여 원종이 공식적인 출범의 닻을 올린
것이다. 조선불교계는 오랜 무종단의 상태에서 벗어나 새로운 시대를
맞이하게 되었다. 이는 불교혁신이라는 구도, 문명에 대응하려는 새로
운 질서에 접어든 것을 의미한다.

5. 용성의 미타회 수행과 원종의 탄생

용성은 중국의 5대 명찰을 순례하고 1909년 3월에 귀국하였다. 그리고
그가 처음으로 착수한 것은 해인사 원당암에 미타회彌陀會를 창설하는
일이었다. 용성은 미타회를 창설하고는 선에 대한 법문을 하였다.

己酉 봄 3월에 海印寺 願堂에 와서 創彌陀會 한대 一日에 禪院大衆
이 請法於師어늘 師陞堂告衆云 昔에 趙州謂諸人 曰 老僧이 昨到
潙山하니 有僧이 如何是 祖師西來意닛고 山이 云 與我過床子來하
여라하니 若是本分宗師대[70]

이상의 내용에서 나오듯, 용성이 해인사 원당암에서 미타회를 조직

69 이능화, 『조선불교통사』, 6권 하편(동국대출판부, 2010), p.311.
70 東山慧日 撰集, 『龍城禪師語錄』 卷上(京城: 三藏譯會, 龍城全集1, pp.388-389).

한 것은 중국불교의 현실을 학습한 결과로 보인다. 당시 중국불교계의
수행을 선수행 불교와 정토 불교의 결합으로 보았던 것이다. 용성은
미타회를 창설하고 정토를 주장하면서 화두를 아미타공안으로 대치하
여 수행하였다.

한편 이보담은 원흥사를 대신할 수 있는 조직을 만들었는데, 이는
교단 기구의 성격을 가진 불교연구회였다. 불교연구회는 일정 부문
조선불교를 대표하였기에 원흥사를 관장하던 사업 업무는 불교연구회
로 이관되었다. 이렇듯 용성이 수행의 전환을 단행할 무렵에 조선불교
계는 개별 단위 사찰만 있었을 뿐인 정식 교단이 애매모호한 실정이었
다. 즉 교단도 없고 포교 조직도 없는 상태였다. 이러한 시기에 일본불
교 정토종의 후원으로 불교연구회를 결성하였던 승려들이 주축이
되어 불교계를 조직화하는 데 주력하였다. 그렇지만 이러한 조선불교
계의 조직은 당시의 불교계를 실질적으로 대표하지는 못하였다. 이런
현실에서 1908년에 원종圓宗이 만들어진 것이다

이와 같은 원종圓宗은 한국 최초의 근대적 종단이라는 의미를 갖는
다. 조선불교계는 원종을 중심으로 새롭게 결집되고 성장과 발전의
계기가 마련되리라는 기대감을 가지게 되었다. 그러나 원종의 초대
종정 이회광은 불교계 전체의 미래보다 개인적 안위에 머물고 말았다.
왜냐하면 이회광은 일본 정토종의 승려 사곡獅谷 대법사와 친분이
두터웠기 때문이다.

한국불교 視察次로 日本淨土宗에서 派送한 一等布教師 獅谷大法
師가 漢城에 到着하다.[71]

한성에 도착한 일본 정토종의 포교사인 사곡獅谷 대법사는 조선불교계가 스스로 자구책을 마련하라고 당부하였다. 불교연구회를 지원한 일본불교 정토종은 그 포교사가 조선의 황제를 알현할 수 있도록 요청했다.

한성에 온 淨土宗 韓國開敎使인 長大僧 都廣安眞이 황제를 알현하도록 요청함에 따라 "바라건대 이를 황제에게 아뢰고 회답을 주십시오."라고 하였습니다. 이로 인해 宮內府에 통보하였으며 궁내부가 대신 아뢰어 그 뜻을 요청하였는데, 이달 23일 오후 5시를 폐하를 알현할 시각으로 정하였습니다. 이에 문서로 회답하니 귀 공사께서는 번거롭지만 잘 살피시어 해당 승려를 동반하여 기일에 맞추어 궁궐에 나오시기 바랍니다.[72]

이렇듯 1908년 무렵에는 일본불교의 영향력이 조선불교의 곳곳에 침투하였다. 그런 구도 하에서 일본 정토종의 영향을 받아 불교연구회가 조직되었고, 그 이후에는 원종이 창종되었다. 이와 같이 조선불교에 대한 후원 역할을 한 일본 정토종은 조선불교계에 있어서는 종단을 회복시키고 불교계의 위상을 부흥시켜 줄 구심점으로 인식되었다. 마침내 원종圓宗이 설립되어, 오랜 무종단無宗團 상태에서 벗어나게 되었다.

---

71 『皇城新聞』 1902. 5 .29 , 「韓國佛敎 視察次로 日本淨土宗에서」.
72 外部來信, 「照覆 第40號」, 「日本 淨土宗 韓國開敎使僧의 陛下 謁見 準許 照覆」, 『駐韓日本公使館記錄』 15권 참조.

그런데 그 무렵 용성은 중국 대륙을 순례하고 있었다. 중국 대륙의 명산과 사찰들을 순례하면서 불교의 근본정신을 생각해 보았을 것이다. 그리고 원종의 창종에 일본불교의 후원이 있었음은 불교의 자주성, 불교혁신이라는 길목에서 여러 가지를 우려케 하는 대목이다.

Ⅲ. 일제하 용성의 불교실천운동

1. 일제강점 직후 조선불교계의 변화

1) 조선불교선교양종 30본산 변화

일제에게 국권을 상실당한 직후인 1912년, 원흥사元興寺에서 최초의 30본사 주지회의가 개최되었다. 그 회의에서는 『경국대전』에 따라 종지를 선교 양종으로 하자는 제안이 만장일치로 가결되었다. 이는 조선총독부가 사찰령을 관철시킨 결과였다. 총독부는 그 이전에 갈등을 벌이던 조선불교의 원종과 임제종 두 종파를 배척하고, 기형적인 종명인 조선불교선교양종禪敎兩宗을 수용하도록 강요했다. '사찰령은 조선의 불교를 발전시키는 데에 목표가 있다'고 조선총독부가 선전했지만, 결과적으로 조선불교선교양종은 조선총독부의 관리 아래 놓이게 되었다

　조선총독부가 발동한 사찰령에 의해 조선불교는 일본의 의도대로

움직이는 통제 대상이 되었다. 조선총독부의 관여로 성립된 조선불교
선교양종 체제가 그 태생적 한계로 인해 조선 불교인들의 자발적인
의지를 제대로 반영하지 못한 것은 당연한 귀결이었다. 이러한 시기에
선禪을 중심으로 조선불교계의 정통성을 회복하려고 하는 운동이
일어났는데, 이를 통해 1912년에 용성龍城과 만해萬海가 조선불교계의
중요한 인물로 등장하게 되었다.

2) 조선불교 전통성 회복 운동

용성과 만해 한용운이 조선불교임제종臨濟宗을 창종하여 조선불교
중흥의 토대를 마련하고 있을 무렵, 조선총독부는 사찰령寺刹令과
사법寺法을 제정하고 반포하여 조선불교계를 직접 통치하였다. 국권
강탈 이전에는 친일 세력을 내세워 조선불교를 뒤에서 간접적으로
조종했다면, 경술국치 이후의 조선총독부는 사찰령 체제를 가동하여
조선불교를 직접적인 관리의 대상으로 삼고자 하였다. 그러한 목표를
달성하기 위해 만들어진 것이 사찰령과 사법이었던 것이다.

　한편 불교계는 일본불교의 유입으로 인하여 조선불교의 전통성을
상실하고 점차 일본불교화 되어 갔다. 이에 따라 용성의 심중에는
조선불교를 회복하려는 목표가 싹텄을 것이다. 최병헌이 당시의 전후
사정을 다음과 같이 서술한 것도 그와 같은 배경에서 나온 것이다.

　일제의 한국 병합이 일단락되자 조선총독부는 더 이상 일본 불교를
　이용할 필요성을 갖지 않게 되었다. 조선총독부는 식민지 통치에
　있어서 일본 승려보다 한국 승려를 직접 이용하는 것이 더 효과적이

라고 판단한 것 같다. 조선총독부는 사찰령과 三十本山制를 통하여
불교 교단을 분산 통제하면서 식민지 통치의 전면에 내세웠다.[1]

즉 사찰령 시행규칙에 근거하여 조선의 사찰들 중 규모가 큰 30개
사찰은 본사本寺로 지정되었다. 나머지 사찰들은 소속 지역의 본사에
배속되어 말사末寺가 되었다. 조선총독부는 이 30본사의 주지들에게
막강한 지위를 부여하였다. 이런 배경 하에서 불교의 30본산 주지총회
가 1912년 5월, 6일간 열렸다. 당시 그 회의에서 본산 주지들은 남당·북
당으로 나누어 토론하다가 북당의 주장에 따라 조선불교의 종명·종지
는 선교양종으로 결정되었다.

　6일간 佛敎의 30本山 住持 總會가 寺法 제정을 위하여 소집되었는
　데 南黨(臨濟宗派)과 北黨(李晦光派)으로 나누어져 寺法 제정의
　기본 문제가 되는 宗旨 稱號 문제로 논란을 벌리다가 北黨의 주장에
　따라 禪·敎兩宗으로 결정하다.[2]

사찰령으로 인해 30본산 주지는 말사의 주지 임면권을 가졌고,
말사의 제반 사항에 대해 관리 감독할 수 있었다. 그러나 본사의
주지는 조선총독의 인가를 받아야만 취임할 수 있었으므로 조선총독부
의 명령에 순응할 수밖에 없는 구조가 되었다. 사찰령에는 조선불교계
의 운영 일체를 조선총독부의 허가를 받도록 규정되어 있었다. 이런

---

1 최병헌, 『경허·만공의 선풍과 법맥』(조계종출판사, 2009), p.24.
2 『朝鮮佛敎月報』 6號(1912. 2), 「佛敎의 30本山 住持 總會가」 참조.

배경에서 1912년 6월 17일, 원종 종무원에서 30본사 주지회의가 개최
되었는데, 그 결론은 다음과 같았다.

> 한국 사찰의 宗旨 칭호를 濫設하는 것을 禁하다. 宗旨 稱號는
> 數百年前 宗門制度 釐革時 禪·敎 兩宗으로 定하고 爾來 移動
> 增減이 없었는데 近來 韓國 臨濟宗이라는 종지 칭호를 設定한
> 것은 宗派 分合의 素因이 될 憂慮가 있기 때문이다.[3]

이 자리에서, 원종과 임제종이 양립하고 있는데 어느 하나를 폐하고
다른 하나를 존속시키면 시비만 일어날 테니 『경국대전』에 따라 종지
를 선교양종으로 하자는 제안이 만장일치로 가결되었다. 이렇게 조선
총독부는 사찰령을 통해 원종과 임제종 두 종파를 대신하여 조선불교
선교양종禪敎兩宗을 사용하도록 하였다. '사찰령은 조선의 불교를 발
전시키는 데에 목표가 있다'고 조선총독부는 발표했지만, 그 본질은
조선불교선교양종을 조선총독부의 관리 감독하에 두는 악법이자 행정
조치였다.

　한동민은 이에 대해서 조선시대 500년간 억압과 쇠퇴의 길을 걷던
조선불교계는 일제 식민 당국이 주장하는 바대로 사찰 재산의 합리적
관리, 불교 종무 행정의 일원화, 본사 중심의 사찰 운영을 골자로
하는 사찰령 체제에 적극적으로 동참하는 길을 택했다고 보았다.
그리고 사찰령 체제로 사찰과 승려의 신분이 공식적으로 인정받게

---

3 『朝鮮佛敎月報』 6號(1912. 6), 「『朝鮮總督府官報』; 韓國寺刹의 宗旨稱號를 濫設
　하는 것」.

되었다는 법적 논리도 가능하게 되었다고 볼 수 있다.[4]

조선총독부에서 발동한 사찰령에 의해 조선불교는 일본의 의도대로 움직이는 통제 대상이 되었다. 조선총독부의 간섭으로 성립하고 출발한 조선불교선교양종 체제는 그 태생적 한계 때문에 조선 불교인들의 자발적인 의지를 제대로 반영하지 못할 것은 당연한 일이었다.

2. 용성의 도회지 불교포교 서원

일제 강점기에 용성은 지리산 칠불선원의 조실로 추대되어 있었다. 용성은 칠불선원의 종주로서 선승 60여 명과 함께 보조 지눌의 정혜결사 정신을 실천하기 위해 정진하고 있었다. 용성은 1910년 꿈에 부처님으로부터 경전 번역을 부촉받고 경전 및 어록의 번역·저술에 착수했다. 용성이 불교경전과 선사들의 어록을 번역하라고 부촉받은 꿈 이야기를 대중들에게 전하자 대중들은 용성에게 그 번역을 강력하게 요청했던 것이다. 이에 용성은 평생의 사업이 된 불교경전과 선사들의 어록을 번역하는 일을 시작하였던 것이다. 용성은 『조선글 화엄경』의 「저술과 번역에 대한 연기」에서 번역과 관련된 자신의 심정을 밝힌다.

한편 용성이 지리산 칠불암의 해동선원에서 맨 처음 작업한 것은 『귀원정종歸源正宗』이라는 저술이다. 책을 저술한다는 것은 최고의 학자적인 면모를 말해준다. 이 저술은 조선시대에 불교를 비판했던 유학자들과 기독교도들이 불교를 비방하는 데 대해 그들의 잘못된

---

4 한동민, 「1910년대 선교양종 30본산연합사무소의 설립과정과 의의」, 『한국민족운동사연구』 25집, 2000, p.22.

견해를 반박하고 불교를 이해시키려는 목적에서 쓴 것이다. 또한 이 저술에는 산속을 벗어나 일반 대중들을 상대로 포교에 나서겠다는 용성의 결심이 보인다. 왜냐하면 이 저술은 깊은 산중에서 수행에만 전념하는 선승들에게만 필요한 책이 아니라 일반 대중들에게 읽혀야 할 내용이 담겨 있기 때문이다. 이 시기는 용성이 불교를 포교하는 데 있어 가장 중요한 시기였다. 이때에 이르러 용성에게 수행자로서의 본분뿐만 아니라 불교를 새롭게 포교하고자 하는 운동을 서원하였다고 볼 수 있다. 이는 『귀원정종』을 펴내게 했던 도반들의 요청에 용성이 답해 주었다는 것에서 짐작할 수 있는 대목이다.

1910년 무렵, 국권이 침탈당하던 당시 용성의 저술은 불교계에서는 최초의 문서포교라는 의미를 갖는 동시에 불교를 개신해야 한다는 혁신불교운동의 성격을 갖고 있었다고 볼 수 있다. 다시 말하면, 조선불교계가 유교 중심의 정책에 밀려 문장을 알고 있는 승려와 불교도가 없던 시기에 불교경전을 우리 글로 번역하여 대중들에게 전하려고 한 것이야말로 문서포교의 효시라고 말할 수 있다. 이러한 시기에 불교계의 이름으로 책을 발간하였다는 것은 용성의 포교운동의 선구적인 사례이다.

1) 용성의 『귀원정종』 간행

용성은 1910년 지리산 칠불선원에서 정진하는 동안 『귀원정종歸源正宗』을 저술하였다. 이 책은 시대에 필요한 불교 서적을 써 달라는 지리산 선승들의 요구로 저술되어 널리 유포되었다. 지리산 칠불선원에서 이러한 부탁을 하였다는 것은 선승들이라고 하여 문자를 멀리하지는 않았다는 증거이다. 여기에서 『귀원정종』의 간행과 그 의미를 고찰할 필요성이 제기된다. 이에 대한 용성의 회고 글을 보겠다.

> 나이 사십칠세 된 때라. 하동군 지리산 칠불선원에서 종주로 있을 때다. 그 해에 하안거 선중은 륙십여명에 달했는데 그 중에 장로 호은 응해 선백이 계시었다. 마침 그해 오월 팔일은 나의 생일날이다. 점심을 먹은 뒤에 법당에 올라가서 종성을 거량하였다. 그 때 호은 장로가 청하여 말하되 "옛날에 우리 교를 배척한 자는 정자와 주자에 지난 자가 없고 현재에 더욱 심하게 배척하는 자는 예수교라 우리가 먼저 남을 배척할 것은 없지만은 한 번 변론할 필요가 있으니 원컨대 선사는 변론하는 서책 하나를 저술하여 종교의 깊고 얕은 것을 알게 하소서" 하니 그 때에 응해 장로께서도 권청하시고 대중도 이구동성으로 청하므로 내가 마지 못하여 그해 오월 십일 상오 십시에 칠불 조실에서 저작에 착수하여 칠월 십일 하오 삼시에 마치니 그 이름을 귀원정종이라 하였고…[5]

이처럼 지리산 선승들의 간절한 요청에 의해 쓴 『귀원정종』에는 시대 상황을 정확히 꿰뚫어 보는 용성의 안목이 반영되어 있다. 그 무렵 서양에서 들어온 천주교와 개신교는 교세 확장에 주력하면서 일반 대중들에게 불교는 무속과 다름없는 것이라고 비방하였다. 이러한 선전에 현혹되어 불교를 멀리하는 사람들이 늘어나고 있었다. 용성은 불교인들의 자각적인 새로운 변화가 없이는 불교의 발전도

---

5 白相奎, 『조선글 화엄경』(京城: 三藏譯會, 龍城全集12, p.987).

없다는 생각으로 『귀원정종』을 썼을 것이다. 즉 용성은 시대가 변하고 백성들의 생각도 바뀌어 가는 세태를 정확히 인식하였다. 1920년대에 용성이 본격적으로 가동한 불교경전들의 번역 사업에 앞서 출간된 『귀원정종』에는 그러한 용성의 사상이 담겨 있다. 이 저술은 조선 승려들이 불교 학문을 연구하는 기초가 되었을 것이다. 다음은 『귀원정종』의 서언장인데, 여기에서 용성의 사상적 편린을 엿볼 수 있다.

或이 問曰 歸源正宗은 何爲作也오 曰 宋神宗年間에 江左道學이 倡於伊川昆李하야 和之者十有餘家라 做出二百七種見解하야 痛排佛敎하며 西敎之流가 以排佛로 爲己能하야 毁言이 載路하야 岡有紀極이라 然이나 佛之道는 本絶人我하며 不碍是非故로 成就 忍力하야 未甞與之辨明하니 以故로 世俗이 全昧하야 未識佛道之 爲何如하고 但將冊子上語하야 毁之謗之故로 佛日이 日暗하고 法輪이 不輪이라 余不忍坐視 其然하야 依排辯論也로라[6]

여기에서 『귀원정종』을 저술하게 된 사상적 동기가 밝혀지고 있다. 이 책은 불교계에서는 최초로 불교와 다른 종교, 즉 기독교, 유교 등 각종의 종교를 비교하여 설파한 비교종교학의 시원적인 성격의 저술이다. 그 저술 동기는 호법적護法的인 입장과 민족적民族的인 입장이 혼재된 바탕에서 나온 것이다. 이런 성격을 한보광은 다음과 같이 서술하였다.

---

6 白龍城, 『歸源正宗』(京城: 漢城圖書株式會社, 龍城全集8, p.761).

과거에는 217종류의 견해들이 불교를 비판하고 배불하더니 이제
는 서양의 종교가 들어와서 불교를 배척하고 있음을 한탄한다.
그러나 지금까지 참아왔으나 이제는 더 이상 인욕만이 능사가
아님을 밝히고 있다. 그래서 이제는 좌시할 수 없어 변론하기
위해 본서를 저술하게 되었음을 설하고 있다.[7]

용성은 『귀원정종』 상권에 30칙을 기록하였고 하권에는 34칙을
기록하였다. 하권은 임제종·조동종·운문종·위앙종·법안종의 5가五
家 종문에 대한 상세한 서술이다. 선종의 역사를 알지 못한 채 정진하고
있는 수좌들이 선종의 역사에 대한 인식을 새롭게 할 수 있는 내용이었
다. 이처럼 용성은 선승들의 뜻을 받들어 『귀원정종』을 저술했던
것이다.

한편 그 무렵 전국 곳곳에 경허의 영향을 받아 선원이 개설되어
새로운 선풍을 진작하려는 움직임이 펼쳐졌다. 이런 변화상의 구도에
서 칠불암의 선승들이 용성에게 불교경전과 선사들의 어록 번역을
요청한 것이 아닌가 한다. 그리하여 용성은 칠불선원에서 『귀원정
종』이라는 책을 저술하게 되었고, 이 과정에서 칠불선원 대중들의
도움도 있었을 것이다.

이렇듯이 용성의 『귀원정종』 편찬은 당시 기독교의 불교 비판과
새롭게 등장한 선풍의 영향을 받으면서 나온 불교적, 개신적인 변론이
었다. 그러한 선풍 및 자각이 칠불암 수좌들이 용성으로 하여금 개신교

---

7 한보광, 「백용성스님의 역경활동과 그 의의」, 『대각사상』 5집, 2002, p.96.

를 비롯한 타종교에 비해서 불교가 우수하다는 것을 입증하는 저술을 쓰도록 추동하였던 것이다.

2) 용성의 불교 대중화

용성은 1911년 2월, 대중들에게 불교를 전하기 위해 지리산 해동제일 선원에서 내려왔다. 이는 수행자의 새로운 결단이라고 말할 수 있는데, 용성은 거대한 꿈을 갖고 도회지에 있는 불교 대중들을 위한 활동을 하기 위해 산을 내려와서 경성에 왔다. 용성이 깊은 산간 속의 수행에서 벗어나 도회지에서 불교를 포교하는 운동의 길로 들어선 것이었다. 그동안 산간에서 자신의 존재를 성찰하며 철저히 수행한 힘을 갖고 도회지의 대중들을 이끌기 위한 새로운 운동을 시작하였다.

　요컨대 용성은 산중불교를 청산하고 불교를 대중화시켜야겠다는 원력으로 새로운 포교운동을 실행하기 위해 도회지인 경성에 온 것이다. 그러나 막상 경성에 왔으나 용성을 기다리고 환영해 주는 신도들은 없었다. 불교를 포교하려면 거주처가 있어야 하는데 경성에는 용성을 맞아주는 사찰조차 없었다. 그 당시 용성은 48세였다. 불교 포교의 서원을 세우고 경성에 왔으나 불교를 전하는 일은 쉬운 일이 아니었다. 그래서 신도집에 머물면서 포교에 나섰다. 그 정황에 대해서 김광식은 다음과 같이 정리하였다.

　용성은 우선 자신부터 포교에 나서기로 작정하고 신도인 강영균의 집에 묵으며 신도들에게 불교를 가르쳐 주었다고 한다. 그러자 불과 3개월이 안되어 신도수가 수백명에 달하였다. 그 후, 수십명의

신도와 함께 참선법규를 세워 불법의 종승을 높이게 되었다는
것이다.[8]

한편, 용성이 경성에 머물러 불교를 전하려고 할 때 경성에는 이미
기독교의 세력이 성장하고 있었다. 그들은 교회 혹은 성당을 통하여
경성 안의 민중들을 교화하고 있었다. 이러한 현상은 용성이 불교를
전하는 데에 한계가 있음을 말하는 것이다. 그러나 용성은 지리산
칠불선원에서 도회지에 불교를 전하려는 서원을 세웠기에, 그 초심을
잃지 않으려고 마음을 굳게 다졌을 것이다. 마치 결사하듯이 서원을
세웠다. 하지만 뜻만으로 포교를 할 수는 없었다. 가장 먼저 불교를
전할 수 있는 터전, 기반이 필요했다. 이런 배경 하에 『불문입교문답佛
門入教問答』이라는 저서를 발간한 것이다. 1913년 10월 27일, 한문·한
글 혼용본과 순 한글본의 두 종류를 같이 묶어서 간행하였는데, 8개
항의 문답으로 불교를 알기 쉽게 서술하였다.[9] 용성이 이를 간행한
의도는 그 내용에서 단적으로 찾을 수 있다.

문. 내가 입교하랴함은 무엇을 위함이뇨 리익을 구하고자 함이뇨
명리를 구하고자 함이뇨. 답. 그러치안소이다 내가 불법승의 의를
듯고 입교코자함이다. 문. 불법승의 의는 무엇이뇨.[10]

---

8 김광식, 『용성』(민족사, 1999), p.84.

9 白龍城, 『佛門入教問答』(京城: 朝鮮禪宗中央布教堂, 龍城全集8, p.961).

10 白龍城, 전게서, p.969.

이처럼, 용성이 불교를 처음 알고자 하는 이들을 위해서 『불문입교문답』을 발간하였다는 의도가 주목된다. 용성이 그런 책을 저술하여 보급한 것은 대중들에게 불교가 무엇인가를 알려 주려는 보살심菩薩心에서 나온 것이다. 그래서 대중들이 접근하기 쉬운 문답식 대화체로 하였던 것이다. 용성은 다른 교를 믿고 있는 이들에 대한 관찰도 철저하였다.

내가 다른 교문을 보니 혹 하늘을 섬기며 혹 사람을 섬기며 혹 해를 섬기며 혹 달을 섬기며 혹 귀신의 무리를 섬김으로써 교를 베푸되 불조의 교를 설하심은 곳 사람의 마음을 가라쳐 견성하여 성불케하시니 천지만물 가운데 오직 하나이요 둘이 없으며 가장 홀로 높고 홀로 귀한 마음과 성품을 엇지 능히 등지고 닦지 아니하리요.[11]

또한 용성은 불교의 기본인 청정 계율을 지키지 않는 승려는 수행자로서의 자격이 없다고 생각했다. 승려는 부처님의 가르침을 실천하고 부처님의 마음을 자기화하겠다는 서원을 세운 사람이다. 승려가 부처님과 같은 자비심을 수행의 근본으로 여기는 것은 부처님의 가르침을 잘 지키는 계율 중심의 수행에 의해 가능해진다. 계율 중심의 수행을 하지 않고서는 불교를 회복할 수 없다는 것을 용성은 수행자의 첫째 요건으로 설정하였다.

그래서 당시 용성은 포교에 앞서 포교 원칙과 마음가짐을 확실히

---

11 白龍城, 전게서, p.970.

설정해 두고자 했다. 용성은 조선불교를 바르게 실천하려면 먼저 부처님의 계율정신을 철저히 실현하겠다는 서원이 있어야 하고, 그 서원을 실천하는 것이 승려들의 기본 정신이라고 보았다. 용성이 서원을 세우고 조선불교를 회복하려는 운동을 실천해 가는 동안, 조선불교계도 이전의 침체 상태에서 벗어나 다소 면모를 일신하고 있었다.

3. 용성의 도회지 포교당 건립

1) 임제종중앙포교당에 참여

용성은 1912년 봄, 경성에 세워진 임제종중앙포교당의 개교사장開教師長이 되면서 조선 임제종의 설립 운동에 주도적으로 참여하였다. 임제종 현창운동은 조선불교 종단인 원종圓宗이 구한국 정부 및 일제에게 인가를 얻지 못하자 1910년 10월 일본불교인 조동종과 맺은 맹약에서 비롯되었다. 이 굴욕적이고 매종적인 조약은 우연한 기회에 폭로되어 전 불교계가 그 반대운동을 전개하였다. 이 운동의 성격에 대해서 김광식은 다음과 같이 말하였다.

> 백용성은 1911년 1월부터 가시화된 臨濟宗運動의 중심부에서 활동하였다. 한국불교를 일본불교에 매종하였다는 거센 비판을 받은 이른바 조동종 맹약에 반발해서 출발한 임제종운동은 그 자체가 민족불교 지향이었다.[12]

이 운동은 초창기에는 지리산 일대 및 경상도 지방을 근거로 1911년 초부터 전개되었다. 1912년 초에는 임제종 운동의 전국화에 의거하여 그 본부를 중앙으로 이전하였으니 이런 배경에서 나온 것이 임제종중앙포교당이었다. 이 포교당은 범어사, 통도사 등 다수의 사찰이 연합해서 추진하였다. 그 중심은 범어사였는데, 서울 대사동大寺洞(현재의 인사동)에 조선 임제종중앙포교당을 설립하면서 본격화되었다. 이런 임제종 운동은 자연 그 이전 종단인 원종과 대결하게 되고, 일제와도 대립각을 세우게 되었다. 이에 북의 원종을 북당北黨, 남의 임제종을 남당南黨이라고 칭하기도 하였다. 한용운은 실무 역할을 담당하고, 용성은 정신적인 측면의 책임자가 되어 마침내 1912년 5월에 개원을 보게 되었다.

모인 사람만 해도 입교자가 800여명이고, 구경꾼이 1,300여명이나 되었다고 한다. 당시의 서울 인구를 비교할 때 2,100여명이 모였다고 한다면 대단한 숫자이다. 특히 포교당의 개원식에 학생들의 주악과 창가가 동원되었으며…[13]

이처럼 임제종중앙포교당은 성황리에 시작하였다. 임제종중앙포교당을 설립하고 운영하는 것은 한용운이 담당하였지만, 정신과 사상적인 측면에서 불교를 포교하는 것은 용성이 담당하여 전력을 기울였

12 김광식, 「1910년대 불교계의 曹洞宗盟約과 臨濟宗運動」, 『한국민족운동사연구』 12, 1995.
13 그 정황은 『매일신보』 1912. 5. 26, 「中央布教堂 開敎式」 참조.

다고 말할 수 있다. 그 이전부터 도회지 포교 활동을 하였던 용성은 경험이 풍부하였고, 불교 발전에 대한 서원이 강력하였기에 조선 임제종포교당에서의 포교는 큰 반향을 일으켰다. 이처럼 임제종중앙 포교당은 용성이 도회지에 포교당을 개설함에 중추 역할을 하고 신식 법회를 열었다는 것에서 의의를 찾을 수 있다. 그 포교당의 개요는 다음과 같이 전한다.

> 南黨의 본부인 임제종 사무소가 '朝鮮臨濟宗中央布教院'이라는 이름으로 서울 사동(인사동)으로 옮겨 왔다. 이 무렵 범어사 주지로 재임 중이던 오성월 스님이 추일담을 시켜 서울 사동에 四十八間짜 리 家屋 一棟을 이천이백 원에 매입하고 五月 二十六日에 '조선임제 종중앙포교원'이라는 간판을 걸고 개원식을 거행했다. 이 개원식 에서 회장인 韓龍雲 선사는 임제종의 취지를 설명하고 白龍城은 설법을 했으며 이능화 거사와 정운복 씨는 축사를 읽었다.[14]

지리산 등지에서 선풍을 크게 떨쳐 조선불교계에 이름이 널리 알려 져 있던 용성은 임제종포교당 포교의 적임자였다. 용성은 이 포교당을 근거로 불교를 실천하는 방안을 마련하는 일에 적극적으로 나섰다. 불교를 대중들에게 전하는 포교가 급선무라고 여겼던 것이다.

1912년 5월에는 백용성·한용운 등의 주도로 대각사(현재의 사동)에 조선 임제종중앙포교당을 설립하였다. 개교식에서 한용운이 취지

---

14 민도광, 『韓國佛敎僧團淨化史』(정화사편찬위원회, 1980), pp.15~16.

를 설명하고 백용성·정운복·이능화 등의 연설이 이어졌다. 개교식
은 1300여 명이 참석할 정도로 성황을 이루어 임제종 운동을 대중화
하는 데 크게 기여하였다.[15]

교세가 위축된 원종은 그저 명맥만 잇고 있는 상태인 것에 비해
임제종이 얼마나 강력하게 융성하고 있었는지가 개원식의 정황에
잘 나타나 있다. 용성과 만해가 임제종에 대하여 관심을 가졌음은
당연하였고, 조선의 대다수 승려들은 물론 일반 대중들도 임제종을
지지하고 있었다. 이처럼 조선불교 교단의 전승자로서 임제종의 위상
이 나날이 강화되고 있었으나 조선총독부의 개입에 의해 결국 좌절되
고 말았다.

일제는 1912년 6월, 원종과 임제종 책임자를 불러 간판을 내리고
일제가 제정한 조선불교선교양종朝鮮佛敎禪敎兩宗이라는 기형적인 종
명을 수용할 것을 강요하였다. 당시 임제종에서는 만해 한용운이
불려갔고, 원종은 강대련이 불려갔다. 그리고 양측은 일제 강압으로
즉시 간판을 내릴 수밖에 없었다. 원종은 조선불교선교양종의 30본산
연락사무소로 출발하였지만, 임제종은 조선선종朝鮮禪宗 포교당布敎
堂으로 명칭을 전환시켰다. 이를 통해 일제는 사찰령, 사법 체제를
불교계에 완벽하게 관철시켰다.

그 당시 범어사 주지인 오성월은 임제종을 계속해서 유지하려고
하였지만 일제의 강한 압력으로 지속될 수 없었다. 한용운은 사찰령

---

15 『조계종사』(근현대편)(조계종출판사, 2005), pp.57~58.

체제와 30본산 주지의 틀을 벗어나서 불교동맹회, 조선불교회를 만들어 독자 활동을 추진하였지만 일제의 지속적인 강요로 소기의 성과를 기하지 못하였다.[16]

이런 구도에서 용성은 조선선종 포교당을 떠나 독자적인 포교 활동을 전개하였으니, 종로지역의 장사동長沙洞에 임제파강구소講究所를 설립한 것이다.[17] 이런 정황은 곧 용성이 1915년 5월 경부터는 이전 그의 활동의 근거처인 선종중앙포교당과 결별하고 서울시내(장사동)에 새로운 근거지인 선종임제파禪宗臨濟派 강구소講究所를 설립하여 독자 노선을 갔음을 말하는 것이다.

그 이후 봉익동 1번지로 이전된 임제파강구소는 1920년대 초반에는 대각교당으로 전환, 발전되었다. 용성은 이와 같은 임제파강구소 활동을 통해 임제종을 재인식하였을 것이다. 그리고 임제종의 중요성을 통해서 선종의 역사성을 바르게 고찰하였을 것이다.

2) 용성의 대각사 창건

용성이 1911년 경성에서 불교 활동을 시작한 것은 개인적으로 포교 운동의 단초이면서 본격화라고 말할 수 있다. 용성의 선구자적인 포교당 건립은 오늘날의 도회지 포교당 설립의 초석을 다져 포교의 지남이 되었다. 용성은 48세에 상경하여 처음에는 인연이 있는 신도 집에 거처하면서 부처님의 가르침을 포교하려는 서원을 세웠으나 경성에서 불법을 전하는 것이 어렵다는 것을 절감하였다. 용성은

---

16 김광식, 『한용운 평전』(참글세상, 2009), pp.66~79
17 『매일신보』 1915. 5. 14, 「禪宗臨濟派 講究所」.

경성에 거처할 터전을 마련하기 위해 힘을 다하였다. 그러나 경성에서 사찰 부지를 마련하는 것이 그리 쉬운 일이 아니었다. 그래서 용성은 처음에 민간인 집을 개조해서 불상을 모셨다. 그리고 불교를 알리기 위해 아주 소수의 모임을 주관하면서 포교를 시작하였다. 하지만 경성에서 불교를 포교한다는 것은 참으로 험난한 일이 아닐 수 없었다. 용성은 상경하여 불교의 척박한 포교세를 보고 불교를 포교하지 않고 서는 조선불교계가 발전할 수 없겠다는 것을 절감하였다.

한보광은 『대각사상』 제6집에 기고한 논문인 「백용성 스님의 대중 포교 활동」에서 대중포교를 시작한 곳은 강씨姜氏 불자집이었다고 밝혔다. 그러면서도 용성과 강영균康永勻 씨와의 관계에 대하여 알 수는 없다고 하였다. 이에 대하여 용성은 다음과 같이 그 정황을 전하였다.

姜信佛家에 留錫度生하니 時年이 四十八歲러라. 未數三月에 得信 徒數百名하다. 又移去康侍郎永勻家하야 與數十信士로 立參禪法 規하며 擧唱宗乘하다.[18]

경성은 지리산 칠불선원처럼 자유로운 곳이 아니었다. 용성은 부처 님의 가르침을 전하는 역할을 수행하기 위한 포교당 건립을 발원하였 지만 여의치 않았다. 용성은 먼저 포교하기 위해 신도들을 법회에 참여하도록 유도하였다. 하지만 조선불교는 아직도 그 포교 기능을

18 東山慧日 撰集, 『萬日參禪結社會創立記』 卷下(京城: 三藏譯會, 龍城全集1, p.546).

본격화 하지 못하고 있었다. 비록 원종이 4대문 안의 중심부에 포교당인 각황사覺皇寺를 개설하였지만 많은 한계가 있었다.[19] 각황사에 조선불교계를 대표하는 원종의 본부가 있었지만 용성은 원종에 불참하였다. 때문에 그는 원종에 도움을 요청할 수도 없었다.

한편 용성이 상경하여 도회지 포교에 나선 것은 조선임제종 설립 초기였다. 그러나 임제종은 조선총독부의 외압, 명령으로 1년 정도밖에 활동하지 못하였다. 용성은 누구보다 열렬하게 조선임제종 포교활동에 진력하였지만, 더 이상 조선임제종이라는 종명을 사용할 수 없게 되자, 만해와 상의하여 조선선종포교당으로 이름을 바꾸어 활동하였다. 그러나 그것에도 많은 장애를 겪자 용성은 독자적인 포교활동에 나섰다. 그것이 임제파강구소였다. 한보광은 이를 다음과 같이 정리하였다.

> 경성에 1916년 무렵 大覺寺를 창건하였다. 그러나 용성은 1915년부터 종로구 장사동에 임제파강구소를 열어 독자적인 포교당 활동을 시작했다.[20]

여기에서 용성은 대중들에게 임제종 계승의식에 의거하여 포교활동을 전개하였음을 알 수 있다. 이는 한용운과 임제종중앙포교당활동이 일제의 외압에 의해서 조선선종포교당으로 전환되는 등 압력을 받은 것과 무관하지 않다. 이 같은 장사동[21] 임제파강구소라는 포교소

---

19 김광식, 「각황사의 설립과 운영」, 『대각사상』 6집, 2003 참조.
20 한보광, 「대각사 창건에 관한 제문제」, 『대각사상』 10집, pp.262~263.

가 1916년에 가서는 봉익동의 대각교당으로 전환된 것이다. 그리고 용성이 임제파강구소를 경영하고, 1916년 경 봉익동으로 포교당을 이전하면서부터 점차 자신의 불교사상을 재정립한 것으로 보인다. 즉 그 무렵부터 대각, 대각교 등이 모색되기 시작한 것이었다.

> 大覺寺를 설립하며 포교에 더욱 박차를 가했다. 서울 종로 봉익동 1번지에 民家를 구입하여 補修改造하였다. 佛을 飜譯하면 大覺이라. 佛敎의 名稱을 斬新하게 하기 위하여 大覺敎로 向導하고자 寺名을 大覺寺로 하여 門戶를 열었다.[22]

그러면서도 용성은 자신의 연고 사찰인 범어사와도 깊은 유대를 가졌다. 이는 임제종중앙포교당을 지원한 사찰이 범어사인 것에서 기인한 것으로 보인다. 용성은 1914년 1월에 범어사에서 대선사 법계法階에 승진하고[23] 그 무렵에 봉익동 2번지에 포교당을 세웠다.

한편 용성은 포교 활동을 하면서 재원 마련을 고민하였다. 그러나 조선불교계는 여전히 침체 상태에 있어서 포교당 건립 자금을 모으는 일이 순조롭지 못했다. 고심하던 용성은 금강계단을 마련하여 보살들에게 계를 설해 주는 방법으로 자금을 모았다. 당시 조선불교는 승려의 도성출입금지 조치가 해제된 지 얼마 지나지 않은 때라서 모든 면에서

21 지금의 종로 3가, 종묘 및 세운상가 부근이었다.
22 한보광, 『용성선사연구』(감로당, 1981), p.11
23 범어사에서 대선사 법계를 정식으로 받은 것은 1913년 3월이다. 『조선불교월보』 15호(1913. 4), p.65 참조.

포교를 위한 환경이 열악했다. 경성에서 불교를 포교하는 데에는 여러 가지 어려움이 따랐지만, 용성은 조선불교계의 중흥을 이루는 일은 경성에서 시작되지 않으면 안 된다고 생각했다.

용성은 경성에서 불교를 포교하는 것은 원력과 서원이 있어야 한다고 생각했다. 용성은 조선불교를 개혁하기 위해서 승려들이 지켜야 할 행동에 대하여 깊이 성찰하고 있었다. 앞서 말한 대로 부처님의 정신을 실현하고자 하는 서원과 철저한 계율의 준수였다. 이렇듯 용성은 계율 중심의 수행을 첫째 요건으로 여겼다. 계율의 준수가 바로 부처님의 자비를 자기화하는 서원이고, 나아가 부처님의 가르침을 지키는 것이며 포교라고 여겼다.

이와 같은 포교 철학 및 방략을 검토한 용성은 두 번째의 포교 요건으로 문서포교 방략을 검토했다. 포교의 일환으로 불교경전을 한글화하는 작업이 특히 중요하다고 생각했을 것이다. 일반 대중들이 불교경전을 쉽게 접하고 이해할 수 있어야 부처님의 가르침도 보다 용이하게 확산될 수 있다고 믿었다. 그러나 상경 초기에는 역경, 문서포교 활동에 적극 나서지 못했다. 왜냐하면 그를 실행할 거점, 기반 등이 부재하였기 때문이다.

한편 용성이 경성에서 불교를 포교하려는 의도는 불교실천운동의 일환이라고 보아야 한다. 불교를 실천한다는 것은 바로 불타의 가르침을 대중에게 전하는 역할을 충실히 하여 그 책임을 다하는 데에 있다. 그러나 용성이 상경하여 활동하던 1910년대에는 임제종 계승의식은 그 흔적을 찾을 수 없을 정도로 미약했다.

청허·부휴는 선과 교를 함께 닦았고 청허 이후로 환성·벽파 등 여러 스님들이 저술하면서 모두 임제를 귀의처로 하여 종지의 정신을 자랑스레 지켜 왔다. 오늘날에 조선의 일본 승려들이 누가 臨濟의 후손이 아니겠으며 누구인들 太古의 법손이 아니겠는가. 만약 승려가 청허문의 줄기가 아니라면 부휴의 계맥일 것이다. 그렇기는 하지만 몇 백 년 전부터 근근이 목숨을 부지하여 운영이 가느다란 실에 매달려 있는 것과 흡사하니 어느 계율에 종지와 명칭을 세울 수 있겠는가.[24]

그래서 용성은 자신부터라도 임제종 계승을 위한 일을 모색하였을 것이다. 이런 구도에서 용성이 대각사라는 명칭을 정한 것은 부처님의 대각을 말함이다. 용성은 대각이라는 사명을 내세우면서 임제종의 역사를 충실히 전승할 수 있다고 믿었던 듯하다. 용성이 임제종을 전개하려고 하였던 것은 전통선의 불교를 회복하려는 의도가 있었던 것이다.

3) 용성의 법계고시, 대종사

1912년 6월, 조선임제종은 조선총독부의 탄압으로 결국 간판이 철거당하는 비운을 맞고 말았다. 그런데 1913년 용성은 범어사에서 법계고시 시험에 합격하여 대종사의 품계를 받았다. 용성의 대선사 법계 취득은 조선불교계를 대표하는 지위의 반열에 올라섰고, 일반 대중승려들을 지도할 수 있는 위상이 되었음을 말하는 것이다. 그 정황을 전하는

---

24 이능화, 『조선불교통사』(6)(하편), (동국대학교출판부, 2010), p.322.

『조선불교월보』15호 관련 내용을 제시한다.

慶南 釜山府 梵魚寺에서 本年 三月에 一般에 法階試驗을 經한
바 吳惺月·白龍城 二師는 大禪師로 昇階하고 其他는 各各 地位에
相當한 法階를 得하얏다더라.[25]

즉 1913년 3월부로 대선사가 되었는데, 이후 용성은 스스로 범어사
사문으로 자신을 기재했다. 여기에는 당시 범어사 주지인 오성월
선사의 협력이 큰 힘이 되었을 것이다. 오성월[26]은 용성을 존경하고
흠모하였다고 전한다.

한편 조선임제종의 소멸로 용성은 실의에 빠졌다. 그렇지만 용성은
마음을 추스르고 불교실천운동을 위한 차원에서 불교경전을 한글로
번역하려는 서원을 세웠다. 또한 용성에게는 대선사로서 조선불교의
선양을 위해 노력해야 할 책무가 있었다.

이런 구도에서 1915년 용성이 세운 임제파강구소의 설립 정신을
재음미해야 한다. 1915년부터의 독자적인 포교당 활동을 하기 이전에
도 용성은 임제종포교당의 설법 책임자로서의 역할을 수행하면서
역경에 대한 필요성을 절감하였을 것이다. 더욱이 용성은 임제파강구
소를 운영하면서 더욱 더 역경을 해야 한다는 각성이 움트고 있었다고
볼 수 있다. 그런데 포교를 한다는 것은 자신의 종교에 대한 신념과

---

25 『朝鮮佛教月報』15호(1913. 4), p.65.
26 김광식, 「오성월의 삶에 투영된 선과 민족의식」, 『불교와 국가』(국학자료원, 2013) 참조.

열정이 있어야만 가능하다. 용성은 신념과 열정으로 불교를 대중들의 마음속에 전할 수 있었다.

용성은 경성에 포교당을 건립하는 과정에서 많은 지인들을 얻을 수 있었다. 1914년은 용성이 조선선종중앙포교당에서 개교사장으로 열심히 참선 포교에 전념하던 시기였다.[27]

용성은 포교당에서 많은 대중들을 만나 불교, 선종, 임제종에 대한 설법을 했다. 이처럼 용성이 임제종포교당 시절 포교에 주력한 반면, 한용운은 포교당을 관리하고 운영하는 일에 전념한 것 같다. 선사인 용성은 불교 지도자로서의 책임의식을 부여안고 불교발전, 포교진작에 고민을 하였던 것이다. 그러나 지난한 시절 그의 고민은 쉽게 구현될 수 없었다.

용성은 우선은 불교경전을 한글로 번역하는 사업을 검토하였다. 어려운 한자들로 채워진 불교 경전은 일반인들이 읽고 이해하기 어려웠다. 널리 대중들에게 불교를 전하기 위해서는 그들이 쉽게 불교 경전에 접할 수 있도록 만들어 주어야 했다. 용성은 불교 경전을 한글로 옮기는 역경譯經 사업을 더욱 치열하게 전개할 고민을 했다. 그러던 중 용성은 자주독립을 위한 호기가 도래하였다고 느껴 3·1운동에 참여하였다. 그래서 본격적인 활동은 3·1운동으로 인한 수감, 출옥 이후로 미루어야만 했다.

---

27 한보광, 「용성스님의 중반기의 생애」, 『대각사상』 2집, 1999, p.27.

4) 포교 재원 확보를 위한 금광 경영

1916년 용성은 임제파강구소와 대각교당 활동을 일시 멈추었다. 용성은 그 이전, 지리산 칠불선원에서도 선승으로서의 정진을 계속해야 함에도 불구하고 정진과 포교 활동을 중단하기로 결심한 것은 다른 목표가 있었기 때문이었다. 용성에게는 수행도 중요하지만 조선불교의 정통성을 회복시키는 것이 더욱 중요했다. 시대적 상황이 용성으로 하여금 수행에만 전념할 수 있도록 허락하지 않았다. 지리산 칠불선원에서 수행 중인 용성의 명성을 듣고 경성의 단월檀越들은 용성이 상경하여 그들을 지도해주기를 채근하였다. 용성은 수행을 최고의 가치로 여기고 있었지만, 자신을 필요로 하는 경성의 신도들 곁으로 올라갔다.

용성은 경성의 단월들과 뜻을 모아 조선불교를 발전시키려는 서원을 세우고 포교 활동을 전개하였다. 그리하여 경성에서 가정집 포교, 조선임제종포교당, 선종중앙포교당을 운영하였으나 시절 인연의 미숙과 조선총독부의 간섭 등으로 그 활동은 중단되었다. 비록 조선선종중앙포교당, 임제파강구소의 운영은 중단되었으나 용성은 새로운 포교당 활동을 추진했다. 그러나 효율적인 포교 활동을 하려면 많은 재원이 있어야 했다.

그래서 용성은 포교 재원의 확보를 위한 사업에 뛰어들었다. 북청에서의 금광 경영에 3년의 세월을 바쳤던 것이다. 금광 경영의 전체적인 개요에 대한 기록이 전하지 않아, 실질적인 내용은 파악하기 어렵지만, 세속의 일에 둔감한 종교인이 사업에서 재능을 보이기는 어려운 일이어서 용성의 금광 경영은 실패로 끝나고 말았다. 만약 금광 경영이 잘 되었으면 용성이 실천하고자 하였던 불사佛事 역시 순조롭게 진행되

었을 것인데, 금광의 실패로 인해 목표로 정한 조선 선종의 재건이라는
계획도 무산되고 말았다.

한편 용성의 금광 경영이 실패를 하였을 무렵 한용운은 불교 대중화,
대중 계몽을 위한 차원에서 계몽지인 『유심唯心』을 창간하였는데,
1918년 9월의 일이었다. 용성은 『유심』 2호에 글을 실었는데, 제목은
「파소론破笑論」이다. 용성은 이 글에서 깨달음에 대하여 논하였는데,
모든 법과 삼라만상은 지각知覺에서 나온다고 하였다.

> 氣有知覺乎아 氣無知覺아 若氣有知覺인데 空氣電氣等이 皆有知
> 覺하여 以能分別諸法相하리 乃至 森羅萬象이 皆有知覺하야 與人
> 無殊하리라.[28]

이러한 글을 한용운이 주관하는 잡지에 기고한 것은 만해와 용성이
의기투합하였다고 볼 수 있는 단면이다. 그즈음 용성도 국내외에서
조선독립운동이 전개되고 있다는 소식을 접했을 것이다. 당시는 주로
국외로 망명한 지사들과 유학생들에 의해 독립운동이 모색되었다.
국내외의 민족 지도자들은 1차세계전의 종전, 윌슨의 민족자결주의
유포를 계기로 독립운동을 본격화할 준비를 진행하였던 것이다. 이런
구도에 용성과 만해가 자연스럽게 편입되어 갔다.

---

28 백용성, 「破笑論」, 『유심』 2호(1918. 10), p.37.

4. 용성과 3·1운동

1) 3·1운동 이전, 용성의 독립정신

용성이 북청의 금광 경영에서 실패하고 있을 때, 세계사적인 사건으로 러시아의 혁명이 성공하였다. 특히 1918년 1차 대전이 종전되자, 조선에서도 독립을 쟁취하려는 기운이 무르익고 있었다. 용성이 독립 운동에 나서게 된 것은 그러한 국내외의 정세 변화를 피부로 민감하게 느꼈기 때문이었다. 금광을 경영하면서 국제 정세의 동향을 알게 되었을 것이다. 용성은 자주독립을 위한 호기가 도래하였다고 느껴 3·1운동에 참여하였다. 1917년 러시아 혁명이 성공하고, 1918년 1차 세계대전이 종결되는 국제 정세 변화는 조선이 독립할 수 있는 희망을 민족운동 진영에 제공하였다. 특히 미국 대통령 윌슨의 민족자결주의 제창은 결정적인 호기로 작용했다

용성은 북청에서 호국호법護國護法의 재원을 마련하기 위해 금광을 경영했지만 실패하였다. 그 시기에 만해는 경성에서 대중 계간지인 『유심唯心』을 발간하고 있었으므로 국제 정세의 흐름을 더욱 잘 알고 있었다. 용성과 만해가 의기투합할 수 있었던 것은 임제종 운동부터 공동으로 활동한 인연, 호국불교와 민족불교를 당위로 받아들였던 측면, 그리고 두 사람 다 국제 정세를 잘 알고 조선 내외의 변화를 민감하게 받아들이고 있었기 때문이었다.

한편 그 당시 국외로 망명한 지사들과 유학생들은 독립운동을 산발 적으로 전개하고 있었다. 그러나 1918년 후반에 접어들면서 해외와 연결된 국내의 조선독립운동 진영에서 본격적인 민족운동을 추진해야

한다는 기운이 무르익고 있었다. 천도교 교주 손병희孫秉熙를 비롯한 종교 지도자들은 조선독립을 비밀히 선언하는 것을 계획하여 준비를 해 나가고 있었다. 이 거사에 주동적으로 참여한 만해는 이 일을 용성에게도 알려 동참하기를 권하였다. 용성이 조선총독부와의 관계에서 일본불교의 행태를 비판한 것, 그리고 자주적인 불교활동을 고민한 것을 잘 알고 있었기 때문이다. 이에 대하여 한보광은 다음과 같이 설명하였다.

> 용성과 만해는 조선임제종 운동을 통하여 서로 깊은 신뢰를 가지고 있었으며, 선종중앙포교당의 소임을 함께 맡아 살았으며 의기가 투합되어 있었다고 보여진다. 그러므로 만해가 3·1운동 거사를 준비하면서 여기에 동참시킬 수 있는 사람을 선정함에 용성을 선뜻 천거하였다.[29]

기존의 연구에서는 3·1운동에서 한용운의 역할에만 너무 주목하고 용성에 대해서는 상대적으로 소홀했다. 처음 논의된 단계부터 독립선언서가 낭독되기까지의 전 과정을 한용운이 주도한 반면 용성은 수동적으로 동조한 듯한 인상으로 서술한 것이다. 불교는 당시에도 역사가 오래되고 신도가 많은 최대 종교였다. 만약 불교가 3·1운동 때, 조선불교선교양종의 30본사를 통해 전국의 사찰들과 신도들에게 만세운동에 가담하기를 독려했더라면 그 뒤의 사태 전개와 역사가 크게 달라졌을

---

29 한보광, 「용성스님의 중반기의 생애」, 『대각사상』 2집, 1999 p.38.

것이다. 하지만 이미 조선총독부의 구속을 받고 있던 조선불교선교양종의 30본사는 3·1독립운동에서 아무런 역할도 하지 못했다. 더욱이 당시는 교단 자체가 애매한 상황이었다. 30본사연합사무소가 있었지만 제한된 기능에서만 교단 역할을 하였을 뿐이었다. 이런 구도에서 학인 승려들 차원으로, 그리고 개별적인 사찰의 청년운동 차원으로 만세운동에 참가하였던 것이다.

그렇지만 용성과 만해는 이미 임제종 건립 운동 당시부터 동지로서 협력해 온 연고가 있었다. 조선임제종중앙포교당이 조선총독부의 명령으로 간판을 내린 후, 조선선종중앙포교당으로 명칭이 전환된 후에도 용성과 만해는 포교당을 함께 운영해 왔다. 이들 사이에는 서로에 대한 존경심과 동지적 신뢰감이 두텁게 쌓여 있었을 것은 의심의 여지가 없다. 용성과 만해가 조선의 승려로 조국의 독립을 염원하면서 일본에 저항하기 위한 포교 활동에 나섰던 이력은 동지적 결합을 더욱 공고하게 하였을 것이다. 만해가 용성에게 민족대표 참가를 요청한 내용은 아래 글에서 찾을 수 있다.

강원도 양양군 통천면 신흥사 僧侶 被告 韓龍雲은 同月 24日부터 27日까지 其間에 崔麟에게 前記 獨立運動의 計劃을 聞하고 尙 同人家에서 前記 各 書類의 草案을 見하고 其 計劃에 贊同하였고 尙且 韓龍雲은 慶尙南道 陜川郡 海印寺 僧侶 被告 白相奎에게 右 計劃을 告한 바 同人도 此에 贊同하여 皆 崔麟의 承諾을 得하여 同志에 參加하기로 하여 同月27日 韓龍雲은 崔麟家에 到하여 前記 連名者의 姓名을 列記한 紙面에 押印하고 且 白相奎에게 委託을

受한 同人의 印章도 同 紙面에 押印하였더라.[30]

만해는 용성을 민족대표에 추천하여 3·1운동의 핵심그룹에 용성을 참여케 하였다. 만해는 불교계의 더 많은 고승들을[31] 참여시키려고 하였으나 시간이 촉박하여 그렇게 할 수는 없었다. 민족대표들은 우리 민족의 강력한 독립 의지와 당위성을 나라 안팎에 널리 알리기 위해 독립선언서를 발표하기로 하고 이를 작성하는 일은 최남선崔南善에게 위임하였다. 1919년 3월 1일, 마침내 민족대표들은 태화관에 모여 독립선언식을 거행했다. 민족대표의 인명은 다음과 같다.

손병희·길선주·이필주·백용성·김완규·김병조·김창준·권동진·권병덕·나용환·나인협·양전백·양한묵·유여대·이갑성·이명룡·이승훈·이종훈·이종일·임예환·박준승·박희도·박동완·신홍식·신석구·오세창·오화영·정춘수·최성모·최린·한용운·홍병기·홍기조[32]

만해는 3·1운동 계획의 단계부터 참여하여 민족대표들 사이의 연락, 진행의 책임을 처리하였다. 뿐만 아니라 만해는 독립선언서의 뒷부분

---

30 『東亞日報』 1920. 4. 6, 「3·1獨立運動 全國示威의 主動者」(1919年 特豫 第1號同 第5號,高等法院管轄裁判所決定書謄本) 참조.

31 만해의 지근거리에 있었던 김관호의 증언에 의하면 만공, 백초월, 오성월 등이 그 대상이었다고 한다.

32 『신한민보』 1921. 3. 3, 「한국 독립선언서」 참조.

에 첨가된 공약 3장을 직접 작성하여 추가하였다.[33] 1919년 3월 1일, 역사적인 독립선언은 당시 조선의 가장 큰 종교계를 대표하는 인사들이 모여 한마음으로 뜻을 합쳤기에 전 국민을 대표하는 힘과 권위를 지닐 수 있었다. 당시 3·1운동 파급의 결정적인 역할을 한 탑골공원에서의 만세시위 정황은 다음 글에서 찾을 수 있다.

午後 2時경 서울 鍾路「파고다」公園에 學生 등 3, 4千名이 모여 獨立宣言書를 낭독하고 韓國의 獨立을 宣言하다. 同 2時 半에 鍾路거리로 나와 市民의 合流밑에 여러 隊列로 나뉘어 市街行進을 시작하였다. 獨立宣言書에는 天道教 佛教 基督教 등 各 宗教代表와 社會團體代表인 天道教主 孫秉熙, 牧師 吉善宙, 靑年會 李弼柱, 僧 白龍城, 天道教 金完圭, 牧師 金秉祚, 同 金昌俊, 天道教 權東鎭, 同 權秉悳, 同 羅龍煥, 同 羅仁協, 牧師 梁甸伯, 天道教 梁漢默, 劉如大, 世富蘭西病院 李甲成, 牧師 李明龍, 李昇薰, 天道教 李鍾勳, 同 李鍾一, 同 林禮煥, 同 朴準承, 靑年會 朴熙道, 同 朴東完, 牧師 申洪植, 同 申錫九, 天道教 吳世昌, 靑年會 吳華英, 牧師 鄭春洙, 同 崔聖模, 普成學校長 天道教 崔麟, 僧 韓龍雲, 天道教 洪秉箕, 同 洪基兆가 連名하였다.[34]

---

[33] 김광식, 「한용운 민족운동의 연구에 대한 성찰」, 『만해 한용운 연구』(동국대출판부, 2011), pp.260~265. 그런데 공약삼장은 최남선이 작성하였다는 설도 있으나, 필자는 만해의 추가설을 수용한다.

[34] 『每日申報』 1919. 3. 7, 「高等警察關係年表, 午後 2時경 서울 鍾路 파고다」 참조.

110

1919년 3월 1일 오후 2시 정각, 태화관에서 만해의 독립선언에 대한 연설을 들은 직후 민족대표는 대한독립만세를 외쳤다. 그리고 그 무렵 탑골공원에서는 학생, 시민을 중심으로 역사적인 3·1독립선언의 낭독 행사가 거행되었다. 3·1운동 때 민족대표로 서명한 불교계 인사의 숫자는 적었지만, 용성과 만해의 실제적 역할과 그들의 명성이 가진 상징성은 결코 적은 것이 아니었다.

2) 민족대표, 태화관에서 조선독립선언

용성과 만해를 비롯한 민족대표들은 태화관에서 조선독립을 선언하기 위해 모임을 가졌다. 그러나 선언식의 중대성, 시간의 촉박함으로 인하여 선언서 낭독은 하지 못하고 한용운의 기념사 후에 만세 삼창에 그쳤다. 그 직후 민족대표는 일본 경찰에 의해 종로경찰서로 연행되었다. 민족대표의 개요는 다음과 같다.

孫秉熙 吉善宙 李弼柱 梁漢默 劉如大 李甲成 金昌俊 權東鎭 權秉德 羅龍煥 羅仁協 梁甸伯 白龍城 金完圭 金秉祚 李明龍 李昇薰 李鍾勳 李鍾一 林禮煥 朴準承 朴熙道 朴東完 申洪植 申錫九 吳世昌 鄭春洙 洪秉箕 崔聖模 崔麟 韓龍雲 吳華英 洪基兆 三十三人은 皆 道德 忠義 文學 言論의 名流라[35]

여기에서 재검토할 것은 용성의 역할에 대한 문제이다. 기존의

---

35 『한국독립운동사자료』 4권(임정편Ⅳ), 「獨立運動의 事件」(獨立運動에 關한 略史) 참조.

연구들이 3·1운동에서 만해의 역할에만 지나치게 주목하고 용성에
대해서는 상대적으로 소홀했던 점을 아쉽게 생각한다. 처음 논의된
단계부터 독립선언서가 낭독되기까지의 전 과정을 만해가 주도한
반면 용성은 수동적인 동조만 한 것과 같은 인상으로 서술되었기
때문이다. 그러나 다음의 기록에서 만해 이외에도 불교 측의 인사가
적지 않게 참여한 단서를 찾을 수 있다.

비무장과 평화적인 독립을 위한 대혁명이 조선전역에서 3월 1일
발생했음. 무자비한 유혈탄압에도 불구하고 시위는 진정되지 않고
있음. 공장, 상인, 전차 등이 모두 파업하였음. 마치 총파업 같으며
시위의 목적은 파리평화회의에서 일본 통치하의 조선이 행복하다
는 일본인들의 주장에 항의하기 위한 것임. 체포된 지도자들 중에
는 15명의 신교도 선교사들이 포함되었으며 15명의 애국단체의
회원과 불교지도자들도 포함되어 있음. 예전에 일본정부는 전조선
에 뻗힌 조직적인 소요를 막지 못한 분한 경험을 가지고 있었습니
다. 언론은 이 소요를 고무한 내국인 신교도 선교사들을 비난하고
미국의 사주에 의해 조선, 시베리아, 중국과 일본에서의 일본정책
이 방해받은 것에 대해 비난했습니다.[36]

여기에 나오는 '불교지도자들'이라는 표현에 주목하자. 이는 다수의

---

36 『한국독립운동사 資料集』 20권(임정편V), 「上海 佛租界 工務局 文書(낭트소장사
료)」, 3·1운동 직후의 조선의 정황(電報)인데, 1919년 3월 11일, 서울 주재 본국공
사가 이 전보를 보낸 것이다.

불교지도자가 참여하였음을 말해주는 것이 아닌가 한다. 1919년 3월 1일에 조선독립을 선언한 이후 전국에서는 저항운동이 일어났다. 이 운동으로 인해, 전 세계에서 조선독립운동에 대한 관심이 높아졌고 조선인들의 저항정신을 여실히 보여주었다고 말할 수 있다. 이런 배경에서 불교계에서도 식민지 불교정책에 대한 반발 등이 거세게 일어났을 개연성을 생각해 볼 수 있다.

그래서 필자는 용성과 만해를 역사적인 인물[37]이라는 측면에서는 동일하고 균형적으로 의미로 보아야 한다고 본다. 1919년 3월 1일 민족대표 33인은 조선인들의 폭동을 선동하고 내란을 야기했다는 혐의로 재판에 넘겨졌다. 만일에 조선독립운동을 전개하는 가운데 불교계 인사의 명단이 없었다면 불교의 역할을 수행하지 못했다고 민족운동 진영으로부터 거센 비판을 받았을 것이다. 그러나 다행히 용성, 만해 등의 참여로 불교계는 비판을 면했다. 민족대표에 대한 조선총독부의 시각을 살펴보기 위해 일제가 주도한 예심청구서의 내용을 인용한다.

피고 등은 대정 8년 2월 중에 공모하여, 조선을 일본제국의 통치로 부터 이탈시켜 그 지역에 새로운 하나의 독립국을 건설하려는

---

37 『대한민국임시정부자료』,「獨立運動史 目錄詳載 該卷之首」(三章 獨立運動에 關호 略史). 孫秉熙 吉善宙 李弼柱 白龍城 金完圭 金秉祚 金昌俊 權東鎭 權秉悳 羅龍煥 羅仁協 梁甸伯 梁漢默 劉如大 李甲成 李明龍 李昇薰 李鍾勳 李鍾一 林禮煥 朴準承 朴熙道 朴東完 申洪植 申錫九 吳世昌 吳華英 鄭春洙 崔聖模 崔麟 韓龍雲 洪秉箕 洪基兆

목적으로 조헌을 문란하게 하는 불온한 문서를 공표하고, 온 조선 인에게 조선의 독립사상을 고취하여 각지에서 독립시위운동을 개시하게 하고 그래서 그 운동은 당연한 결과로서 내란죄의 요소인 폭동행위를 하게 될 사실을 예지인식하면서 이러한 행동과 상응한 당연의 목적을 달성할 것을 기도하고, 선언서라는 표제로 조선인은 자유민이다. 조선은 독립국이다. 온 조선 민족은 원근이 서로 호응하여 최후의 1각, 최후의 1인까지 독립 완성에 노력하지 않으 면 안 된다는 취지를 논술한 문서를 다수 인쇄하여 동년 3월 1일 이후 이것을 널리 조선 안 각지에 배포함으로써 서울을 중심으로 여러 곳에서 다수의 독립시위운동을 일으키게 하고, 또한 사람을 주요한 市邑에 파견하여 앞에서 지적한 기도를 선전하게 한 결과 예기한 대로 그 선동에 호응하여 黃海道 遂安郡 遂安面, 平安北道 義州郡 玉尙面, 京畿道 安城郡 陽城面과 元谷面 등지에서 조선의 독립을 목적으로 하는 폭동을 야기하게 한 것으로 위는 형법 제77조 에 해당하는 범죄라고 사료되며 조선총독부 재판소령 제3조 제3항, 형사소송법 제313조에 의하여 증빙서류를 첨부하여 기소하는 바 예심판사를 임명해 주기를 이에 청구합니다.[38]

---

38 『韓民族獨立運動史 資料集』 12권(三一運動 II), 「三一獨立宣言 關聯者 訊問調書」 (高等法院, 國漢文),(高等法院, 國漢文), 예심판사 임명에 관하여 예심청구서 명단. 孫秉熙 崔麟 權東鎭 吳世昌 林禮煥 權秉悳 李鍾一 羅仁協 洪基兆 金完圭 羅龍煥 李鍾勳 洪秉箕 李昇薰 李寅煥 朴準承 崔聖模 朴熙道 申洪植 梁甸伯 李明龍 吉善宙 李甲成 金昌俊 李弼柱 吳華英 朴東完 鄭春洙 申錫九 韓龍雲 白龍城 安世桓 林圭 金智煥 崔南善 咸台永 宋鎭禹 鄭魯湜 玄相允 李景燮 韓秉益 金弘奎 金道泰 朴寅浩 盧憲容 金世煥 康基德 金元璧.

그런데 용성과 만해에게 일제가 행한 신문訊問 내용에 다소 차이가 있음을 알 수 있다. 물론 이 점은 주의를 요하는 측면이다. 일제 기록에는 용성은 만해의 요청에 의해 참여한 것으로 나타나 있다. 이러한 차이점은 용성과 만해가 불교계를 대하는 현실적인 생각의 차이에서 비롯된 것이 아닐까 한다. 하지만 일단 선언문에 민족대표로 참여한 이상 이들은 자신의 행동에 대해 변명하려거나 회피하려는 모습을 보이지 않았다. 용성은 출판법 및 보안법 위반으로 서대문감옥에 구속되었다.

3) 경성지방법원의 신문 내용

용성은 철저한 계율을 중심에 두고 불교를 실천하려는 의지를 가졌던 데 비해 만해는 불교를 유신維新, 혁신革新하려는 성향이 강했다. 하지만 실천과 유신은 서로 상통하는 점이 있었기에, 용성과 만해의 차별점을 지나치게 강조하는 것은 문제가 있다. 승려가 정진하려고 하는 목적이 무엇인가. 그것은 중생을 구하려는 자비심이다. 자비심이란 자신의 영화를 누리려는 것이 아니라 고해苦海라는 현실에서 고통을 받는 중생들과 함께하려는 마음이다. 용성은 이것이야말로 불교가 실천해야 할 일이고 자신이 실천할 수 있다는 신념을 지니고 있었다. 용성의 신문 조서를 보자.

白相奎 위 사람에 대한 출판법 및 보안법 위반 사건에 대하여 대정 8년 7월 28일 서대문감옥에서 예심계 조선총독부 판사 永島雄藏, 조선총독부 재판소 서기 磯村仁兵衛 열석하여 예심판사는

전회에 이어 피고인에 대하여 다음과 같이 신문하다.

문: 白相奎인가.

답: 그렇다.

문: 이것은 林圭로 하여금 제국의회에 제출하게 한 조선독립통고
문인데 이 서면에서 피고의 성명 밑의 도장은 피고의 도장임에
틀림이 없는가.

이때 증제 419호, 증제 420호를 보이다.

답: 틀림없다.

문: 맨 처음에는 선언서를 파고다공원에서 발표하기로 되어 있었
는가.

답: 그것은 몰랐었다.

문: 피고 등의 선언서를 보고 각 지방에서 폭동이 일어났다는데
그것은 예상하고 있지 않았는가.

답: 나는 그런 것은 생각하고 있지 않았었다.

조선총독부 재판소 통역생 尾田滿이 위 서명자에게 읽어서 들려주
었더니 그것을 승인하다.[39]

신문 조서를 보면 용성이 3·1운동에 참여한 것은 민족과 민중을
위한 것이었다는 단서를 찾을 수 있다. 용성은 3·1운동 참여를 당연한
것으로 피력하였다. 계속해서 용성의 신문 조서를 보자. 여기에서
주목할 것은 용성은 불교사상의 관점에서 독립선언, 만세운동 참여는

---

39 『韓民族獨立運動史 資料集』11권(三一運動I), 「三一獨立宣言 關聯者 訊問調書」
(京城地方法院, 國漢文), 白相奎, 신문조서(제2회) 참조.

당연하다고 주장한 것이다. 그리고 독립선언을 하면 독립이 가능할 것이라는 인식이다.

白相奎 첨가

위 사람에 대한 내란 사건에 대하여 대정 8년 8월 27일 고등법원에서

… 중략 …

답: 성명은 白相奎.

연령은 52세(5월 1일생).

족칭은 -

직업은 승려.

주소는 京城府 鳳翼洞 1번지.

본적은 京城府 鳳翼洞 1번지.

출생지는 全羅北道 長水郡 蟠岩面 竹林里.

… 중략 …

문: 피고는 금년 2월 27일에 韓龍雲의 권유로 조선독립운동에 참가하고 3월 1일에 명월관 지점에서 선언서를 발표하고 그 자리에서 체포된 사람으로서 그 사이에 독립운동에 관하여 취한 행동, 기타 사항은 피고가 전에 지방법원 예심에서 진술한 대로 틀림이 없는가.

답: 틀림없다.

문: 독립운동의 방법은 무엇인가.

답: 독립선언서를 배포하면 자연 일본에서도 조선이 독립을 희망하고 있다는 것을 알고 독립을 승인해 주리라는 것을 韓龍雲에게서

들었으므로 그렇게 생각하고 운동에 참가할 것을 승낙하고 나도 선언서에 이름을 내기로 했다. 그 밖에 청원서를 만들어 일본 정부나 총독부, 강화회의의 각국 대표자 등에 보낸다는 것에 대해서는 아무것도 듣지 못했었다.

문: 선언서를 배포하면 그것으로 곧 독립이 얻어진다고 믿었는가.

답: 그렇다.

문: 선언서에는 어떤 것을 쓸 생각이었는가.

답: 나는 선언서를 본 일도 없으나 韓龍雲의 말로는 무기를 가지고 하는 것이 아니고 난폭한 짓을 하는 것도 아니고 다만 온건한 태도로 서면으로써 독립을 선언하는 것이라고 했으므로 그런 취지로 선언서는 씌어질 것으로 생각했었다.

문: 선언서는 독립했다는 것을 선언하는 것인가, 독립을 희망한다는 것을 선언한다는 것인가, 어느 것인가.

답: 지금부터 독립하려고 한다는 의미를 발표한다는 것이었다.

문: 그러한 선언서를 발표하면 보안법에 저촉된다는 것은 그대도 알고 있었는가.

답: 그런 것은 나는 모른다. 다만 이번의 일에 대하여 이름을 내라는 것이었으므로 나는 독립하는 것이라면 이름쯤 내어도 좋다고 생각하여 이름을 낸 것에 불과하다.

문: 독립운동에 관하여 韓龍雲 이외의 사람과 말을 한 일은 없는가.

답: 없다.

문: 명월관지점에서 회합했을 때에는 그 선언서를 발표하면 곧 체포된다는 것을 각오하고 있었던 것이 아닌가.

답: 그것은 각오하고 있었다.

문: 왜 그렇게 생각했는가.

답: 그것은 그런 것을 발표하면 어쨌든 그대로 무사하리라고는 생각하지 않았기 때문이다.

문: 독립선언을 하면 일본 정부가 쉽사리 승인해 줄 것이라면 죄도 아무것도 아닌 것에 체포된다는 일은 생각할 수 없는 것이 아닌가.

답: 마침내 독립되고 나면 체포되는 일도 없겠지만, 독립이 되기까지의 동안은 그런 일을 하면 무슨 죄에 저촉되는지는 모르나 하여튼 체포될 것으로 생각했었다.

문: 피고 등은 조선의 독립을 강화회의의 문제로 삼고 일본으로 하여금 독립을 어쩔 수 없이 승인하도록 하게 할 생각이 아니었는가.

답: 나는 그런 것은 모른다. 나는 동양의 평화를 영원히 유지하기 위해서는 조선의 독립은 필요하다, 일본에서도 그것을 잘 알고 있을 것이며 또 불교사상으로 보더라도 조선의 독립은 마땅한 것이므로 여러 가지 점으로 보아 하여튼 조선의 독립은 용이하게 될 것으로 믿고 있는 터이다.

… 중략 …

문: 이 선언서에는 불온 과격한 문구가 있는데 그런 것을 발표한 것은 조선 민족을 선동하여 폭동을 일으키려는 취지가 아닌가.

답: 그렇지는 않다.

문: 그런 의사는 아니라 하더라도 그것을 보면 그것에 자극을

받아서 폭동을 일으키는 사람이 있을 것이라는 것을 알았던 것이 아닌가.

답: 나는 그런 염려는 없는 것으로 생각한다.

동호의 419, 420을 보이다.

문: 여기에 피고의 도장이 찍혀 있는데 어떤가.

답: 나는 그런 것에 날인한다는 것은 몰랐다. 다만 독립선언서에 날인한다는 것을 듣고 韓龍雲에게 도장을 맡겨 두었을 뿐이다.

문: 공소사실에 있는 바와 같이 京畿道 安城郡, 平安北道 義州郡, 黃海道 遂安郡 등지에서 선언서에 자극되어 독립을 목적으로 하는 폭동이 일어났는데 어떤가.

답: 그것은 선언서에 자극되었기 때문이라고는 생각하지 않는다. 아마 그것은 관민의 감정이 충돌하여 일어난 것으로 생각한다. 이 신문은 조선총독부 재판소 통역생 植山健藏이 통역했고, 위 녹취한 것을 그 통역생에게 읽어서 들려주었더니 틀림이 없다고 승인하고 다음에 서명 날인하다.[40]

용성은 일본 재판관 앞에서 당당하고 의연한 태도를 취했다. 이는 나라가 위태로울 때 승려들이 불행한 백성들의 고통을 들어주고, 그들을 구해내기 위해 애써야 한다는 것에서 나왔을 것이다. 용성이 단행한 행보, 즉 민족을 위해 노력하는 것은 불교를 실천하는 길이며, 불타의 정신을 올바르게 구현하는 길이기 때문이다. 그리고 "선언서를

40 『韓民族獨立運動史 資料集』12권(三一運動Ⅱ), 「三一獨立宣言 關聯者 訊問調書」 (高等法院, 國漢文). 白相奎 신문조서 참조.

발표하면 조선이 독립될 수 있다고 믿었는가?"라고 일본인 판사가 질문하였을 때, 용성은 "선언서를 발표하면 조선독립이 온다"고 대답했다는 사실을 주목해야 한다.

그리고 용성은 자신의 행동에 대해 변명하거나 회피하는 모습을 보이지 않았다. 용성은 독립선언이 조선인들의 자유로운 삶을 위한 길이자 부처의 뜻에도 부합되는 길임을 믿었을 것이다. 처음에는 지방법원 예심에서 심리한 결과 사건 내용이 내란죄內亂罪에 해당한다고 하여 고등법원에 송부送付되었다. 그러나 고등법원에서 심리한 결과 내란죄가 아니라 국가보안법과 출판법 위반에 해당된다고 하여 만세사건은 지방법원으로 다시 반송되었다. 그리고 용성은 1년 6개월의 징역을 구형받았다.

> 그에게 내려진 죄목과 최종형의 결정은 新法에 의하면 大正 8年 制令 第7号 第1條 第1項에 해당하고, 舊法에 의하면 朝鮮刑事令 第42條로서 保安法 第7條에 해당하여 징역 1년 6개월을 선고받았다.[41]

용성과 만해는 조선임제종중앙포교당을 건립하던 시기에 만나 그 후 계속 동지로서의 유대감을 가졌다. 그 인연이 이어져 용성과 만해는 1년 6개월을 함께 경성 서대문감옥에서 보냈다.[42] 감옥에 갇힌 용성은 조선불교가 산간에서의 수행만이 아니라 민족과 함께하는 종교가

---

41 한보광, 『龍城禪師硏究』(감로당, 1981), p.88.
42 만해는 용성보다 10개월을 더 수감되었다.

되어야 한다는 점을 깊이 고찰하였을 것이다. 불교가 민중을 위하고 국가의 위기를 극복하는 데에 나서지 않는다면 제 역할을 다한다고 할 수 없었다. 용성은 민족불교의 자주성 문제를 일제의 감옥에서 성찰하였고, 불교실천운동을 통해 민족과 민중을 위한 불교로 전환시켜야 한다고 생각했다.

당시 서대문감옥에 있었던 267명[43]의 명단을 통해서도 3·1운동의 민족사적인 의미를 부여할 수 있다. 용성은 조선독립을 위한 일에 나서는 것이 자신에게 주어진 역사적 소임이라고 생각했다.

5. 용성·만해의 영향과 대한승려연합회 선언서

용성과 만해가 3·1독립운동에 참여한 것은 해외 불교도들의 민족의식에도 영향을 주었다. 즉 해외에 거주하는 조선인들은 물론 불교도들도 3·1운동이 조선독립선언이라고 생각하여 뜨거운 동포애를 보여주었다. 승려의 참여는 대중들에게는 민족의 자존과 불교의 대승적인 삶을 위한 길이자 부처의 뜻에도 부합되는 길임을 믿었다. 이 같은 조선독립운동에의 참여는 해외에 거주하고 있는 조선인들은 물론 불교도들에게도 자존의 힘이 되었던 것이기에 해외에 거주하는 불교도들이 성명서를 발표하기도 했다. 해외 불교도들도 백용성, 만해의 참여에 대하여 큰 평가를 보였다. 아래의 기록은 민족운동을 하던

---

43 『韓民族獨立運動史, 資料集』 15권(三一運動 V), 「三·一 獨立示威 關聯者 訊問調書(豫審調書)」, 西大門監獄在監人名單, 孫秉熙 李昇薰 李奎宋 朴周豊 金昌俊 金榮洗 申洪植 咸台永 白龍城師 白相奎 …… 韓龍雲 …… 이상 267名이다.

승려 12명의 이름으로 배포된 이른바 승려선언서에 대한 그 당시 외국에서의 반응을 전하는 문건이다.

'33인' 서명자들이 2,000만 한국인의 이름으로 한국의 독립을 선언하였을 때 두 명의 불교 승려 한용운(Han-Young-Won : 韓龍雲)과 백용성(Paik-Yong-Sun : 白龍城)이 불멸의 '33인'에 참여하였으며, 그 이후로 불교도들은 조국을 위해 그들의 목숨과 재산을 희생했으나, 일본은 자신의 죄를 뉘우치기는커녕 계속해서 억압 행위를 강화하고 한국에 경찰과 군대를 증강시키고 있다. 그들은 기만과 양심의 가책 없는 개인들을 기반으로 수천만 한국인들의 고통을 더욱 크게 만들고 있다. ···중략··· 대한민국 원년 11월 15일(1919년 11월 15일). 대한승려연합회(Le Conseil féderal des Bouddhistes coréen : 大韓僧侶聯合會) : 오만광(OH Man-kwang : 吳卍光), 김축산(KIM Chuck-san : 金鷲山). 최경파(CHOI Kzung-pa : 崔鯨波), 안호산(AHN Ho-san : 安湖山), 지경산(CHI Kyang-san : 池擎山), 배상우(PAI Sang-woo : 裵相祐), 이법인(LI Bup-in : 李法印), 강풍담(KANG Poong-dam : 姜楓潭), 박법림(PARK Bup-lim : 朴法林), 오동일(OH Tong-ill : 吳東一), 정운봉(CHUNG Woon-bong : 鄭雲峯), 김동호(KIM Tong-ho : 金東昊).[44]

대한승려연합회 소속 승려 12명의 법명이 나온다. 그런데 이 이름은 가명이었다. 이 중 3~4명은 추정되나,[45] 여타 승려는 누구인지 알

---

44 『대한민국임시정부 자료』 제6호(1920. 10), 「해외불교도성명서」 참조.

수 없다. 한편 감옥에서 용성은 조선불교가 산간에서의 수행만이 아니라 불교의 대중화와 민족과 함께하는 불교가 되어야 한다는 점을 깊이 성찰하였다. 불교가 민중을 위하고 국가의 위기를 극복하는 데에 나서지 않는다면 불교의 본래 가르침에 대한 역할을 다할 수 없다는 것을 알았을 것이다.

그리고 용성과 만해가 감옥에 있는 동안에 1919년 11월 15일자로 대한승려연합회大韓僧侶聯合會 명의의 불교선언서佛敎宣言書가 발표되었다.[46] 용성과 만해의 민족불교 행보는 그동안 침묵하고 있던 불교계의 각성을 촉구하였거니와 그 대표적인 것이 대한승려연합회의 대두, 의용승군체의 조직이었다. 전국적으로 불교계가 참여하였다는 것 또한 중요한 의미를 지니고 있다. 그 선언서의 내용은 다음과 같다.

일즉 全民族代表 33人이 獨立宣言을 發表할세 我佛徒 中에서도 韓龍雲, 白龍城 兩 僧侶 此에 參加하엿고 그 後에도 我佛徒 中에서 身과 財를 獻하야 獨立運動에 奔走한 者 多하거니와 日本은 一向前 過를 懺悔하는 樣이 無할 뿐더러 或은 警官을 增加하고 軍隊를 增派하야 더욱 抑壓政策을 取하고 一邊 不正한 手段으로 賊子輩를 驅使하야 一日이라도 그 惡과 2千萬生靈의 苦惱를 더 길게 하려하

---

45 확인된 승려는 김구하(통도사), 김경산(범어사), 오성월(범어사), 김상호(범어사) 등이다.

46 김광식, 「대한승려연합회 선언서와 민족불교론」, 『민족불교의 이상과 현실』(안 성: 도피안사, 2007) 참조.

124

니 이제 我等은 더 忍見할 수 업도다. 不義가 義를 壓하고 蒼生이
塗炭에 苦할 때에 劍을 仗하고 起함은 我歷代古祖諸德의 遺風이라
하물며 身이 大韓의 國民으로 生한 我等이리오. (중략)

大韓民國 元年 11月 15日

大韓僧侶聯合會

代表者 吳卍光 李法印 金鷲山 姜楓潭 崔鯨波 朴法林

安湖山 吳東一 池擎山 鄭雲峯 裴相祐 金東昊[47]

대한승려연합회에서 나온 민족불교 사상은 불교는 민중 속으로
들어가야 하고, 중생을 구원·구제하는 불교가 되어야 한다는 것이었
다. 즉 불교는 대승불교의 역할을 해야 하며, 이를 위해 중생이 있는
곳으로, 중생과 함께하는 불교가 되어야 한다는 것이다. 이렇듯이
승려 독립선언서의 대두는 용성, 만해의 행보에서 영향을 받은 것이다.
용성과 만해가 독립선언의 민족대표가 되었다는 것은 조선불교계에
커다란 귀감이 되었다. 이는 승려선언서를 보도한 외국에서의 신문에
도 나온다.

얼마 전 민족대표 33인이 독립선언을 발표할 때, 우리 불교계에서
도 韓龍雲·白龍城 두 분이 대표로 참가하였다. 이후 전개된 전
민족적인 만세시위운동에 우리 불교도들도 헌신적으로 참여할
뿐 아니라, 전 재산을 털어 독립운동을 위해 자금을 댄 교도들도
없지 않았다. 그러나 일본은 지금까지도 과거의 잘못을 뉘우치기는

47 『獨立新聞』(大韓民國臨時政府) 1920. 3. 1 참조.

커녕 군경을 증원하고 압박정책을 강화하고 있다. 그뿐인가! 무뢰
배들을 동원하여 수많은 죄악을 저지르도록 교사함으로써 2천만
생령을 고통 속으로 몰아넣고 있다. 저들의 만행은 우리 승려들도
더 이상 참고 넘길 수 없는 지경에 이르렀다.[48]

이렇게 용성, 만해의 3·1운동 참여는 승려독립선언서 대두에도
영향을 끼쳤다. 당시 이 선언서의 작성, 배포를 주도한 승려들은 사찰을
근간으로 한 전국적인 조직체계를 강구하였다. 그 전제에서 승려들이
의용승군을 조직하여 일제에 대항하겠다는 치밀한 전략을 구현하였던
것이다. 그러나 비록 준비단계에서 의용승군을 추진한 승려들의 검거
로 인하여 실질적인 투쟁단계까지는 이르지 못하였지만 그들의 행보는
민족불교였다. 즉 일제를 구축驅逐하고, 국가와 민족을 되찾고, 불교의
정체성을 재정비하는 것이었다.

한편 용성은 경성지방법원에서 3·1운동의 주역이라는 것에 대하여
자부심을 피력하고, 조선독립운동을 전개하는 데 있어 정당성과 소신
을 보여주었다. 용성의 형량에 있어, 처음에는 지방법원 예심에서
심리한 결과 사건의 내용은 내란죄에 해당한다고 하여 고등법원에
송부送付하였다고 한다. 고등법원에서는 심리한 결과 내란죄가 아니
라 국가보안법과 출판법 위반에 해당된다고 판시하여 사건을 지방법원
으로 다시 반송하였다. 그 결과 용성에게 판결된 징역기간은 1년
6월이었다.

---

48 『신한청년』 창간호, 「한국승려연합대회선언서」, 高警 제1479호(1925. 5 .4)의
「新韓靑年黨의 부흥에 관한 건」 참조.

126

그에게 내려진 죄목과 최종형의 결정은 新法에 의하면 大正 8年
制令 第7号 第1條 第1項에 해당하고, 舊法에 의하면 朝鮮刑事令
第42條로서 保安法 第7條에 해당하여 징역 1년 6개월을 선고받
았다.[49]

용성은 만해와 함께 감옥에서 이후 불교의 실천운동을 야심차게
추진하려는 계획을 세웠을 것이다. 용성은 민족불교의 자주성 문제를
감옥에서 성찰하고, 불교실천운동을 통해 민족과 민중을 위한 불교로
전환시키는 문제를 고민했을 것으로 생각한다.
　용성의 민족관은 불교의 자비사상을 근간으로 하고 있음을 바르게
인식해야 한다. 그것은 중생이 어려움에 처해 있는 곳이면 어디든지
나아가 중생을 구하는 행동에 나서야 한다는 의미이다. 이것이 바로
부처님이 실현하고자 하였던 자비실행慈悲實行이다. 특히 용성은 감옥
에 들어온 타종교 지도자들의 경전이 우리말로 된 점에 주목하고,
충격을 받았다. 그래서 용성은 감옥에서 우주 및 세계질서, 민중들의
의식, 불교경전에 대한 분석, 불교포교 방향 등에 대하여 고민하였다.
이른바 철창철학鐵窓哲學이었다.
　한편, 1919년 3·1운동 참여로 인한 불교계의 역사관을 연구는 앞으
로 과제라고 하겠다. 당시 용성과 만해는 그들이 행한 조선독립선언이
역사 앞에 길이 남을 것이라고 생각했을 것이다. 그리고 민족운동을
통해 불교대중들에게 자각각타自覺覺他의 진리를 전해주고, 대중들이

49 한보광, 『龍城禪師研究』(감로당, 1981), p.88.

깨달음에 이를 수 있는 방법을 일러주는 새로운 운동을 추진해야
함을 강구하였다. 요컨대 용성은 감옥에서 자신의 걸어가야 할 방향,
사업, 철학을 고민하였다. 이런 고민은 용성이 또 다른 차원에서 민족운
동을 추진할 가능성을 내포하는 것이었다.

Ⅳ. 용성의 불교실천과 대각운동

1. 용성의 옥중 체험 이후 불교포교

1) 역경과 출판을 통한 문서포교

용성과 만해는 1919년 3월 1일, 일제에 의해 경찰서를 거쳐 감옥에 갔다. 그런데 조선총독부는 더 이상 강압통치를 수행할 수 없다고 판단하였던지 감옥에 있던 민족대표들을 점차적으로 모두 석방시키는 조치를 단행했다. 이때 용성은 1년 6개월의 형을 받았으나 형을 다 살지 않고 1921년 초반에[1] 출옥하였다. 하지만 용성은 이때의 감옥생활을 통해 사상적인 변화를 겪었다. 용성 자신은 감옥에서 수행자로서 지켜야 할 덕목을 수행하는 데 주어진 역할을 다했다고 보았을 것이다. 그러나 자신의 민족 지도자, 종교 지도자로서의 역할이 진실성

---

1 그런데 용성이 출옥한 정확한 날짜는 아직 파악하지 못했다.

이 있었는지에 대해 진지한 고민을 하였다. 그래서 지나온 자신의
행적, 역할에 대하여 참회하고 미래를 향해 앞으로 해야 할 일을
계획하였다.

이런 의미에서 감옥은 출가자로서 수행해야 할 과제를 체험하게
된 성찰의 무대였다. 감옥은 실로 보살의 정신과 보살의 실천 사상이
없이는 견딜 수 없는 곳이다. 한편 1921년 12월 21일, 3·1운동 이후
구속된 인사들이 가석방이라는 명분으로 출소하는데, 한용운을 비롯
한 민족대표들이 대거 포함되었다.

3·1獨立運動으로 入獄中이던 民族代表중 崔麟 咸台永 吳世昌
權東鎭 李鍾一 金昌俊 韓龍雲 등 7人이 假出獄되다.[2]

한편 용성은 서대문감옥에 수감되어 있는 동안 조선독립에 헌신한
애국인사들을 다수 만났다. 용성은 여러 종교의 성직자들과 신도들을
만나면서 불교의 문제점에 눈을 뜨게 되었다. 특히 기독교도들은
우리글로 번역된 책으로 감옥 안에서 자유롭게 종교적인 의식을 행했
는데, 한 권의 책으로 예배하는 모습은 용성에게 충격으로 다가왔다.

그러나 불교인들은 감옥에서 불교의 가르침을 전하는 일이라든지
불교를 포교하는 일에 대하여 무감각하였다. 기독교인들은 기독교를
선전하는 데 반하여 불교인, 특히 스님들은 그 안에 있는 대중들과
아무것도 함께하지 못한다는 것을 알았다. 감옥에 있는 대중들과

2 『東亞日報』 1921. 12. 23. 「3·1獨立運動으로 入獄中이던 民族」 참조.

얼마나 동떨어져 있는지 알게 되었다. 그리고 용성이 감옥에 있는 동안 상좌들이 멋대로 용성이 거주하고 있던 대각교당을 처분한 사건이 발생하였다. 하지만 용성은 그러한 문제에 대하여 낙담하지 않고 감옥에서 새로운 불교를 전할 수 있는 방안을 마련하고 있었다.

2) 서대문감옥에서의 체험

용성은 감옥에서 출소하자 자신이 거처할 대각사로 갔다. 그러나 대각교당은 처분되고 없어져, 신도들의 집으로 가서 재기를 기하였다. 용성은 서대문감옥에 수감되어 있는 동안 타 종교인들을 보면서 새로운 포교 방향과 방법을 연구하였던 것을 실천해야만 했다. 다른 종교들은 우리 글로 번역된 책으로 예배도 보고 찬송도 하는 것에 비해 불교는 새로움에 임하고 접하는 데 있어 대중들과 동떨어져 있다는 것을 알게 되었다. 그래서 용성은 자신이 해야 할 일을 점검하고, 감옥에서 계획한 것을 출소하는 즉시 실행에 옮겼다. 그것이 바로 '삼장역회의 조직', '선학원 창건', '대각교 창종'이었다. 용성은 출가수행자로서의 수행을 마치고 조선불교 중흥을 위한 불사를 실천할 것을 부처님 전에 서원하였고 행동으로 옮겼던 것이다.

> 수십 년 동안 공부하여 큰 문장이 되었다고 할지라도 우리 종교의 진리는 알지 못할 것이며, 또 중국 사람들은 중국 글을 좋아하나 우리 조선 사람들에게는 조선 글이 적당할 것이니 남녀 上中下가 보면 즉시 아는 것이라 보급하기 편리하리니, 내가 만일 출옥하면 즉시 동지를 모아서 경 번역하는 사업에 전력하여 이것으로 진리

연구의 한 나침반을 지으리라. 이렇게 결정하고 세월을 지내다가 신유년(1921) 삼월에 출옥하여 모모인과 협의하였으나 한 사람도 찬동하는 사람은 없고 도리어 비방하는 자가 많았다.[3]

용성은 감옥이라는 곳이 인간의 존엄성을 성찰하는 장소이며 수행자에게는 오히려 정진하는 기회를 제공하는 수행의 처소로 인식했다. 즉 보살행을 모색하는 곳으로 보았던 것이다. 용성에게 감옥이라는

3 白相奎, 『大方廣圓覺經』(京城: 大覺教中央本部, 龍城全集7, pp.473-474). 「저술과 번역에 대한 연기」에서는 "대각응세 이천구백삼십육년 삼월 일일에 독립선언서 발표의 대표 일인으로 경성 서대문감옥에서 삼 년간 철창생활의 신산한 맛을 체험하게 되었다. 각 종교 신자로서 동일한 국사범으로 들어온 자의 수효는 모를 만치 많았다. 각각 자기들이 신앙하는 종교 서적을 청구하여 공부하며 기도하더라. 그때에 내가 열람하여 보니 모두 조선 글로 번역된 것이요 한문으로 그저 있는 서적은 별로 없더라. 그것을 보고 즉시 통탄한 생각을 이기지 못하여 이렇게 크고 큰 원력을 세운 것이다. '오동나무 잎사귀 하나가 떨어짐을 보고 천하에 가을됨을 아는 것이니 세계의 인류는 생존을 경쟁하고 경제의 파탄은 극도로 되어 가는 시대에 누가 한문에 뇌를 썩혀서 수십 년의 세월을 허송하며 공부하리요. 비록 공부한다 할지라도 한문을 다 알고 죽는 자는 없을 것이요. 다 통달한다고 할지라도 장래에는 무용의 학문이 될 것이니 무엇에 쓰리요. 현금 철학이나 과학이나 천문학이나 정치학이나 기계학이나 모든 배울 것이 많은 시대에 한문만을 가지고 수십 년의 세월을 허비하는 것은 어리석을 뿐만 아니라 또한 문명 발달의 장애물만 될 것이며, 또 수십 년 동안 공부하여 큰 문장이 되었다고 할지라도 우리 종교의 진리는 알지 못할 것이며, 또 중국 사람들은 중국 글을 좋아하나 우리 조선 사람들에게는 조선 글이 적당할 것이니 남녀 상중하가 보면 즉시 아는 것이라 보급하기 편리하리니, 내가 만일 출옥하면 즉시 동지를 모아서 경 변역하는 사업에 전력하여 이것으로 진리 연구의 한 나침반을 지으리라"고 나온다.

곳은 인간의 존재, 인간의 마음, 인간의 행위, 인간의 덕목, 참 나를 성찰하게 하는 곳이기도 했던 것이다. 용성은 감옥에서 미래의 불교를 위한 많은 것을 구상했다. 감옥에 있는 동안 자유는 없었지만 민족을 위하려는 인사들을 만남으로서 새로운 삶, 새로운 민족운동의 역할을 다짐하는 성찰의 장소였던 것이다. 그에게 감옥은 불교실천운동을 모색한 도량이었다. 감옥에서의 철창체험은 '남녀 상·중·하', 즉 전 대중을 위한 불교로 나아가겠다는 결심을 굳게 해주었다.

3) 삼장역회 설립 및 출판 활동

용성은 대중들에게 불교를 쉽게 전하지 않고서는 중생을 구원할 수 없다고 보았다. 중생과 함께하는 불교, 민중들과 함께하는 불교, 이것 이야말로 용성이 불교실천운동을 결행하려고 했던 대각운동이고 대각 교의 포교운동이었다. 서대문감옥에서 출옥하자마자 이 작업에 착수 한 것은, 그만큼 불교경전을 조선어로 번역하는 일을 시급한 과제로 여겼기 때문이었다. 그를 대별하여 제시하면 다음과 같다.

첫째, 용성이 감옥에서 결심한 것은, 기독교인들은 성경을 우리말로 번역하여 공동적인 신앙생활을 하고 있는 것에 대한 자극이었다. 즉 불교경전은 한문이어서 너무 어려워 대중들이 접근하기가 멀다는 것을 깨달은 것이다. 여기에서 용성은 불교대중들에게 불교경전을 접할 수 있는 기회를 제공하겠다는 다짐을 하였다.

둘째, 지리산에서 선승들이 시대에 맞는 경전을 번역하여 유통해 주기를 간곡하게 요청했던 이것을 감옥에서 재삼 절감하였다. 때문에 용성의 결심은 지리산 선승들의 요청에 보답하기 위한 목적이기도

하였다.

셋째, 경전을 번역하여 보급하려면 경전을 출판해야 하는 출판사를 설립하는 일이 긴요하였다. 이에, 출판사를 설립하려면 조선총독부에서 허가를 받아야 하는데, 출판사 등록을 얻기가 그리 쉽지 않았다. 이 점을 감안하고 출판 등록을 추진하였는데, 의외로 일제는 등록을 허가하였다. 여기에는 일제의 무단통치에서 문화정치로의 전환이 일정 부문 작용한 것으로 보인다.

이상과 같이 용성의 역경 및 출판사 등록에 관한 역사성을 살펴보았다. 용성의 행보에 담겨진 뜻은 몇 사례를 통하여 더욱 음미할 수 있다. 여기에 대한 단서는 용성과 경봉 간에 있었던 교류에서 파악할 수 있다. 우선 출판사 설립에 대한 시점을 고찰할 수 있다. 용성 연구자인 한보광은 관련 연구에서 다음과 같이 서술하였다.

용성스님이 경봉스님에게 보낸 편지는 1927년 2월 5일 경으로 보인다. 그는 내원암에서 결사를 이전하고 화엄경 번역을 착수하면서 주로 서울 대각사에서 활동한 것으로 보인다. 따라서 1927년 경에 삼장역회가 총독부로부터 정식 출판사 허가가 난 것으로 보인다. 따라서 1927년 이전의 출판물은 주로 법보시나 비매품으로 유포되었으나 1927년 이후부터는 판매를 하게 되었다. 그는 판매를 위하여 광고도 하였으며, 널리 선전도 하였다.[4]

4 한보광, 「백용성스님의 삼장역회 설립과 허가취득」, 『대각사상』 9집, 2006, p.63.

한편 용성은 출판사를 설립하여 경전 번역서, 그리고 교리 및 사상서를 출간하면서도 불교를 쉽게 포교하는 방법을 연구하였다. 즉 대중들에게 근본적으로 다가갈 수 있는 방법을 찾았던 것이다. 그것은 바로 대중들과 가까이 할 수 있는 방안의 모색이기도 했다. 용성 자신이 기록한 글 가운데에서, 출판사를 설립한 것은 번역서를 출판하여 대중들에게 전하는 것이 목적이라는 표현이 나온다. 이런 배경 하에 용성은 경전을 번역하고 출판하기 위한 조직체인 삼장역회三藏譯會를 설립하였는데, 그 시점은 1921년 8월이었다. 당시『동아일보』는 삼장역회의 개설에 대하여 격려를 아끼지 않고 사설社說까지 실었는데, 그 사설에서 강조된 것이 바로 불교의 민중화이다. 다음은 그 사설의 내용이다.

佛敎의 民衆化를 목적하고 白相奎氏를 중심하야 起한 三藏譯會의 사업을 찬성하는 동시에 그 전도를 축하하여 자에 여러 말을 한다. 원컨대 일반 사회는 이에 대하여 대단히 많은 同情을 주어서 同會는 수많은 어려움과 곤란을 극복하고 용맹하게 사업을 성취해 나아가길 바란다.[5]

용성이 추진하였던 삼장역회의 설립이 발표되자 언론에서는 불교의

5 『동아일보』1921. 8. 28,「불교의 민중화 운동 삼장역회의 출현」, "白相奎를 中心하야 起한 三藏譯會의 事業을 贊成하는 同時에 그 前與를 祝福하야 玆에 數言을 發하노니 願컨대 一般社會는 此에 對하여 多大한 同情을 與하며 同會는 萬難을 排하고 勇往猛達할 지어다."

대중화를 위해 시급한 과제를 추진한 것을 높게 평가하였다. 용성은 경전을 한글로 번역하여 대중들에게 전할 수 있는 번역 사업을 실행할 삼장역회 설립을 서둘렀던 것이다. 용성이 삼장역회를 설립하려는 것은 당연히 불교경전을 출판하기 위함이었다. 그리고 불교를 알기 쉽게 설명하는 교리서 및 불교사상서를 펴내는 것이었다.

1921년 9월 경에는 三藏譯會를 조직하여 한글 저술과 역경에 적극적으로 착수하였으며 이 해 대각교를 창립하게 되었다.[6]

용성이 출옥한 지 얼마 되지 않아서 삼장역회를 서둘러 창립한 것은 기존의 포교 방법을 수정, 개선하겠다는 의지의 발로였다. 또한 과거의 포교 방법에 대하여 반성하고 새로운 포교 운동을 전개하겠다는 결심의 소산이었다. 부연하자면, 용성이 시대의 변화에 따라 어려운 한문 경전을 쉬운 우리 글로 번역하는 일을 새로운 포교 운동의 시발점으로 삼고자 한 것이었다. 그러나 용성이 경전을 번역하여 출판하려고 했을 때 당시 불교계에서는 이에 대한 공감, 지원을 하기보다 비판하는 이들이 많았다.

중국 사람들은 중국 글을 좋아하나 우리 조선 사람들에게는 조선 글이 적당할 것이니 남녀 상중하가 보면 즉시 아는 것이라 보급하기 편리하리니 내가 만일 출옥하면 즉시 동지를 모아서 경 번

6 한보광, 『용성사상연구』(감로당, 1981), pp.39-40.

역하는 사업에 전력하여 이것으로 진리연구의 한 나침반을 지으리라. 이렇게 결정하고 세월을 지내다가 신유 삼월에 출옥하여 모모인과 협의하였으나 한 사람도 찬동하는 사람은 없고 도리어 비방하는 자가 많았다.[7]

용성은 불교경전은 한문이어서 중국 사람들에게는 필요하지만 조선 사람들은 소수의 집단에서 알고 있을 뿐이라고 보았다. 그래서 다수의 대중, 민중들을 위해서는 경전 변역이 필요하다는 것을 인식했다. 그런 의미에서 경전을 번역하여 출판하려는 것은 불타의 가르침을 전하는 새로운 운동이라고 볼 수 있는 것이다. 즉 조선불교의 새로운 포교를 주창하는 불교실천운동이라고 말할 수 있다. 대중들과 함께하지 않고서는 불교를 포교할 수 없고, 불교를 전할 수 없다는 것을 알았던 것이다. 불교는 자신의 신앙을 대중들에게 전하고 부처님의 법이 전승되는 것을 최고의 이상으로 여기고 있다는 점을 용성은 분명하게 깨달았던 것이다.

동국제일선원에 있었는데 虎隱장로와 應海선사가 극력으로 권청하기도 하였고, 선사도 이미 마음에 두고 있던 터라서 사양하지 않고 역경에 착수하였다. 저술과 역경한 것으로는 『歸源正宗』으로부터 시작하여 『吾道는 覺』에 이르기까지 10,000여부에 이르렀다. 대자비심을 널리 펴서 각처에서 중생을 제도케 하였다. 사방에서 看經하는 자가 많았으나 한 번도 친히 보지 못한 자나,

7 白相奎, 『조선글 화엄경』(京城: 三藏譯會, 龍城全集12, p.987).

이를 얻어 보기를 원하는 자가 대단히 많았다. 이로써 꿈에 있었던 일을 생각해 보면 禪師가 譯經한 일은 사람의 힘에 의해서 억지로 된 것이 아님을 알 수 있다.[8]

그러나 당시 제도권의 조선불교선교양종의 주지들은 불교를 대중들에게 포교하는 일보다 자신들의 권력을 유지하는 데에만 급급하였다. 지리산 칠불선원에서 정진할 때에 『귀원정종』을 저술했던 용성의 경험이 삼장역회를 설립하는 데에 도움을 주었을 것이다. 이는 조선불교사에서 포교의 새로운 장을 연 역사적, 획기적인 사건이었다고 말할 수 있다. 그래서 용성은 경전의 번역에 몰두하면서 한편으로는 출판사 인가를 얻기 위해 노력하였다. 당시 출판사 등록을 얻어내는 일이 쉬웠을 리 없었다. 그렇지만 용성은 난관을 이겨내고 출판 등록을 해냈다.

당시 대부분의 조선 승려들은 일본불교를 수용, 모방하여 얻는 혜택을 즐기면서 세속화되어 갔다. 그들은 출가 수행자로서의 역할을 다하지 못하였던 것이다. 이런 추세 하에서 조선 민중들 사이에서 불교는 점점 외면당하고 있었다. 그렇지만 용성은 감옥에서 조선어로 된 성경책을 보고, 그를 통해 불교경전을 조선어로 번역하여 더 많은 사람들이 읽도록 하자는 서원을 세웠던 것이다. 이제 그 서원이 이루어

---

8 東山慧日 撰集, 『龍城禪師語錄』卷下(京城: 三藏譯會, 龍城全集1, pp.556-557). "東國第一禪院 虎隱長老 應海禪師極力勸請 師已豫料不爲辭讓 卽時譯經着手著述譯經自歸源正宗 始作而至於吾道覺萬餘部玆 以大慈悲心廣布各處爲度衆生 四方看經者一不親見願見者甚多矣 留此夢事觀之師譯經之事非人力强作也."

지면 많은 사람들이 불교경전을 쉽게 접할 수 있게 될 것이었다. 그리고 더 많은 대중들에게 불교를 전하기 위해서는 경전의 번역에서 끝나지 않고 불교의 설명서나 사상서를 책으로 출간해야 했다. 그래서 용성은 서서히 그런 작업에 착수하였다. 삼장역회에서 간행한 서적의 실례는 다음과 같다.

> 『金剛經鮮漢文新譯大藏經』은 大正11년 즉 1922년 1월 30일에 간행, 가회동 211번지의 삼장역회며, 大正11년 3월 16일에 간행된 『首楞嚴經鮮漢文演義』은 가회동 211번지로 되어 있다.[9]

그런데 조선총독부는 조선의 통치를 공고히 하려고 일체의 사상적 통제에 주력하였고, 출판물에 대한 검열도 아주 엄격하였다. 용성은 그런 일제의 정책에 유의하면서 출판사 등록을 취득하였고, 1921년 9월 29일 첫 번째로 저술하여 출간한 책이 바로 『심조만유론心造萬有論』[10]이다. 다음은 그 「자서自敍」이다.

---

9 白相奎, 『首楞嚴經鮮漢文演義』(京城: 漢城圖書株式會社, 龍城全集9, p.587).

10 白龍城이 마음의 만유창조설에 관하여 논술한 책이다. 4편 1책, 활자본, 국한문 혼용이며, 한문으로 된 본문에 조사나 부사는 한글을 사용하였다. 백용성이 58세에 三藏譯會를 조직하고 大覺敎를 창립한 뒤 이 책을 지었다. 권두의 서문에는 중생의 보고 듣는 것이 모두 꿈을 꾸는 것과 같아서 꿈꾸는 자가 꿈을 깨면 꿈속의 경계가 없는 것과 같이, 유심의 도리를 깨달으면 유심의 대광명 밖에 다른 것이 없으며, 우주의 모든 것이 唯心과 唯識으로 인하여 나타난 것임을 강조하였다.
제1편 世界起始에서는 세계가 생긴 원인이 唯心이라는 것, 天地萬有의 원인이

140

心造萬有論 自敍 蓋聞三界가 唯心이요 萬法이 唯識이라 하시니
唯心者는 何오 丹霞所謂靈然하야 去來今에 涉하지 아니하니 三界
가 都盧是一點心이로다. … 중략 … 次下는 佛之大悲力便으로 衆
生의 識心關을 打破하고 塵堆裡에 埋却하얏든 無價寶藏을 得으로
하여금 다 不生不滅하는 無窮妙藥을 受케하며 又未來劫이 盡토록
一切衆生으로 하여금 無上正眞의 道를 得케하야 佛道를 同戒케하
기를 願力하고 此論을 編述하노라. 金井沙門 龍城堂 白相奎[11]

용성은 『심조만유론』에서 '삼계三界가 마음으로부터 일어난다'는
유심론唯心論을 설파하였다. 또한 만법은 오직 마음이라는 관계를
제시했다. 용성은 유심론이라는 논설을 발표하여 불교의 입장에서
유심이란 무엇인가 하는 문제를 제기하였던 것이다. 이상과 같은
논지는 『심조만유론』의 본문에서 살필 수 있다.

唯識이라는 것에서 風·地·火·水의 원인이 識임을 상세하게 분별하여 설명하
였다.
제2편에서는 인생에 관한 원인이 식임을 분별하고, 식의 본바탕과 그 작용에
있어서 眞心性體는 生靈의 큰 근본이라는 것과 사람과 신과 만물이 다 진심을
근본으로 함을 밝혔다. 그리고 그 진성을 스스로 깨닫지 못한 것이 식이며,
식의 종류와 상호 연관관계 등을 밝혔다.
제3편 衆生起始에서는 心識과 身根의 2종으로 인생이 구성되며, 중생은 9단계의
심리적인 흐름을 거쳐서 현재의 고통을 받게 된다는 것, 사람이 나고 죽는
것을 인과응보의 관점에서 설명하는 등 인생에 관하여 폭넓게 설명하였다.
제4편 十二類生에서는 중생의 종류를 12가지로 나누어 설명하였다.

11 白相奎, 「心造萬有論 自敍」(京城: 三藏譯會, 龍城全集4, pp.3-5).

佛字는 凡相의 人이 아니라 卽覺이시니(佛字는 此를 飜譯하면 覺이니
라) 이 無上淸淨(如淨空하니 喩佛之法身也) 正遍(正은 根本智니 根本智
로 達理함이요 遍은 達事智니 後得者로 達事함을 말함이어라) 正覺(如淨
日月하니 雙明正覺이니라)을 成就하야 天上人間에 獨尊하신 大聖人
을 標示하심이니 무슨 人格과 神格을 論하리오. 오직 佛만 그러하
리오. 우리도 그 眞心의 體와 그 眞心의 性과 그 眞心의 用을
大覺하면 다 獨尊한 者될지로다. 그러면 무엇을 眞心性用이라
하느뇨. 또 一邊으로 생각하면 設使吾人이 自家의 心을 覺하지
못할지라도 心外에 一物도 無함을 알지로다.[12]

　용성은 또한 『심조만유론』에서 '마음을 깨달으면 그것이 곧 불佛'이
라는 이론을 제하였다. 이러한 논리로 인간에게 내재하는 마음에
대한 각覺과 불佛을 표현한 것은 특유의 접근, 착안이었다. 용성의
역경, 출판에 대한 행보는 당시 사회에 일정한 영향을 끼쳤다고 볼
수 있다. 예컨대, 삼장역회에서 발행한 책을 보고 『개벽』이라는 잡지에
기고한 글에 그런 정황이 나옴은 그 단적인 예증이다. 즉 대단한
문서포교 운동이었던 것이다.

　近日 白相奎氏의 經營에 係한 三藏譯會는 그 事業이 실로 宜를
　得한 것인 동시에 그 業이 成하면 朝鮮佛敎의 闡明에 그 功이
　적지 아니할 것이다. 一般이 아는 바와 가티 佛敎와 朝鮮文化의
　關係가 그러케 깁고 또 佛敎經典이 그 數-八萬을 算한다 하되

12　白相奎, 『心造萬有論』(京城: 三藏譯會, 龍城全集4, pp.16-17).

142

아즉것 이를 우리 글로 化한 것이 업기 때문에 一般은 그를 硏究할 便宜를 가지지 못하얏스며 딸아 佛敎의 敎旨는 심히 普通的이 되지 못하얏다. 이를 생각하야 그 會를 經營하는 白氏의 생각은 실로 아름답다할 것이다.[13]

또한 용성은 1922년 1월 16일 삼장역회에서 『신역대장경』을 출판하였다. 『신역대장경』의 출판은 불교를 대중에게 쉽게 전하고, 쉽게 접할 수 있게 하는 포교의 실천임이 분명하다. 용성의 출판은 불교실천운동이라고 볼 수 있는 것이다.

우리는 오직 불심만 믿어 나의 억천겁에 어두운 마음을 타파하고 청정도덕과 마음이 편안하고 참 질거운 락을 수용합시다. 빈도가 재조 없고 지혜가 쩔으며 눈이 어둡고 손이 떨니나 오는 세상이 다하도록 모든 중생이 정법을 깨달아 가치 성불하기를 원하고 이 경을 번역하나니다.[14]

이처럼 용성의 역경, 출판 불사의 원력에는 중생이 정법을 깨닫게 함이 그 기본에 깔려 있었다. 용성이 삼장역회를 설립하여 책을 출판하려는 의도는 불교를 포교하는 데 근본 목적이 있었다. 즉, 경전을 번역하여 출판한다는 것은 역시 새로운 불교운동이며 불교를 전하는 새로운 포교방법이라고 간주하였을 것이다.

13 「智之端」, 『개벽』 16호(1921. 10), p.84.
14 白相奎, 『신역대장경』(京城: 三藏譯會, 龍城全集5, p.297).

여기에서 필자는 용성의 경전 번역이야말로 불교를 대중에게 전하려
는 방편이며 대중과 함께하려는 역사적 당위이며 실천적 불교운동이라
고 확신함을 피력한다. 이처럼 용성은 역경, 출판 사업을 하면서 자신이
강구한 불교사상을 피력하는 방략으로 활용하였던 것이다. 이에 대한
실례를 보자.

譯者曰 吾佛의 敎意는 心을 敎하는 敎요 天이나 神이나 그러한
모든 것을 信奉함이 아니니 佛學者는 我의 心外에는 一物도 無함을
信할지어다. 誰知君家一輪月이 萬古光明長不滅고 着眼看하라.
看經次序 金剛經, 楞嚴經, 起信論, 圓覺經, 華嚴經, 傳燈錄, 拈頌
此等經을 次序로 看 然後에사 敎理方圓하니라.[15]

여기서 용성은 불교의 대의를 천명하였다. 즉, 마음이 곧 각覺이며
불佛이라고 설명하였던 것이다. 각覺과 불佛이 마음의 작용이라는
용성의 가르침은 이후 포교할 때에도 지속적으로 사용한 언어였다.
지금부터는 용성이 번역한 경전에 대하여 살펴보고자 한다. 「금강마하
반야바라밀경전부대의륜관金剛摩訶般若波羅密經全部大義綸貫」의 '논
금사조論今思潮'에서는 당시의 시대상황에 대하여 논하고 있다.

余不得已하야 조선글로 譯金剛又註解하며 又以鮮漢文으로 譯金
剛楞嚴圓覺이러니 又恐後人之難解일가하야 削除前譯하고 更以
詳譯註解科目하노라. 然이나 經之譯難은 猶可且置어니와 印費實

---

15 白相奎, 『팔상록』(京城: 三藏譯會, 龍城全集9, p.503).

無를 奈何奈何오. 以故로 余譯金剛楞嚴圓覺而擱筆하노라. 覺紀
二千九百五十年 癸亥 三月 八日 三藏譯會 龍城 白相奎 識[16]

이상의 내용에서 용성이 중생을 자비스럽게 대한 편린이 나온다. 여기서 용성이 조선글과 한문으로 상세한 주석과 더불어 과목을 덧붙인 이유를 간파할 수 있다. 이는 용성이 지리산에서 수행하고 있을 무렵, 당시 대중들이 용성에게 불교경전을 대중화하는 데 전력해 달라고 한 요청을 용성이 인식하였음이 파악된다. 그래서 간난을 이겨내면서, 용성은 불교경전을 번역하여 출판하였던 것이다. 여기에서 용성의 1910년 이전의 고뇌가 1920년대 초반부터 지성적, 실천적 행보로 나아가고 있음을 파악할 수 있다.

4) 용성의 『각해일륜』 간행

용성은 범어사에 특별한 관심을 보였다. 이것은 범어사가 선을 수행하는 선종사찰로서 그 명성이 전국에 알려졌던 것에서 기인했을 것이다.[17] 한편 경허의 선풍이 확산되어 선을 수행하는 사찰이 늘어남에 따라 선원들마다 선 이론에 해박한 선사들을 조실로 추대하려는 경쟁을 벌였을 것으로 보인다. 선 이론에 대한 이해의 필요성과 선불교의 중흥을 위한 방법이라고 보았기 때문이다. 필자는 용성과 범어사 주지 오성월의 교감이 있어서 『각해일륜覺海日輪』이 간행, 유포된

---

16 白相奎, 『金剛摩訶若波羅密經全部大義論貫』(京城: 三藏譯會, 龍城全集5, p.12).
17 김광식, 「범어사의 사격과 선찰대본산」, 『한국현대선의 지성사 탐구』, 도피안사, 2010.

것으로 보고자 한다. 『각해일륜』에는 불교의 진리관이 나온다.

> 대각 세존께서 말씀하시기를 가히 돌려보낼 수 없는 모든 것은
> 본래의 네가 나니거니와 가히 돌려보낼 수 없는 것은 이것이 본래의
> 네가 아니고 무엇이겠느냐 하시며, 또 말씀하시기를 손을 들어
> 보인 곳에서 바로 본래 밝은 근원 진리를 몰록 깨달을 것이거늘
> 너는 어찌하여 스스로 어리석느냐.[18]

그런데 용성은 선수행을 실천하려면 교단의 안정이 필요함을 인식하
였다. 문제는 당시 교단은 조선총독부의 지시를 받아야만 일체 활동을
할 수 있다는 것에 있었다. 용성은 그러한 것을 극복하기 위하여
『각해일륜』이라는 저서를 발간하지 않았을까 한다. 『각해일륜』에서
대각운동에 대한 다음과 같은 이론적 모색을 찾을 수 있다.

> 내가 일찍이 이 성전을 보고 확연히 자신하여 확연명백하니 道의
> 큰 근원이 覺에서 나옴이로다. 각이라 함은 무엇인가 本覺과 始覺,
> 究竟覺이 원만하여 둘이 아님을 이르는 것이며 하는가라 함은
> 무엇인가 바다와 같이 넓고 융화하여 막힘이 없어 그 깊이와 넓이를
> 측량할 수 없음을 이르는 것이며 일륜이라 함은 무엇인가 미묘한
> 지혜가 뚜렷하게 밝아 비치지 않는 바가 없음을 이르는 것이니
> 종교와 도덕과 진리와 철학과 과학 등을 갖추지 아니한 바가 없음으
> 로 각해일륜이라 하는 것이로다.[19]

---

18 龍城, 『覺海日輪』(京城: 大覺會, 龍城全集7, p.855).

여기에서 『각해일륜』이 『기신론』의 깨달음을 근간으로 종교, 도덕, 진리, 철학, 과학까지도 함유시켜 대각운동으로 귀결하고 있음을 알 수 있다. 또한 용성이 선수행을 통해 깨달음에 대한 정의를 내리고 있음도 파악된다. 그런데 용성은 1910년대 전반기에 조선임제종중앙 포교당을 조선선종중앙포교당으로 이름을 바꾸어 선불교를 선양하고 수행의 목적을 달성하기 위한 선수행 도량으로 삼았던 경험이 있었다. 즉 용성의 대각운동은 우연히 나온 것이 아니라는 점이다. 특히 『각해 일륜』에서는 용성이 대각교라고 명명한 이유를 찾을 수 있고, 그 이론적 성격을 짐작할 수 있다.

대각교라고 명명하게 된 이유에 대해서는 우리교의 원조 성호가
본시 大覺能仁寂默覺(석가모니불을 번역하면 大覺能仁寂默覺이오)이
므로 대각교라고 하였음을 분명히 하고 있다. 이는 바로 대각교가
불교 이외의 다른 종교가 아니라 불교임을 밝히고 있다.[20]

여기에서 대각운동이 바로 석가세존의 가르침을 포교하는 것임을 적시하고 있다. 그런데 용성은 1910년대 초반 만해와 함께 선종 포교당 에서 경성의 불자들에게 문서포교를 시작한 이력이 있었다. 문서 포교는 문자로 불교를 전하는 대중 포교 방법이었다. 이제 그는 1920년 대 중반, 경성의 한복판에서 문서포교 활동을 통해 또 새로운 포교 방법을 시도하려고 했던 것이다. 그 중심적인 방략은 수행자들의

---

19 龍城, 「각해일륜의 머리말」(京城: 대각회, 龍城全集7, pp.856-857).

20 白相奎, 『覺海日輪』(卷一)(京城: 大覺教堂, 龍城全集6, p.16).

각성이었다.

> 부디 공부하는 道人들은 보는 대로 듣는 대로 모든 경계를 따라가면
> 서 이것이 무엇인가 하지 말며, 또 소소영령한 놈이 무엇인가
> 하지 말며, 또 생각으로 생각이 일어나는 곳을 들여다보지도 말며,
> 또 話頭할 때에 잘 되고 못 되는 데 대해 利害를 취하지도 말며,
> 또 고요하고 안락함을 취하지 말라. 또 공부하다가 마음이 텅
> 빈 것을 보고 見性하였다고 하지 말라. 이 물건은 모든 覺의 말로도
> 미치지 못하고 모든 八萬經典에도 그려내지 못하였다. '이 물건이
> 무슨 물건인가?' 이와 같이 의심할지어다.[21]

이는 바로 간화선의 정수를 밝히고 있는 것이다. 용성은 그의 저서
『각해일륜』에서 화두에 대한 그의 생각을 명료하게 밝혔다. 화두에
대하여 밝히고 있는 것은 자비심의 발로였다. 그는 선을 수행하고
있는 승려들과 신도들에게도 화두에 대한 가르침을 줌으로써 자신이
강구한 보살의 행보를 걸어갔던 것이다. 특히 그는 화두마다 본 의심이
있다는 말을 하였는데, 이는 선수행을 할 때에는 일심으로 화두를
관해야 한다는 지침이었다. 『각해일륜』에서는 '시심마'라는 화두를
설명하기도 했다.

> 是甚麼란 一物의 所以然을 알지 못하여 의심하는 것인데, 이 물건
> 은 천지 허공과 만물을 온통 집어삼키고 있는 물건이니 이것이

---

21 白相奎, 『釋迦史』(京城: 大覺敎中央本部, 龍城全集7, p.861).

무슨 물건인고? 이 물건은 있는 것으로도 알 수 없고, 없는 것으로도
알 수 없으며, 없고 있는 것도 아니고, 참으로 없는 물건도 아니며,
一物이 아니라고 할 것도 아니다. 다만 一物이라고 할 것도 아니며,
一切思議로 알 것도 아니고, 일체 無思議로 알 것도 아니니 이것이
무엇인고? 이와 같이 다만 의심할 뿐이다.[22]

그는 화두를 탐구하는 데 있어서 '일물一物'에 대한 의심을 해야
한다는 말을 적시하였다. 또한 화두를 탐구하는 데는 '병病'이 있다고
하였다. 병을 치유하지 않고서는 화두를 탐구한다고 해도 그것은
오히려 병이 된다는 것을 밝혔다.

근일에 견성한 도인이 많다고는 하니 실지상으로 보면 참으로
없다 하여도 과언이 아니로다. 일시에 작은 명리를 탐하여 그렇게
하다가 무량겁에 허물이 될 것이로다. 또 하나도 도를 실답게
참구하여 실답게 깨닫는 것이 옳거늘 눈치와 말로 알려고 하니
참으로 어리석도다.[23]

용성은 이처럼 명리名利를 버리는 것이 참다운 도인이라고 하였다.
그러면서 용성은 『각해일륜』에서 대각大覺을 이야기하면서 자각自覺
과 각타覺他를 설명하였다. 자신의 근본적 심성心性을 깨우치는 자각과
다른 사람을 깨우치게 하는 각타가 별개의 것이 아님을 밝힌 것이다.

---

22 白相奎, 『釋迦史』(전게서, pp.875-876).

23 白相奎, 『釋迦史』(전게서, p.889).

용성이 출판사에 대하여 애착을 가진 것은 자신이 번역한 불교경전을 출판하려는 강한 의욕에서 나온 것이다. 그러나 그것은 바로 자신의 역할, 즉 문서포교와 불교실천의 역할을 수행하려는 소신, 철학에서 나온 것이었다.

2. 용성의 불교 대중화 실천운동

1) 선학원 건립과 선수행 결사

용성은 감옥에서 출옥한 이후 선학원 건립 운동에 참여하였다. 선학원 禪學院[24] 건립은 조선불교의 자존심을 회복하기 위한 불사였다. 경성에서 선 문화를 중심에 두고 정진하는 선 중심의 포교당 건립은 조선총독부의 허가를 얻지 않아도 된다는 것에 착안한 선각적인 승려들에 의하여 선학원 건립은 추진되었다.

> 1921년 안국동에 조선불교선학원본부가 창건되었다. 두개의 큰 방이 딸린 법당과 요사등 2동의 큰 건물로 된 선학원은 왕궁의 상국을 중심으로 한 신도들의 시금과 범어사에서 사동에 마련해 주었던 교당을 판 돈에서 다시 현금 선원을 더 기부해준 자금으로 이루어졌다.[25]

---

24 정광호, 「일본 침략시기 불교계의 민족의식」(『윤병석교수 화갑논총』, 1990) 참조. 김광식, 「일제하 선학원의 운영과 성격」, 『한국근대불교사연구』(민족사, 1996) 참조.

25 민도광, 『한국불교승단정화사』(정화사편찬위원회, 1980), p.18.

그런데 1921년은 조선총독부에서 3·1운동 이후 민심을 수습하기 위한 유화책으로 이른바 문화정책을 펼치고 있던 시기였다. 때문에 조선총독부가 불교계에 일어나는 여러 가지 문화운동에 대해서도 묵인하는 분위기가 선학원 건립을 가능케 했던 측면도 있었다. 하여간에 선학원의 건립 목적은 조선총독부의 간섭에서 벗어나 사찰령에 예속되지 않는 자주적인 선불교禪佛教 기구를 만드는 데 있었다.

1921년 5월 15일에 釋王寺 경성 포교당에서는 선학원 건립 자금을 모금하기 위하여 菩薩戒를 가졌으며, 金南泉스님이 2,000원, 康道峰스님이 1,500원, 金石頭스님이 2,000원을 희사하고, 吳惺月스님은 1912년 5월 26일에 범어사와 통도사 등이 연합하여 개원한 京城府 寺洞 28統 6戶에 있던 大寺洞 朝鮮臨濟宗中央布教堂을 처분하여 건립자금으로 지원하기로 합의하였다고 한다.[26]

선학원은 조선임제종 선종포교당이 여러 사정으로 역할이 중단된 이후 그를 계승, 재건하기 위해 경성 중심부에 건립한 선 중심의 포교당이다. 용성은 조선불교선교양종의 예속에서 벗어나 독자적인 수좌승들이 선을 실천할 수 있는 거점, 불교의 전통성을 전승할 수 있는 불교의 기구가 필요하다고 보았을 것이다. 임제종이라는 종파를 계승하고 선을 중흥시킬 수 있는 토대를 마련하려는 의지가 선학원 설립에 투영되었을 것이다. 그러한 목적을 실현하기 위한 선학원의 공사가 1921년 가을 무렵 본격적으로 시작되었다.[27]

---

26 「禪學院創設緣起錄」, 『근현대불교자료전집』 권68, p.89.

朝鮮佛教禪學院 本部 創建 上樑文

六緯의 唱은 支那 宋 元時代로부터 始作됨이요 自古로 有한 法은
아닌 則 足히 取할바가 無하도다. 大抵 正法千年과 像法 千年이
旣是 過去하고 季法 萬年中에서도 亦是 9백48년이나 되었으니
世道와 人心이 漸次 複雜함으로 教理의 通學과 宗旨의 宣傳이
實로 極難한 中에 各種의 教가 朝發而幕作하야 箇箇 自善自是로
閑揚하니 邪正의 根과 眞魔의 端이 無異於烏之嵯雄이로다── 禪
學院을 創設하기로 하나 ──辛酉10월 4일 卯時에 立柱上樑하니
大願을 成就한 然後에는 教理研究하며 正法을 說示하야 佛法大海
를 十方世界에 永遠流通하기로 하노라.

世尊應化 2천9백48년 신유 10월 4일

大衆秩. 白龍城 吳惺月 宋滿空 康道峰 金石頭 韓雲濟 金南泉 李景
悦 朴普善 白俊燁 朴敦法 檀越秩. 光明眼 光明相 光明空 大覺心
如來性 萬德心 其他. 片手 金萬濟 木工 金聖吉 石工 王春實[28]

위의 선학원 상량문에 나온 명단에 용성의 법명이 선두에 나오는
것을 볼 때, 용성의 역할이 적지 않았음을 가늠할 수 있다. 그리고
거기에는 용성과 친연한 범어사의 협력이 있었던 것을 추정할 수도
있다. 「선학원창설연기록禪學院創設緣起錄」에서 참여했던 불교계 인
사들이 모금운동을 하였던 것도 볼 수 있다.

---

27 민도광, 『한국불교승단정화사』(정화사편찬위원회, 1980) p.19.

28 선학원, 「재단법인 선학원 약사」, 1986.

京城 都市內에 正法禪理를 布教하기 위하여 金南泉, 康道峰, 金石
頭 三和尙이 협의하여 發起. 左와 如히 自願金을 收合하여 辛酉年
八月 十日에 工事를 시작하여 年 十一月 三十日에 竣工 入宅
야.----
一. 京城 仁寺洞 梵魚寺 布教堂 破屋材木은 現禪學院事務所 建築
에 混用이요. 그 垈地는 梵魚寺에서 賣云也
一. 禪學院 家屋名義及垈地名義는 金南泉 康道峰 金石頭 三和尙
의 名義로 하였다가 稅金關係로 梵魚寺名義 借用也(吳梨山 住持
時)[29]

선학원 건립을 실무적으로 추동한 이들은 김남천, 강도봉, 김석두
등이었다. 그리고 선학원을 건립하는 데 범어사의 역할이 지대하였다.
선찰대본산인 범어사였기에 자연히 선을 실천하기 위한 대중화 운동에
적극적으로 개입하였을 것이다. 그리고 범어사의 의지가 오성월과
용성을 통해 개입되었을 것이다. 범어사는 임제종과 초창기부터 깊은
관련을 맺었다. 임제종 종무원이 범어사에 있었던 것이다. 임제종의
운영을 주관하였던 경험을 살려 범어사는 주체적으로 선학원 건립운동
을 선도했던 것이다.

범어사를 비롯한 다수의 사찰이 1910년대 초, 경성에 조선임제종중
앙포교당을 건립하고 정상적인 운영을 하려고 온 힘을 쏟았으나 조선
총독부에 의해 저지되었던 아픈 역사가 있었다. 그러나 오성월은[30]

29 「禪學院創設緣起錄」, 『근현대불교자료전집』 권68, p.89.
30 김광식, 「오성월의 삶에 투영된 선과 민족의식」, 『불교와 국가』, 국학자료원,

포기하지 않고 다음 시도를 하였는데, 이것이 바로 선학원 건립이었다. 경성에 범어사의 후원으로 선학원을 건립하기 이전에 석왕사釋王寺 포교당인 법륜사가 먼저 건립되었다. 범어사와 석왕사가 어떠한 관련이 있었는지는 모르지만, 석왕사 포교당에서[31] 선학원을 건립하는 자금을 마련하기 위한 보살계 계단을 마련했고, 그 자금이 선학원 건립 재원에 투입되었다.

용성이 선학원 건립에 참여한 것은 선학원 상량문의 대중명단 서열 기록을 보면 알 수 있다. 이를 통해서 선학원 건립 초기에 용성이 참여하였다는 것을 알 수 있고, 선학원의 건립운동은 범어사를 중심으로[32] 이루어진 것을 알 수 있다. 범어사는 부산 불교권에 매이지 않고 경성의 시민들과 함께하려는 시대적 변화를 보여 주었는데, 이는 새로운 선을 전개하려고 한 포교운동이기도 하였다. 1921년 11월 30일 마침내 선학원이 준공되었다.

1921년 8월 10일 기공 4개월 뒤인 11월 30일 모두 준공이 되었다.[33]

범어사 주지인 오성월은 선을 선양하여 범어사는 물론 산내 암자에까지 선원을 개설하여 선종사찰로서의 면모를 갖추게 한 주역이었다.

2013.

31 지금의 법륜사이다.

32 그러나 수덕사 만공, 석왕사 포교당 포교사 등의 참여, 후원을 고려해야 한다.

33 정광호, 『근대한일불교관계사연구 -일제의 식민지정책과 관련하여』, 경희대 박사학위논문, 1989, p.98.

용성은 선학원 건립에는 참여하였지만 자신이 이끈 대각운동에 나서는 연고로 1920년대 중후반에는 선학원 활동에 깊게 참여하지는 못하였다. 용성은 역경 등 대각운동에 전심전력하였던 것이다. 아래의 기록은 용성의 단호한 결심을 보여준다.

포교 전도사는 掉頭吾不知로다. 惟願僉知識은 容我放自在하소서. 有頭無尾漢은 不知掛齒頭이니다. 惟我決心事는 從此不出脚이로다. 只有譯經外에 默默靑山이로다. 我心已決定이라 毫末無入處로다. 有願僉和尙은 容我一棄物하소서.[34]

그러나 1930년대 초반부터는 인연을 이어 갔다. 예컨대, 『선원禪苑』 창간호(1931)의 '선학원에서 동안거 결제 수행을 하였다'는 기록에 용성의 법명이 전한다. 즉, 「선학원禪學院 일기요초日記要抄」에 적시된 선학원 방함록에 조실이 백용성으로 나온다.

11월 24일(10월 15일) 地藏祈禱가 回向되고 冬期 結制 佛供을 兼行하고 午後 七時에 首座로부터 次例法門이 有하다. 結制大衆 旁御錄 籌室 白龍城 立繩 金石下 禪德 申法海 說敎 金大隱 持殿 金宗協 秉法 尹貫霞 獻食 全德眞 知客 尹大吼[35]

이는 선학원이 재건, 재출발한 1930년 초반의 결제 대중을 수록한

---

34 東山慧日 撰集, 『龍城禪師語錄』 卷下(京城: 三藏譯會, 龍城全集1, pp.555-556).
35 『禪苑』 創刊號 참조.

방함록에 백용성이 나오는 것인데, 이 무렵은 용성이 일정한 참여를
한 것이다. 이것은 선학원 안거 수행 대중이 백용성을 의지하여 수행하
였다는 것을 의미한다. 따라서 용성이 선학원의 정신적 지주로서
위치하고 있었다는 것을 짐작할 수 있다.

한편, 선학원을 창건한 수좌들은 선학원을 관리할 수 있는 조직체인
선우공제회禪友共濟會를 1922년 초반에 설립하였다. 선우공제회를
설립한 것은 수좌들의 경제적인 자립을 자율적으로 도모하기 위해서였
다. 선학원이 창건된 뒤 용성은 자신을 선학원 운영의 핵심 주역으로
추대하려는 움직임에 대해서는 정중히 거절하였다. 용성은 선학원의
화상들에게 다음과 같은 의지를 피력했다.

나 용성의 마음은 이미 결정된 것이니 털끝 하나 들어갈 곳이
없습니다. 오직 바라건대 모든 和尙께서는 나 용성을 버린 물건처
럼 여기어서 생각에 두지 마시기 바랍니다.[36]

용성으로서는 조선총독부와 사이가 좋지 않은 자신이 선학원 운영의
주역 자리를 맡았을 때 시시비비가 거칠게 일어날 것을 충분히 예상할
수 있었다. 선학원을 후원하는 데에 본사 9개가 참여한 것은 조선총독
부의 개입을 초래하는 명분으로 작용할 수 있었다. 장래에 일어날지
모르는 분란을 꺼려 선우공제회의 주역 소임을 받아들일 수 없었다.

---

36 東山慧日 撰集, 『龍城禪師語錄』 卷下(京城: 三藏譯會, 龍城全集1, pp. 1-555-556).
惟我決心事는 從此不出脚이로다. 只有譯經外에 默默靑山이로다. 我心已決定이
라 毫末無入處로다. 有願僉和尙은 容我一棄物하소서.

물론 용성이 선우공제회 주체적 소임 자리를 수락하여 선학원의 발전에 헌신하는 것도 의미 있는 일이지만, 용성에게는 대각교大覺敎 운동이 급선무였고, 이는 그의 소신적 행보였다.

2) 대각교 창립과 대중선 운동

용성이 대각교를 창립한 시기는 삼장역회를 설립한 직후로 보여진다. 특히 감옥에 있는 동안에 제자들이 대각사를 팔아버렸기에, 출옥 후 새로 사들인 가옥에서 1922년 초부터 본격적으로 역경을 하였다는 것을 보면 대각교의 창립은 그 무렵의 시기로 보아야 한다. 1922년 5월, 용성은 조선불교의 정체성을 정비하고, 동시에 대중들의 삶의 이익을 선양하는 대중불교[37] 운동을 실천하고자 대각교를 창립하였다. 대각교 창립에 대해서 한보광은 다음과 같이 정리하였다.

> 대각교 운동의 목표는 중생 곧 민중 개개인이 지니고 있는 大圓覺性을 깨우쳐 영원한 해탈인, 대자유인, 완전히 독립된 인간 즉 '大覺人'되게 하는 것이다.[38]

그런데 대각교 운동은 조선불교계에 근원적인 변화를 주기 위한 용성의 서원이기도 했다. 그런 의미에서 대각교를 창립한 뜻은 대각교의 지취旨趣에 잘 나와 있다.

---

37 「만일참선결사화창립기」에서 용성은 선종포교당을 도회지에 설치하는 것은 天下大衆의 公益을 得케 하는 목적이었다고 서술하였다.

38 韓普光, 『龍城禪師研究』(감로당, 1981), p.51.

大覺聖尊이 得法後에 於人天百萬億大中에 說祖師心印하시니 無
有一人도 知大覺心印者로되 唯有迦葉이 能知하사 微笑하시니 多
子塔前에 分半座하시고 靈山會上에 擧拈花하시고 娑羅雙樹間에
槨示雙趺하시니 祖師心印을 徹低悟得也니 是爲大覺敎之緣源이
니라.[39]

용성이 자문자답하면서 마치 제자와 대화를 나누는 형식으로 그
취지를 말하고 있다. 여기에서 용성은 부처님을 대각으로 호칭하면서
기존 불교의 혁신을 강력히 주장하였다. 용성이 대각교를 창립한
것은 주불 석가모니불의 사상을 실천하자는 운동이었던 것이다. 즉
대각교의 창립은 대중선大衆禪 운동의 시작을 세상에 알리는 의미를
지녔다. 여기에서 나온 각覺은 바로 불타를 지칭하거니와, 때문에
불타의 가르침을 전하는 운동을 대각교大覺敎라고 일컬었던 것이다.
『청공원일晴空圓日』의 자서自序에 의하면, 용성은 대각교에 심혈을
기울였다.

覺曰 諸法眞實相은 不可以 言宣이로다 是法이 住法位하야 世間相
이 常主하시니 誠哉라 是言也시여 能使人으로 翻然心肝하야 煥然
明白者也로다 … 중략 … 大覺敎創立 12年 癸酉 3月 13日[40]

용성이 대각교를 창립한 것은 조선총독부에 의해 구축된 조선불교선

---

39 白相奎, 『대각교지취; 大覺敎旨趣』(京城: 三藏譯會, 龍城全集1 p.67).
40 白相奎, 『晴空圓日上』(京城: 大覺敎中央本部, 龍城全集8, p.637).

158

교양종 체제의 참여를 거부한다는 의미를 담고 있었다. 조선 근대화는 일본의 침략정책과 함께 진행되었는데, 이에 대한 현명한 대처가 이루어지지 못한 탓에 조선은 일본의 식민지가 되고 말았다. 이런 흐름에 강력 저항하면서, 불교실천의 새로운 길을 모색한 것이 대각교 운동이었다. 이에 대해서 한보광은 다음과 같이 설명하고 있다.

지금까지는 기성의 교단을 변화시키려고 노력하였다. 그러나 왜색화 되어가고 전통성을 상실한 교단으로서는 변화가 불가능함을 깨달은 것 같다. 그래서 착안한 것이 大覺敎運動이다. 그는 조선시대에 천시받고 억압받던 불교의 변화를 모색하여 새로운 이미지의 불교운동을 전개하려고 하였다. 그러기 위해서는 명칭부터 바꾸어야 한다고 생각하였다. 그러나 불교의 근본사상에서 벗어난 것이 아니라 뿌리는 전통불교에 두면서 새로운 불교운동의 전개를 모색한 것이 大覺敎運動이다. 大覺이란 바로 부처님을 뜻하므로 佛卽大覺이라고 하여 불교를 대각교라고 하였다.[41]

한보광의 글을 보면, 조선불교는 시대의 변화에 대응하여 개혁적인 모습을 전혀 보여 주지 못함으로써 비판의 대상이 되었지만 용성은 대각운동을 통해 그러한 문제를 극복하려 했음을 알 수 있다. 하여튼 경성의 중앙에 대중을 위한 거점으로서의 교당을 발족시킨 것은 용성 대각운동의 본질이었다.

41 한보광, 「용성스님의 중반기의 생애 - 대중교화기를 중심으로」, 『대각사상』 2집, 1999, p.43.

이런 대각교 운동의 핵심적인 것은 출판 사업이었다. 출판 운동은 저절로 대각운동의 기반이 될 수 있기 때문이다. 그러면 대각교의 창립은 언제로 보아야 하는가. 『금비라동자위덕경』을 발간한 초간본에 '京城府 鳳翼洞 2番地 大覺敎會'라고 기록하고 있는 것을 보면 1922년 4월 초파일 경에 대각교를 창립한 것을 알 수 있다. 용성은 『금비라동자위덕경』에서 다음과 같이 자신의 소신을 밝혔다.

우리 대각석가 세존의 도를 믿는 사람들을 위하여 이 경을 번역하노니 이 법은 비밀이 하고 외인에게는 전하지 말 것이니라. 모든 진리를 말하는 데는 모든 중생을 평등이 교화할 것이나 이 법은 비밀이 전수할 것이니.[42]

위의 내용을 유의해서 살펴보면, 대각교 운동은 기존의 불교교단이 전근대적인 성격에 머물러 있는 현실을 극복하고 근대적 종교로서의 불교를 확립하기 위한 것임을 파악할 수 있다. 즉 용성은 조선불교의 정체성을 재정비하고, 불교에 대한 변화와 관련하여 불교계가 추구하여야 할 본래 모습, 당위, 노선을 회복하고자 했다. 그런데 대각교의 근간을 이루는 것이 대중선 운동이다. 대중선 운동은 시대적 모순 상황의 타파와 대중들의 구제를 바라는 간절한 소망을 담고 있다. 대각사상을 통해 중생을 구하려는 의지가 있음을 말하는 것이다.

---

42 白相奎, 『금비라동자위덕경』(京城: 大覺敎會, 龍城全集9, p.242).

본성이 곧 대각에 원조이니라. 허공과 천지 만물이 이러나매,
그 본연성품은 천 지 인 삼자에 주재되고 만법에 왕이 되는 도다.
천지보다 먼저 있어 그 처음이 없고 천지 뒤에 있어 마침이 없나니
이 무형한 본연성품은 형상이 없는 각에 원조로다.[43]

용성은 대각이 본성의 근원이라고 보았다. 즉 용성은 대각교를
주창하면서 선을 수행의 근본으로 삼고 대중선을 중심에 두었던 것이
다. 대중선이란 선을 대중화한다는 의미이기도 하다. 당시 조선불교계
의 사찰·승려 중심의 모순을 벗어나게 하는 운동이었던 것이다. 여기
에서 용성은 당시의 시대적 환경을 직시하고 있으며, 선수행의 역할을
실천하려는 의지가 강력하였음을 알 수 있다.

대각교는 백용성이 조선의 근대화 과정에서 기독교와 사회주의의
불교 비판에 직면하여 조선 불교와 단절하고, 새롭게 발견한 전통
사상으로서 근대적 산물로서 성립했다고 할 수 있다.[44]

따라서 대각교는 절대자에 대한 신앙을 통해 내세의 구원을 얻으려
는 종교적 측면보다 자기의 본성을 깨달아 절대적 자유를 얻고〔自覺〕,
나아가 모든 중생의 구제를 지향하는〔覺他〕 사회운동적·실천적 성격
을 강하게 지니고 있는 종교였다고 말할 수 있다. 이에 대한 것은

43 白相奎, 『팔상록』(京城: 三藏譯會, 龍城全集9, p.730).
44 김정희, 「백용성의 대각교의 근대성에 대한 소고 -마음〔覺〕을 중심으로」, 『불교학
연구』 17호, 2007, p.191.

김정희가 다음과 같이 지적한 것에서도 나타난다.

> 백용성이 추구한 불교개혁운동은 곧 대각교로 전환하여 지칭할
> 수 있는 것이었다. 즉 그의 불교개혁운동 자체는 대각교의 창립,
> 구현, 발전의 다름이 아니었다. 그런데 그가 기존 불교의 이름을
> 활용치 않고 이처럼 '대각교'라는 것을 새롭게 내세운 것은 불교
> 자체를 부정하거나 비판한 것에서 나온 것은 아니었다. 그는 오히
> 려 불교를 발전시키되 '舊穀'을 벗어나려는 의식에서 출발한 것이
> 다. 이에 기존 불교의 명칭, 제도, 의식을 고치려는 것은 당시
> 불교 및 승려를 부정적으로 오해한 사회적인 인식을 수정시키려는
> 의도도 포함된 것이었다.[45]

말하자면, 기존의 불교를 관념적이라고 본다면 대각교는 현실의
고통과 함께하려는 불교라고 볼 수 있다. 물론 대각교 운동은 경성
봉익동에 대각사 개설 및 운영을 기반으로 해서 출발하였다. 용성이
선학원의 책임자 소임을 사양하고 대각교 운동을 시도한 것은 깨달음
에 대한 이론을 제기하기 위함이라고 할 수 있다. 기존의 불교계가
지향하고 있는 일본불교의 수행법과 일본불교의 교단 운영을 보면서
용성은 더욱 대각교 운동을 새롭게 시도하였을 것이다.
한편 삼장역회는 1922년 9월 8일에 『팔상록』을 간행하였는데, 여기
에서부터 대각이라는 단어가 본격적으로 사용되고 있음을 주목해야
한다. 그리고 당시 삼장역회의 주소가 봉익동 2번지로 기재되고 있었는

---

45 위의 김정희 논고.

데,[46] 이는 대각교당, 대각운동, 삼장역회가 동질적인 구도, 조직체 안에서 전개되었음을 말해주는 것이다.

어쨌든, 불교경전 번역은 불교실천운동을 전개해 나가는 방편에서도 아주 중요한 부분을 차지했다. 불교경전 번역과 포교 활동, 대각운동의 전개는 한 가닥 실에 꿰어진 구슬들이나 마찬가지였다. 기존의 명칭, 제도, 의식 등을 개혁하는 것이 바로 대각운동이며 용성의 실천불교운동이었다.

3) 용성의 잡지 창간과 출판

용성은 경전의 번역 사업에 이어 다시 문서에 의한 불교포교를 시작하였다. 1924년 회갑을 맞은 용성은 『불일佛日』이라는 불교 잡지의 창간에 주체적으로 참여하고 박한영과 함께 편집 동인으로 개입하였다. 여기에서 박한영과 교류를 하였다는 것은 시사하는 바가 크다. 박한영은 학승으로 문장에 능하였는데, 이런 박한영과 같이 불교 잡지를 창간한 것은 문서를 통해 대중에게 다가가려는 의지로 보아야 한다. 용성은 이 잡지 창간호에 「선화누설禪話漏泄」을 발표하였는데, 이는 선을 중심으로 포교운동을 전개하려는 의지가 구현되었음을 가늠하게 하는 단서이다. 용성은 선의禪意에 대하여 다음과 같이 논설하였던 것이다. 용성이 당시의 선풍에 대한 관심이 많았음을 알 수 있는 대목이다.

---

46 白相奎, 『팔상록』(京城: 三藏譯會, 龍城全集9, p.887).

禪이 엇지 意리요 但借用而己여 禪이 엇지 意가 아니라요 但借用而
己니라 超脫不思議法界摠持因 陀羅網門하면 小分이아 相應할까
鳥가 虛空에 飛함에 跡할 可尋할 수 없고 羚羊이 角을 掛함에
脫跡이 了沒함과 如하도다.[47]

이 같이 용성은 선의禪意에 대하여 소상하게 설명하였다. 선禪과
교教를 중심으로 하는 『불일佛日』의 창간에서 용성이 경전 번역(教)뿐
만 아니라 대중에게 선을 선전하려는 의지도 강력하였음을 엿볼 수
있다. 『불일』에는 학승 박한영뿐만 아니라 9개 본사가 동조했는데,
후원금을 낸 사찰은 용주사, 봉은사, 석왕사, 동화사, 백양사, 법주사,
유점사 등이다. 용성과 박한영이 함께 창간한 『불일』은 2호만을 발간
하고 종간終刊되었는데 그 이유는 알 수 없다. 그 당시 중앙교단이
교무원, 총무원으로 대립하였던 내부의 사정이 작용한 것이 아닌가
한다.

용성은 『불일』의 창간에 관여하면서 문서포교를 하는 데 잡지가
아주 긴요한 역할을 할 수 있다는 것을 알았다. 지성인들에게 불교를
포교하는 수단으로 불교 잡지가 유효한 대안이 될 수 있다는 것을
인식하였기에 불교 잡지를 창간하였다고 보아야 한다. 용성은 그
이후 「반야심경」에 대한 역해, 인연과 선에 대한 글을 발표하였다.
그 개요를 제시하면 다음과 같다.

---

47 東山慧日 撰集, 『龍城禪師語錄』 卷上(京城: 三藏譯會, 龍城全集1, p.472).

164

『불일』제 1호에 마하반야바라밀다심경 역해를 발표하였다. 반야
심경에 대한 의미를 해석하였지만 종결하고 말았다. 용성은 1924
년 7월부터 12월 불교지에 연재하였다. 『佛敎』지에 5호와 6호에서
는 「인연관」을 2차에 게재하고 또 6호에서는 「禪話漏說」도 함께
싣고 있다.[48]

한편 용성이 『불교』지에 「선화누설」과 「인연관」을 게재한 것은
극히 이례적인 일이었다. 그때까지 선승이 글을 발표한다는 것은
아주 드문 일이었다. 당시 불교계의 잡지가 희소한 현실에서 나온
『불교』[49]는 조선불교선교양종 중앙교무원에서 발행하였다. 그런 대표
성을 갖고 있는 『불교』지에 용성이 불교 교리에 대한 글을 실었던
것이다. 용성이 『불교』에 6회에 걸쳐 연재한 「선화누설」은 선에 대한
논설이다. 「선화누설」은 선을 대중들에게 널리 알리는 매개체 역할을
하였을 것이다.
　용성은 이 글을 통해 5가 선종禪宗의 역사적인 면을 알려주었다.
이처럼 용성에 이르러 5가 선종의 계통과 전래설이 자세히 알려지게
되었다. 5가 선종의 역사에 대한 연구들은 이전에도 있었지만, 대중적

48 백용성, 「禪話漏說」『佛敎』 창간호(1924. 7), pp.11-12.
　백용성, 「禪話漏說」, 『佛敎』 3호.
　백용성, 『佛敎』 4호, 「禪話漏說」.
　백용성, 『佛敎』 5호, 「因緣觀」.
　백용성, 『佛敎』 6호, 「因緣觀」.
　백용성, 『佛敎』 6호, 「禪話漏說」.
49 김성연, 「일제 강점기 『불교』의 간행과 그 성격」, 『선문화연구』 5집, 2008 참조.

인 잡지를 통해 대중들에게 소개한 인물은 용성이 처음이었다.

僧이 問 趙州호대 承問호니 和尙께서 南泉을 親見하셨다 하오니
是否이닛가.[50]

그런데 용성은 단순히 선종 가풍을 설명, 소개함에 그치지 않고
고승 선사들의 수행 가풍, 일화 등까지 설명하였다. 예컨대 조주趙州
선사와 선승禪僧들이 나눈 대화를 소개하였다는 것은 매우 중요한
의미를 갖는다. 선승들이 주고받은 선문답의 대화에는 깨달음의 경지
가 깔려 있는 것이다. 특히 조주 선사는 대화를 통해 선의 의미를
잘 제시해 주었거니와, 용성은 조주 선사의 어록을 산중의 경전 열람
기간에 깊이 있게 학습하였고 이를 요령있게 정리한 것이다. 용성은
임제 선사를 종주로 설정하기도 했다. 이는 용성이 임제를 통해 종파를
전승하고자 하는 의도에서 나왔을 것이다. 이에 대한 정황은 아래
문장에서 알 수 있다.

臨濟凡見僧에 入門便喝하시다. 大衆은 作麼生會요 有時一喝은
如金剛之寶劍하고 有時一喝은 如象王之威猛하고 一時一喝은 如
探竿影하고 有時一喝은 如空中八達하야 四面上下가 無不圓通은
古人이 已道어니와 今日에 乘當할 者 잇느냐.[51]

---

50 『佛教』 3호, 「禪話漏說」.

51 『佛教』 4호, 「禪話漏說」.

용성은 임제선을 선양하여 선의 정통성을 전승하고, 선의 경계를 실험한 것이다. 용성은 조주나 임제에 의해 행해진 선의 이론을 몸으로 정진하고 실천하여 점검하였던 것이다.

주인공이 問曰 諸法이 무삼을 인하야 잇스며 무삼을 인하야 없는 것이요. 龍城이 즉시 당성냥을 닥 그어 불을 켜고 이것이 무삼을 인하야 잇는가. 또 불 켜진 뒤에 무로되 이것이 무삼을 인하야 업는 것인가. 龍城의 생각과 가타서는 온갖 것이 因緣이로다.[52]

용성은 『불교』지 5호, 6호에 「인연관」이라는 글을 발표하였다. 이는 제목 그대로 인연의 의미와 중요성을 고찰하고, 인연에 대한 내용을 자신의 체험을 통해 설명하는 것이다. 용성은 이 글을 통해 불타와 인연이 없으면 불교를 바르게 실천할 수 없고, 중생을 제도할 수 없다는 것을 강조하였다.

善惡이 雖殊나 輪廻則一也로다. 佛祖의 正法과 世間諸法을 勿論하고 理路와 義路가 有하면 그의 分別하는 全體가 이 生死가 아닌가. 故로 六祖云 佛께서 一切法을 說하심은 一切心을 度키 爲하시니라. 我는 一切心이 無하거니 엇지 一切法을 用하리오 하시니라.[53]

이와 같이 1925년 용성이 『불교』 잡지에 논설을 제기하는 것은

---

52 『佛敎』 5호, 「因緣觀」.
53 『佛敎』 6호, 「因緣觀」.

조선불교의 개혁에 대한 뜻이 담겨 있다고 볼 수 있다. 새로운 불교운동
인 대각운동을 전개하면서 동시에 이처럼 대중선을 홍보한 것은 조선
불교의 개혁을 적극적으로 추진하겠다는 의지의 발로였던 것이다.

> 大抵 宗師 常見은 劍鋒相拄 함께 如하야 兩將이 對戰함과 如하야
> 擊石火閃電光과 相異하거니 엇지 眼看을 容하리오. 昔에 臨濟가
> 普請에 赴하야 鋤地할 次에 黃蘗이 來見함을 見하시고 鋤頭를 拄하
> 고 立하시니 이것은 衡天意氣를 負하며 陷虎機關을 設함이라.[54]

용성은 1925년 『불교』에 「선화누설」을 연재하였는데, 이는 조선불
교계에서 가장 중요하게 여겼던 조사선祖師禪의 정당성을 선전하려는
의지와 무관치 않다. 조사선은 대중선의 보급과 유관하고, 이는 선에
대한 중요성을 설파하는 것과 직결되었다.

> 問曰 세존이 臘月八夜에 見明星悟道라 하시니 悟簡是甚麼오 是常耶
> 아 是斷耶 是理耶 是氣耶 是因緣耶아 是自然耶아 是四諦耶아 是十二
> 緣耶아 是六度耶아 是一佛乘耶아 是最上乘耶아 是格外耶아[55]

용성은 『불교』 잡지에 부처님이 성도成道하실 때의 오도悟道에 대한
논설을 발표하기도 했다. 이는 총 12가지 질문에 대해 대답하는 형식으
로 이루어졌는데, 이러한 표현법은 참으로 참신한 것이었다. 『불교』에

---

54 『佛敎』 7호, 「因緣觀」.

55 『佛敎』 9호, 「因緣觀」.

168

발표한 부처님의 성도에 대한 설명은 특히 불교를 모르는 대중들에게
는 매우 중요한 의미를 담고 있었다.

『불교』지 외에 선학원에서 발행하는『선원』에도 선에 대한 글을
발표하였다.『선원』창간호에「선화누설」을 발표한 것이다.「선화누
설」은 이미 용성의 설법집에 기록되었던 것을 잡지에 연재하기 위해서
요약한 글로 보인다.

> 禪話漏說 拈頌本話題 世尊이 未離 己降王宮하시고 未出母胎하사
> 度人己畢이어삿다.[56]

용성은 선에 대한 강설을 하였는데, 이는 선이 불타의 출현으로부터
태동되었다는 것을 설명하기 위한 것이었다.

> 講說 古云 未離 兜率이시여 一月에 在天이오 己降 王宮이시여
> 影含衆水로다 未出母胎시여 把定乾坤이요 度人己畢이시여 誰不
> 蒙恩고하시니 月體가 毫末도 動치아니하고 千江有水江月이니 眞
> 性體도 亦然하여 一步도 動치아니하고 無盡化用을 起하야 十方法
> 界에 隨緣降誕하사 有緣衆生을 濟度하심이 1月이 在天에 影含衆
> 水와 如함이니[57]

용성이 인연을 강조한 것은, 인연중생을 제도한다는 의미를 담고

---

56 『禪苑』창간호(京城: 禪學院,, 1931. 10) 참조.
57 東山慧日 撰集,『龍城禪師語錄』卷上(京城: 三藏譯會, 龍城全集1, p.476).

있다.

世尊께서 多子塔前에 在하사 爲人天說法이러시니 迦葉이 後到어
날 世尊이 遂分座令坐하시니 大衆이 罔措러라.[58]

용성이 세존과 가섭의 관계에서 선의 의미를 찾고자 한 것은 선에
대한 역사성을 기술하려는 의도와 관계가 있다.

世尊이 在靈山說法하시니 天南因花어늘 世尊이 遂拈花示衆하신
데 迦葉이 微笑어시날 世尊이 云 吾有正法眼藏하야 付囑摩訶架葉
이라하시다.[59]

어쨌든, 용성이 『선원』에 「선화누설」을 발표한 것은 선에 대한
이론을 널리 밝히는 데 그 목적이 있었고 이는 선 포교 운동의 전개에
다름 아니었다. 용성이 삼장역회라는 출판사에서 경전 번역서, 사상
서, 교리서, 불교전적 등을 발간한 근본 목적은 대중 포교라는 큰
원력에서 나온 것이었다. 즉 불교 대중화를 통한 불교혁신, 불교실천운
동이었던 것이다.[60] 그러면서 대중 잡지에도 선과 유관한 논설을 기고
함은 선의 전통성을 회복하고 선의 대중화를 이루려는 큰 뜻에서
기인한다. 용성은 이런 과정을 경험하면서 대중들이 쉽게 접할 수

---

58 『禪苑』 전게서.

59 『禪苑』 전게서.

60 김광식, 「일제하의 역경」, 『대각사상』 5집, 2002 참조.

170

있는 경전의 한글화가 꼭 필요하다고 생각했다. 용성이 삼장역회
출판사에서 발간한 책의 다양한 종류를 보면 알 수 있다. 용성이
관여된 출판물은[61] 다음과 같다.

(1) 저술

(1) 『禪門要旨』

(2) 『歸源正宗』

(3) 『心造萬有論』

(4) 『修心正路』

(5) 『八相錄』

(6) 『鮮漢文譯禪門撮要』

(7) 『大覺敎儀式』

(8) 『大覺敎歌集』

(9) 『極樂路程記』

(10) 『覺海日輪』

(11) 『晴空圓日』

(12) 『修心論』

(13) 『釋迦史』

(14) 『臨終訣』

(15) 『吾道의 眞理』

(16) 『吾道는 覺』

---

61 한보광, 『용성선사연구』(감로당, 1981), pp.70-74의 내용을 참조하여 정리하였음.

(17) 『佛敎唱歌』

(18) 『入敎問答』

(19) 『大覺敎源流』

(20) 『敎理大典』

(21) 『大覺敎兒童敎科書』

(22) 『정토세계 노정기』

(2) 번역 경전 및 논서

(23) 『신역대장경』

(24) 『鮮漢文 新譯大藏經』

(25) 『首楞嚴經鮮漢演義二卷』

(26) 『卍金毗羅經』

(27) 『覺頂心觀音正士摠持經』

(28) 『大方廣圓覺經』

(29) 『詳譯科解金剛經(全)』

(30) 『八陽經』(1928년 1월)

(31) 『조선글 화엄경』(12권)(1928년 3월)

(32) 『朝鮮語楞嚴經』(1928년 3월)

(33) 『六祖壇經』(1930년 3월)

(34) 『大乘起信論』(1930년 9월)

(35) 『灌頂伏魔經』(1930년 10월)

(36) 『覺說梵網經』(上·中·下 合編)

(37) 『鮮漢譯大方廣佛華嚴經』1

(38) 『六字靈感大明王經(全)』(1937년 10월)

(39) 『千手經』(1938년 5월)

(40) 『지장보살본원경』(1939년 4월)

(41) 『金剛三昧經』

(42) 『大字大明王經』

(43) 『川老金剛經』

(44) 『龍城禪師語錄』(1941년 9월, 東山慧日 撰集)

(3) 논술

(45) 「萬日參禪結社會創立記」

(46) 「活句參禪萬日結社發願文」(『龍城禪師語錄』 卷下)

(47) 「犯戒生活에 대한 建白書」(1926년 5월)

(48) 「中央行政에 대한 希望」(『佛敎』 93호, 1932년 2월)

(49) 「辨宗說」(『龍城禪師語錄』)

(50) 「因總督府問朝鮮宗派口辨論」(『龍城禪師語錄』)

(51) 「禪話漏說」 等 다수(『佛敎』 1-9호)

4) 용성의 해인사 대승계단 수계법회

용성은 삼장역회에서 불교 관련 다양한 책을 출판하고, 선을 통하여 대중들을 지도하면서 또 다른 시도를 통해 불교혁신에 나섰다. 다름 아닌 불교 대승계大乘戒의 개설이었다. 이에 대한 내용은 『불교佛敎』 61호의 「팔일불사八日佛事와 설계대회設戒大會」에 전한다. 이에 의하면, 1929년 4월 8일을 기해 해인사에서 대승계를 설하였다. 당시 수계를 받은 사람들이 200여명이라고 나온다. 용성이 대중들을 위한 불교를 포교하는 데 있어서 중요하게 인식한 것은 무엇보다도 승가의 청청성이다. 해인사 수계대회는 이런 배경에서 나왔음이 분명하다.

去 四月 八日을 爲期하야 佛弟子 된 우리로서 이 날을 紀念祝賀한 것은 當然한 일인지라… 設戒和尙은 龍城大禪師를 모시여 大乘戒 와 具足戒를 設하야 受戒大衆이 合 二百餘名에 達하얏섯다. 設戒 和尙의 至極한 法門과 受戒大衆의 至誠스러운 精進은 본 者로 하여금 이로부터 우리 佛敎界의 一大革新이 이러나리라는 期待가 저절로 마음 가운대에 늣기게 하엿다.[62]

1929년 4월 초파일에 해인사가 금강계단을 세워 수계법회를 시행한 것은 이례적인 일이 아닐 수 없었다. 더욱이 청정율사로 명망이 높은 용성을 설계화상으로 초청하여 금강계단을 설치한 것은 의미가 크다. 수계법회의 거행은 1925년 용성이 망월사에서 만일참선결사를 시작하면서 수계산림의 계판을 만든 것의 연장이라는 측면을 고려할 수 있다. 당시 해인사에서는 용성을 초청하여 금강계단을 설치하고 수계법회를 대대적으로 홍보하였다. 여기에서는 우선 1925년 망월사 만일참선결사의 정상화를 위해 만든 수계산림 계첩판戒牒板의 내용을 제시하거니와 그 전문은 다음과 같다.

---

62 一沙門, 「八日 佛事와 設戒大會」, 『佛敎』 61호(1929. 7), p.66.

梵網經心地品金剛戒壇　護戒牒

爾時釋迦佛於大梵天王宮中放大光明詔蓮華藏世界又玄通菩薩
放金剛白雲色光明詔一切世界海是中諸菩薩如雲集會是時釋迦
佛持此廣大世界如持針鋒到蓮華藏世界於百萬億紫金剛光明宮
中見盧舍那佛坐百萬億蓮華赫赫光明座上爾時釋迦佛問成佛正
因妙果盧舍那佛現盧空光體性本源成佛常住法身三昧明示大衆
妙道盧玄本無傳受爲於衆生傳受戒法除煩惱之淸凉嚴法身之瓔
珞歸依如是佛淸淨歸依如是法光明歸依如是僧淸淨光明不造諸
惡不修衆善騰騰任運此上乘者之持戒眞相也恒持十重大戒四十
八輕戒攝心不亂諸惡莫作衆善奉行此劣乘者之持戒眞相也是以
大小乘戒傳授於汝敬心奉持勿今斷絕
羯磨阿闍梨維那
傳戒和尙傳戒師
敎授阿闍梨引禮
世尊應化千百日年月日受戒弟子收執
海東道郡山寺
右面欄外에는　伽倻山人白龍城製
左面欄外에는　葦滄居士吳世昌書[63]

그런데 필자는 용성의 망월사 결사회가 본격화되었던 1925년의

---

63 지관,『한국불교 계율전통』(가산불교문화연구원, 2005), p.190 ; 한보광,「백용성
스님의 해인사 및 고암스님과의 인연」,『대각사상』20집, 2013 참조.

불교계 동향을 유의해야 한다고 본다. 즉 1925년 조선에는 일본인의 사찰과 포교당 등이 대폭적으로 증가하였다. 일본불교의 사찰이 이렇게 증가한 것은 수행의 불교, 생활불교를 전개하여 대중들과 함께하려고 한 것과 무관할 수 없다. 그에 반해 조선불교는 대중들과의 거리를 두고 승가 및 사찰의 독자성만 강조하고 있었다. 그래서 조선불교계로서는 활동의 다변화를 마련해야 할 시기였다. 하지만 당시 조선불교선교양종 본사의 주지들은 그러한 시대의 요구에 부흥하지 못하고 있었다. 특히 일본불교는 조선의 도회지 및 농촌에서 공격적인 포교를 하고 있었다. 그런 산물로 일본불교의 연고처, 사찰 등이 증가한 것이다. 일본불교는 조선에서 적극적인 반면에 조선불교는 대중들을 위한 포교에 관심을 보이지 않고 있음을 대변하는 것이다. 1925년 말 조선에서의 각 종교의 현황은 조선총독부에서 조사한 통계 자료를 보면 쉽게 알 수 있다.

> 1925年末 現在 社寺 및 教會狀況은 寺刹 885個所(僧尼 7,002名), 祠院 46個所이며 日本人의 神社·寺院數는 237個所(神社 42個所, 神祠 108個所, 寺院 87個所), 教會堂 布教所 및 講義所는 佛教(日本佛教包含) 345個所, 基督教 3,896個所, 所謂 日本人의 「神道 153個所이다. 한편 宗教宣布者와 信徒數는 佛教(日本佛教包含)의 宣布者(韓國僧尼除外) 444名, 信徒 206,125名, 基督教가 宣布者 2,120名, 信徒 361,141名, 所謂 「神道」가 布教者 417名, 信徒 83,708名이다.[64]

---

64 『朝鮮總督府 統計年報』(1925. 9), 「1925年末 現在 社寺 및 教會」 참조.

1925년의 조선에서 일본 불교인들의 포교당 건립은 증가하고 있는 반면, 조선불교계는 승려들의 결혼이 증가하였다. 한용운이 승려의 자유로운 결혼을 허용시켜야 조선불교가 발전할 수 있다고 승니가취의 허용 주장을 한 지 15년이 되는 해이기도 하다.

그런데 해인사의 계단에 용성을 초청한 것은 용성의 위상, 용성이 각처의 금강계단에서 계를 설한 이력,[65] 해인사에서의 출가 등 다각적 요인이 결합된 것에서 나왔을 것이다.

3. 전통 비구계단 상실에 대한 대응

1) 전통 계율 상실에 대한 입장

1926년 조선총독부에서는 불교정책을 발표하였다. 특히 조선불교계는 대처육식帶妻肉食에 대한 허용을 용인하는 사법寺法 개정이 진행되고 있었다. 그동안 조선불교선교양종에서는 철저히 계율을 수지한 이들을 주지 직에 임명한다고 하였는데, 이 시기에 조선총독부의 불교정책에서는 물론이고 조선불교계에서 육식대처 허용에 대한 논쟁이 전국적으로 일어났다.

한편 『동아일보』의 기사를 보면, 1925년 10월 31일 당시 불교계의 계율, 주지 취임 등의 실상을 알 수 있는 단서가 실려 있다. 『동아일보』에서 보도한 내용을 보면, 조선 승려들의 주지 직과 연관된 사법 개정의 연구라는 안이 상정되었다는 것이다.

---

65 1926년 9월, 용성은 회령의 대흥사에서 개최된 금강계단의 전계화상으로 초청받았다. 『조선불교 29호』(1926.9) 「龍城大禪師 入京」 참조.

寺法改正의 硏究라는 議案은 실상 帶妻破戒한 僧은 住持의 職을 任하지 못한다는 現行 法令을 고처서 破戒 自任者라도 監寺自在의 權을 엇자함이 그 內秘의 眼目이엇다. 얼는 말하면, 朝鮮佛敎에서 法令으로써 그 戒部를 떼어내 버리자는 膽大한 計劃이다.[66]

한편 사법 개정이 진행되고 있던 1926년에는 이 같은 계율 이완을 비롯해서 또 다른 불교계의 변화가 일어났다. 그것은 조선불교선종 대본산인 범어사가 경성 안국동에 있는 선학원을 포교소의 기능으로 전환시킨 일이었다. 여기에서 범어사의 경성 포교당 운영과 사법 개정과의 관련을 통해 그 변화상의 이면을 성찰할 수 있다.

朝鮮佛敎禪宗派 大本山 梵魚寺에서 京城府 安國洞에 布敎所를 설립하다.[67]

이렇게 선학원은 운영상의 문제로 포교당 기능으로 전환되었다. 그리고 용성이 추진한 만일참선결사회는 망월사에서 시작되었지만 통도사 내원암으로 이전되어 선풍을 진작시키고 있었다. 이렇듯 용성이 추진한 새로운 선불교에 대한 운동이 전개되었지만, 조선불교선교 양종의 불교계에서는 조선불교계의 위상을 높인다는 명분으로 일본불교계와 연합하는 돌출적 행동을 자행하였다. 이를 추진한 일부 승려들은 일본을 방문하여 일본불교계의 발전된 모습을 보았다. 그러나

---

[66] 『東亞日報』 1925. 10. 31, 「참지 못할 一呵(下의 三) 去益悲運의 佛敎界」 참조.
[67] 『東亞日報』, 1926. 5. 6, 「朝鮮佛敎禪宗派 大本山 梵魚寺에서」.

178

그 이면의 본질은, 그들은 일선日鮮융화를 근본 목적으로 하는 불교개
혁 운동을 하자는 것이었다. 그들은 자신의 명분을 정리한 건백서를
휴대하고 일본으로 건너가 일본수상에게 전달하였다. 그리고 경성에
조선불교총본산을 건설하자는 파격적, 몰주체적, 반민족불교적인
의사를 개진하였다.

> 前 威鳳寺住持 郭法鏡과 金寶雲·李晦光·金九河 등이 最近 日本
> 人 正木一郞·宋鎭玉 등과 의론하고 所謂 朝鮮佛敎를 改革한다는
> 이름 밑에서 日鮮融和를 目的으로 한 宗敎運動을 하려고 그들의
> 代表者인 郭法鏡이 長文의 建白書를 휴대하고 십여일 전에 東京
> 으로 건너가 日本首相에게 제출하려고 노력하다. … 중략 … 그
> 建白書의 內容은 現在 朝鮮佛敎의 모든 기관을 파괴하는 동시에
> 새로 京城 안에 朝鮮佛敎總本山을 건설하고 그 本山法堂 안에
> 釋迦如來·明治天皇·高宗太皇帝를 한자리에 安置하여 政敎一致
> 의 日鮮融和를 철저히 실행하겠다는 것이다.[68]

이처럼 1926년의 조선불교 내부는 친일, 저항 등의 희비쌍곡선이
전개되었다. 그리고 이런 시대적 모습의 구도에서 용성의 노선, 지향
등은 재음미되어야 할 것이다. 조선불교계 내의 불교인들이 일본불교
를 찬양, 모방하려는 그 절체절명의 기로에서 용성은 조선불교의

---

68 『東亞日報』 1926. 5. 12, 「간판은 조선불교총본산 주지는 일선융화와 정치일치
   소위 조선불교 개혁한다는 일선융화를 표방하고 일본 가서 암중비약하는 이회광
   일파」.

독자성, 일본불교와의 차별을 강조하고자 건백서를 발표했다. 일제의 지원을 받은 친일적인 교단이 1926년 사법 개정을 조율, 지원하려고 할 시기에 용성은 그에 반대하는 의사를 개진한 것이다. 당시 조선불교계의 사찰과 승려들의 수는 사찰 885개소, 비구승 7천여 명이라고 전한다. 조선총독부의 기록에 의하면 일본불교계의 사찰과 승려들의 수가 증가하고 있음도 예사롭지 않다. 그런 의미에서 본다면 조선불교계의 사법 개정은 중요한 변화를 음미케 하는 단서였다.

2) 용성 중심으로 한 건백서 제출

(1) 1차 건백서

1926년 조선불교계에서는 결혼한 승려의 주지 취임에 장애가 되는 사법 개정을 추진한다는 명분으로 승려의 취처와 식육문제를 거론하였다. 이런 사태에 대하여 『조선불교』 지면에서 찬반양론이 치열하게 전개되었다. 그러자 범어사와 연고가 있는 백용성을 중심으로 한 127명 승려가 연서로 대처식육을 반대한다는 취지의 1차 건백서建白書를 조선총독부에 제출하였다.[69] 『동아일보』 1926년 5월 19일자 보도에는 다음과 같이 전한다.

「百餘僧侶 連名으로 犯戒生活禁止陳情」
일부주지와 전국 각사 승려의 연명으로 파계생활을 금지하라고
당국에 진정해

---

69 김광식, 「1926년 불교계의 대처식육론과 백용성의 건백서」, 『한국독립운동사연구』 11, 1997 참조.

180

「肉食帶妻는 佛敎滅亡의 張本」

홍진만상의 세상을 등지고 물 맑고 경개 조흔 깁흔 산 속에다가
몸을 두고 산채를 먹어가며 풍진세상의 온갖 잡된 것을 눈으로
보지 아니하며 귀로 듯지 아니하야 순전한 금욕생활을 해가며
불경을 외우는 것으로 일생을 불도를 닷기에 바치어 오든 승려들이
삼사십년 이래로 야소교 텬주교 등 새로운 종교가 들이 오고 또는
인문이 발던됨에 따라 조선의 승려들도 차차로 교지에 버스러진
일을 하기 시작하야 이즈음에 일으러서는 남녀승려들을 물론하고
세속사람들과 어울려서 도회살림을 하며 또는 조흔 비단옷과 맛잇
는 육식을 마음것하며 남자승려들은 장가를 들어 정욕생활을 하는
중, 더욱이 작첩까지 하는 중들도 생기고 녀승들은 시집가며 또는
남자들과 성력생활까지 하게 되엇스며 그것도 유의부족한지 아조
펄처노코 그와 가튼 생활을 헤보겟다는 생각으로 취처육식하는
것을 크게 선뎐하는 승려들까지 만케 되엇다는 바 이는 조선불교교
지에 버스러진 일로 조선불교를 망케할 장본이라 하야 수일 전에
동래 梵魚寺 주지 白龍城 함경도 석왕사 주지 리대전 한천 해인사
주지 오희진 등 127명의 連書로 조선 사찰의 중생을 위하여 불교
장래를 위하여 娶妻 肉食 등의 생활을 금하야 달라는 뜻의 長文陳情
書를 朝鮮總督府 當局에 提出하다.[70]

범어사 주지로 표현된 백용성은 조선불교를 정체성을 바르게 수호하

70 『東亞日報』1926. 5. 19, 「일부주지와 전국 각사 승려의 연명으로 파계생활을
금지하라고 당국에 진정해, 肉食娶妻는 佛敎滅亡의 張本」.

고 전통적인 계율을 지키기 위하여 건백서를 제출했다. 조선불교 승려들 127명에게 연명을 받아서 1926년 5월 19일에 용성은 1차로 조선총독부에 건백서를 제출, 반대 입장을 표명한 것이다. 조선불교선교양종 주지들이 사법을 개정하려는 것에 반대하는 것은, 조선불교선교양종의 주지직을 수행할 때 지금까지는 비구만이 가능하다는 문구를 삭제하는 것을 결단코 반대한다는 의미였다. 여기에서 기존 사법에 나온 관련 조항을 제시하겠다.

> 제 3장 주지
> 제 16조 본사의 주지는 다음 자격을 구비함을 요함
>   첫째, 연령은 만 40세 이상 될 것
>   둘째, 비구계를 구족하고 다시 보살계를 수지할 것
>   셋째, 법랍이 10년(10하) 이상 될 것
>   넷째, 수학이 대교과 졸업 이상 될 것
> 제 17조 말사의 주지는 다음 자격을 구비함을 요함
>   첫째, 연령은 만 25세 이상 될 것
>   둘째, 비구계를 구족하고 다시 보살계를 수지할 것
>   셋째, 법랍이 5년(10하) 이상 될 것
>   넷째, 수학이 사교과 졸업 이상 될 것. 지금은 사집과를 졸업한
>   자로써 이에 보충함을 득함[71]

이처럼 주지 취임 자격 조항에서 비구라는 문구를 삭제하는 사법寺法

---

[71] 李能和, 『조선불교통사』 하편3(동국대출판부, 2010), p.660.

을 개정하려고 했을 때 용성은 1차 건백서를 제출하였다. 건백서를
제출하였다는 것에서는 자신이 지켜야 할 계율의 덕목에 대한 확신,
실천성이 있었음을 파악할 수 있다. 만일에 계율을 바르게 지키지
않는 자들이 건백서를 발표한다면 그 효력이 발생하지 않을 뿐만
아니라 오히려 무의미한 건백서가 되고 말 것이기 때문이다. 여기에서
용성의 1차 건백서 내용을 보자.

我佛世尊이 出世이래로 佛子大衆이 各各法輪을 轉하야 三千年이
近하도록 比丘의 帶妻食肉의 說을 不聞하엿더니 近者無恥魔屬의
輩가 心을 五欲에 染하고 佛의 正法을 滅하야 敢히 帶妻食肉을
行하며 淸淨한 寺院을 魔窟로 化하야 參禪 念佛 看經 等을 全廢하니
諸天이 泣淚하고 土地神祇가 皆發怒게하는도다. 世尊이 信教者를
四部로 分하되 期中 出家의 比丘와 比丘尼의 二部衆은 法海中의
一區分 宗派를 成함으로써 帶妻食肉을 嚴禁하야 專히 道業에 勤務
하야 諸佛教法을 掌理케하고 天下後世에 傳授함으로써 燈燈相續
케하며, 又 無常世間이 種種虛幻됨으로써 樂할 것이 無함을 看破
하고 但只 見性成佛로 宗을 삼게하며,
次에 在家二部衆은 所謂淸信士淸信女로 하야 此는 男婚女婢로서
子女를 生養하고 孝로써 父母의 게 承事하며 先祖의 게 奉祀하면서
產業을 治하되 惟義是從하며 惟理是踐하며 惟禮是行하며 惟信是
守하며 惟仁斯存하야 能히 慈로써 藥을 與하며 悲로써 苦를 拔케하
야 菩薩戒를 受持케하나니 即帶妻를 許한은 世에 妻하야 教를
信하난 者라고 帶妻肉食을 嚴禁함은 比丘의 大衆이어늘 今에는

出家의 大衆으로서 淸淨한 寺院에 妻하야 妻를 畜하며 肉을 食하며
子女를 生養하야 淸淨道場을 汚穢케하며 參禪念佛講堂을 全廢함
은 吾家의 大賊이라 謂치아니치못할지로다

穀로부터 生하며 穀을 害함은 虫이요 佛法으로부터 生하야 佛을
害하는 者난 僧이니 獅子身中虫이 獅子肉을 食하는 것과 如하도
다. 僧된 者의 持戒修道함은 當然한 本分事어늘 엇지 寺法을 改定
하야 帶妻者로써 住持되기를 當局에 希望하리요 基着恥됨은 舌端
으로 掛키 不能하도다. 當然히 斷却할 것을 斷却지아니하면 反히
其難을 招하나니 맛당이 絶對로 帶妻僧侶와 帶妻住持를 嚴禁하야
現今에 弊害를 察하야 後日의 歎이 無하도록 할 것이요

旣是出家佛子라하면 佛祖의 戒律을 遵守함이 當然한 事이라 比丘
의 四分律에 警戒至嚴함은 天下大衆이 共知하난바이라 佛敎中에
在家佛子가 無하다하면 比丘이 畜妻를 論할것이 無하거니와 감히
在家의 佛子가 有하고 出家의 佛子가 有할진댄 畜妻 啖肉은 甚히
不可함이니 伏願 特히 明鑑을 垂하소서.

佛紀二千九五十三年 丙寅

歎願人 白龍城

朝鮮總督府齊藤實 殿[72]

위와 같은 장문으로 된 건백서를 용성이 제출한 것에 대해 일제는
응답하지 않았다. 오히려 일제는 조선 사찰의 주지 취임을 명시한
조항에서 비구승 문구를 삭제하는 사법寺法 개정안을 교무원이 스스로

---

[72] 東山慧日 撰集,『龍城禪師語錄』卷下(京城: 三藏譯會, 龍城全集1, pp. 550-552).

개정하도록 방임하면서 이를 조장하였다. 이는 조선총독부에서 조선의 승려들을 통제하기 위한 차원에서 주지 직에 대한 사법 개정을 묵인, 방조한 것이다. 이로써 주지에 취임할 자격을 새롭게 개정한 것이다. 주지에 비구라는 조항의 삭제는 일본불교의 승단제도를 조선불교에 적용했다는 의미이다.

조선총독부는 조선불교계를 일본불교화 하려는 고도한 정치적인 의도를 구현한 것이다 그럼에도 불구하고 조선불교 승려들은 조선총독부에 대하여 항의하지도 않고 그저 침묵하고만 있었다. 그 이면에는 오히려 조선불교 사찰의 주지 직에 비구승만 가능하다는 조항의 삭제를 원하고 있었는지도 모른다. 용성을 중심으로 1차 건백서를 제출하자, 언론에서도 관심을 나타내었다. 한편에서는 비구의 계법을 지키는 계율을 수행의 덕목으로 삼고자 하였던 용성에게 용기를 주었지만, 다른 한편에서는 문명에 적합한 조치라는 반응도 있었다. 당시 언론의 보도는 용성이 3·1운동에 참여하였던 민족의 지도자였기에 더욱 관심을 가졌을 것이다. 한편 용성은 1차 건백서를 제출한 이후 2차 건백서를 다시 제출하였다. 일제가 구체적인 반응, 응답을 보이지 않았기 때문이다.

(2) 용성의 2차 건백서

용성은 1차 건백서를 제출했는데도 불구하고 총독부 당국 및 교단의 반응이 없자, 1926년 9월에 제2차 건백서를 제출하였다. 건백서를 제출한다는 것은 조선총독부에 대한 저항이다. 따라서 건백서를 묵살한 것은 조선총독부의 조선불교 통치의 성격을 가늠케 해준다. 일본불교는 국가불교로서 자신들의 국가인 일본을 위하여 철저한 복종을 하고 있었는데, 조선불교선교양종 승려들은 이와 같은 일본불교의 현상을 잘 알지 못했던 것이 아닌가 한다. 이런 배경 하에 용성의 2차 건백서 내용을 보자.

오즉 我佛의 弟子를 四部로 分하니 一曰 在家清信士요 二曰 清信女요 三曰 出家比丘요 四曰 比丘尼이니 在家 二衆은 五戒를 受하야 清淨道德을 信仰하며 生産作業을 行하니 故로 華嚴에 云 菩薩이 自妻에 足함을 知하고 他의 妻妾을 求하지 말지나 하시며 又 菩薩이 妻子로부터 俱하되 愛着하지 말나하시니 在家 二衆은 但本妻의 正慉만 許한것이요(或無子者 재 妾를 許함) 出家二衆은 比丘比丘尼이라 稱하나니 佛律의 二百五十戒와 十衆大戒와 四十八戒를 受하야 帶妻肉食을 嚴禁하심이 霜雪과 如한자라 만일 女人과 干犯한 者가 有하면 永히 僧數外로 出家還俗케하시니 故로 四分律에 云永히 男根으로 毒蛇口中에 入할지언정 女根中에 入하지말나하시며 愣嚴經에 云汝가 三昧를 修하는 것은 本대 塵勞에 出코저함이어늘 淫心을 不除하면 塵勞에 可出하지 못하리니 비록 智慧가 多하고 禪定이 現前하야도 魔道에 必落한다하시며 四分律에 云女人이 頭를 斷함에 復生 할 수 업는 것이라하야 僧數外로 永히 放逐하난 決定法律이어늘

現今 朝鮮僧侶가 帶妻食肉을 敢行하야 清淨寺院을 染穢不淨한 魔窟營을 作하고 僧體를 不顧하니 泣血痛歎이외다. 僧侶의 帶妻食肉을 許可할진댄 別노히 在家 二衆을 置할 必要가 無할 것이외다.

帶妻食肉을 嚴禁하여 주시기를 千萬仰祝하옵나니다. 若不然이시
면 帶妻僧侶는 比丘戒를 取消하고 還俗하야 在家二衆의 地位에
處케하여주시옵소서. 現今 朝鮮僧侶의 畜妻噉肉者가 寺院을 掌理
함으로 修行衲子와 年高衲僧은 自然 驅逐되여 泣淚彷徨케되니
此 數千大衆이 何處에 安住호닛가. 自然 安心되지 못하외다. 畜妻
噉肉을 嚴禁하시던지 不然이면 持戒衲僧의게 幾箇本寺를 割給하
야 淸淨寺院을 復舊하야 持戒僧侶로 安心修道케 하여 주시고 有妻
僧侶와 無妻僧侶의 區別을 朝鮮大衆이 共知케하야 주심을 全心建
白하나이다.

佛紀 2천9백5십3년 丙寅年 9월 일

建白人 白龍城

朝鮮總督府齊藤實 殿[73]

이 건백서의 초점은 대처육식을 엄금할 수 없으면 무처승려와 유처
승려를 구분하고, 무처승려들이 수행할 수 있는 청정 사찰을 별도로
구분하여 제공하라는 것이었다. 그러나 이번에도 역시 조선총독부에
서는 반응하지 않았다. 그들은 자신의 불교정책을 실현할 뿐이었다.
그들은 일본불교의 생활 패턴으로 조선불교계를 지도하려고 하였으
며, 일본불교계의 포교 활동을 지원하려는 구도에서 나온 것으로
보인다.[74]

---

73 東山慧日 撰集, 『龍城禪師語錄』 卷下(京城: 三藏譯會, 龍城全集1, pp.552-554).

74 김광식, 「용성의 건백서와 대처식육의 재인식」, 『한국 현대선의 지성사 탐구』,
   도피안사, 2010.

용성은 건백서를 통해 조선불교계의 계단을 비구승 중심으로 회복하려는 운동을 추진하였다고 말할 수 있다. 그래서 그는 조선총독부에서 강요하려는 조선불교계의 사법 개정에 문제가 있음을 대중들에게 전했다. 조선불교 승려들에게 취처를 하게 함으로써 조선불교를 일본불교화 하려는 그들의 정책에 저항했던 것이다.

3) 망월사 만일참선결사회 창립
(1) 망월사 만일참선결사의 전개

용성은 1925년 대각교 운동을 새로운 선불교 운동 차원에서 전개하였다. 그리고 구체적으로는 도봉산 망월사의 만일참선결사회 결성으로 나타났다. 이것은 선불교의 전통성을 지키기 위함이지만, 조선불교와 일본불교의 차별성을 보여 주려는 의도로도 여겨진다. 뿐만 아니라 망월사는 조선총독부의 간섭으로부터 벗어나고자 하였다. 당시 용성이 법상에 올라 법문한 내용을 보자.

> 陞座良久에 以拄杖子로 打床三下云會麼아 道峰山裏水流東이니라 良久에 云大衆이 來此하야 위 什麼事오 위 學佛耶아 위 學法耶아 위 學僧耶아 打床一下云 渴飮古澗寒泉水하고 坐看深處白雲起로다 又擧大衆아 十五日 已前에는 與大衆으로 上載하고 十五日已後에는 與大衆으로 下載하노니 會麼아 打床一下云東湖春水綠하니 分明白鳥見兩三이로다.[75]

---

75 東山慧日 撰集, 『龍城禪師語錄』卷下(京城: 三藏譯會, 龍城全集1, pp.503-504).

용성이 법문에서 밝혔듯이 망월사의 만일참선결사회 창립의 본격화
는 1925년 10월 15일 용성의 나이 61세 때였다. 용성은 당시 조선불교를
위기의 불교로 규정하고, 선수행의 전통적인 수행 방법을 찾고자
하였으며, 이를 위해 대중결사 모임을 조직체로 계획하였다.

먼저, 참선결사회 준비 단계를 살펴보겠다. 용성은 1925년 6월부터
「활구참선만일결사活句參禪萬日結社」에 대한 내용을 『불교』지 광고를
통하여 널리 알렸다. 전국의 선승들을 모집하는데 광고까지 냈다는
것은 용성의 행보, 실천불교에 대한 자신감 표출이라는 것을 말해준다.
당시 홍보된 결사회의 선전문, 지원서, 개칙 등을 보자.

精修別傳禪宗活句參禪結社宣傳文
大抵 末法衆生은 如何若何함을 不問하고 祖關을 參究하야 決定히
透得하기를 期約할지라. 故로 本衲이 別記 槪則으로 萬日禪會結社
를 豫定하오니 本參衲子는 決定心과 奮發心과 大精進心을 가지고
贊同來臨하시와 一大事 因緣을 了畢하야 廣度迷倫하심을 敬要
世尊應化 二千九百五十二年 乙丑 六月日設立者 龍城震鍾

志願書(例)
本衲이 今者 萬日 禪會에 參榜코자함에 就하야는 目的과 規律을
遵行함은 勿論이오 一分定 期間 內에는 萬障을 堪忍코 遊方 出入을
아니키로 誓盟하옵고 戶籍, 僧籍의 謄本을 添付 發願하오니 入榜
을 許容하심을 伏望함.
若 違背할 時에는 如何한 處置라도 甘受하게 삽

年　　月　　日　　(何道何郡何面何山何寺籍)　(氏　明　印)

概則

一. 本社의 目的은 活句參禪 見性成佛 廣度衆生으로 함.

一. 萬日을 十期로 分定하야 一期를 三年式 定하고 右期間內는 他處에 遊方出入을 不得함.

一. 本社에 參榜코자하는 者는 志願書에 戶籍, 僧籍의 謄本을 添付提出하며 衣鉢을 携帶할 事.

一. 前項을 具備치안커나 梵行이 不潔하거나 精進에 懶怠하거나 諸方에서 乖角으로 認하는 者는 入榜을 不許함.

一. 私財 三石 以上을 所持한 者가 禪衆에 入榜코자 하는 時에는 入榜을 不許하되 但 禪粮을 入하는 者는 此限에 不在.

一. 禪衆은 三十名으로 定함.

一. 半月마다 梵網經 四分律을 說하고 每月一日 上堂하야 宗乘을 擧揚함.

一. 陰 十月一日부터 十月十日까지 來參하되 右期日以前은 禪粮의 供이 無함.

一. 道場은 京畿道 楊州郡 柴屯面 道峰山 望月寺.

一. 右規則에 勘當치 못할 者는 當初에 不參하심을 敬要.

一. 本社의 細則은 別로히 制定함.[76]

전통적인 수좌의 성격을 보인 용성이 『불교』 14호의 광고를 통하여

---

76 『佛敎』 14호(1925.8), p.45.

전국의 선승들을 모집하였다는 것이 매우 특이하다. 즉 전근대적 소양에서 근대적인 체질로 용성의 지성이 전환되었음을 말해주는 것이다. 그런데 정수별전선종활구참선결사精修別傳禪宗活句參禪結社라는 정식 명칭은 선종의 활구活句를 참선한다는 의미를 담고 있었다. 여기에서 전통과 근대성을 함께 포괄하였음을 파악할 수 있지 않을까 한다. 용성이 불교신도, 대중들에게 자신의 노선인 대각운동을 선양하기 위한 방편으로『불교』지에「선화누설」을 연재하면서 선의 의미를 알렸던 것을 유의해야 한다. 잡지에 참선과 선에 대한 이론을 제시한 것은 용성이 효시라고 할 수 있다.[77]

『불교』14호에 활구참선만일결사에 관한 광고가 실리자 결사에 참여하려는 전국의 수행자들이 망월사로 몰려왔다. 도봉산 망월사는 교통이 비교적 편리한 곳이고, 오랜 세월 동안 조선 승려들이 금강산을 향해 가다가 하룻밤을 묵고 가는 절이었다. 망월사는 전국의 승려들이 모여 결사를 하기에 더없이 적합한 도량이었다. 결사회를 단행한 용성의 심정을 아래의 글에서 엿볼 수 있다.

余諸師로 相議호대 無一聽從者요 又各寺發文이나 無一人相助 而返謗者多矣러라. 余衰老眼昏에 不堪譯經이언만 但 恐衆生의 眼目福田이 沒於世間일가하야 金剛楞嚴圓覺 等 諸經을 譯之解之하며 又 心造萬有論 等을 著述하야 二萬餘卷을 布於世間이나 余神經衰

---

77 오대산 도인 방한암도『불교』와『선원』등에 선의 내용을 기고하였다. 이처럼 당시 전통적인 수좌들이 근대불교의 소통 지면, 근대문화를 상징하는 잡지에 기고를 하는 정서, 인식 등에 대한 종합적인 연구가 요청된다.

弱이 間發 故로 不得已 譯經을 廢止하고 精修別傳活句參禪結社會
를 創設하니 時年이 六十二歲러라 暗思 我佛의 以戒爲師之囑하고
禪律을 幷運而立規가 甚嚴하니 午後不食과 長時默言과 洞口不出
이 諸規新造中難關이요.[78]

용성이 62세라는 노년의 나이에 망월사 만일참선결사회를 창설한
것에는 단호한 의지가 배어 있다. 이는 불교계의 새로운 운동이면서,
여기에 참여하기를 원하는 승려들도 불교실천을 하겠다는 의지를
표출한 것이었다. 참가 수좌들은 지원서에 호적등본과 승적을 첨부하
여야 했다. 선원 입방에 있어서 호적등본을 첨가하게 한 것은 승려들에
게 결혼 여부를 살펴보기 위함이었다. 이처럼 망월사 만일참선결사에
는 계행과 수행을 겸비한 승려만이 참여할 수 있었다.

한편 만일참선결사는 일본불교의 수행 및 제도를 따르는 것이 아니
라 조선불교의 전통을 바르게 지키며 조선불교를 중흥하려는 뜻이
내재해 있었다. 이런 뜻을 가지고 결사를 단행한 용성은 불타의 가피력
으로 결사가 원활하게 진행되기를 기원하였다. 결사회는 다음과 같은
의식으로 시작되었다.

世尊應化二九五二年 乙丑 十月 十五日에 設戒壇 授戒하니 得戒者
는 甚衆이러라. 二十二日에 觀音聖像을 點眼하니 妙相이 殊特尊嚴
하며 慈容이 含笑하니 滿場大衆이 歡喜慶祝하야 皆嘆鳳獜師之技
術尤妙러라. 地藏聖像은 同月二十五日에 始役하야 十一月二十二

78 東山慧日 撰集, 『龍城禪師語錄』 卷下(京城: 三藏譯會, 龍城全集1, p.547).

日에 竣工點眼하니 其殊妙尊像은 如上無異러라. 又 新造二大聖像
前에 各選一人하야 設萬日祈禱하고 與五十餘人으로 萬日結社를
進行하니 自謂末法之火中生蓮花이라 하노라.[79]

용성은 계단을 정비하여 대중들의 수계를 새롭게 하고, 그를 기념하
는 관음상과 지장상을 제작하기도 하였다. 이렇듯이 만일참선결사회
를 1925년 10월 15일에 결성한다고 광고를 통해 알리자, 제방의 선지식
들이 속속 도봉산 망월사로 집결하기 시작했다. 당시 조선불교계에서
선을 최고의 가치로 여기고 있던 수행자들이 망월사에 모여 들어
결사를 하였던 것이다.

조선불교계는 일본불교와 차별되는 전통적인 간화선에서 조선불교
의 정체성을 찾는 전통이 있었다. 이런 점을 정비하여, 그를 정체성으로
내세운 망월사 결사법회는 이른바 선불교 중흥이라고 말할 수 있다.
왜냐하면 당시 조선불교는 염불, 다라니, 기도 등에 매몰되어 있었기
때문이다. 이런 수행법들이 의미가 없는 것은 아니지만, 한국 전통선이
점차 퇴보하는 상황에서는 극히 불균형적인 행태였다. 그러면 여기에
서 1926년 10월 당시 망월사 결사자의 전모를 보도록 하자. 이를
전하는 방함록 명단에 용성은 조실로 나온다. 방함록에는 소임자,
법명, 소속 사찰 등이 기록되어 있다.

---

79 東山慧日 撰集, 『龍城禪師語錄』 卷下(京城: 三藏譯會, 龍城全集1, pp.547-548).

도봉산 만일선회 을축乙丑 동안거 대중명단[80]

소임	불명佛名	소속 사찰
祖室	白龍城和尙	海印寺
首座	薛石友	長安寺
立繩	鄭雲峰	仙岩寺
維那	安月松	梵魚寺
秉法	全錦超	內院庵
	李芝岩	釋王寺
持殿	金蓮湖	海印寺
	柳定菴	仙岩寺
	崔玄門	內院庵
	柳靈照	梵魚寺
	黃桂玉	松廣寺
獻食	趙性月	長安寺
時警	朴石頭	乾鳳寺
知賓	張雪峯	釋王寺
	金東日	內院庵
記錄	李檀庵	內院庵
	河東山	梵魚寺
	金瓊林	京城
看病	朴昌洙	白羊寺
	鄭承梵	內院庵
	禹性天	梵魚寺
	金壯潤	把溪寺
掃地	孫淨海	內院庵
	朴普覺	內院庵
	李海山	長安寺
	魯弘濟	內院庵
	曺東湖	內院庵
淨桶	張永峯	把溪寺
	吳在禧	來蘇寺

---

80 「萬日禪會 芳喞錄」(1926). 본 자료는 한보광에 의해 수집, 보존, 발굴되었다.

	姜泰秀	內院庵
淨頭	李在禧	白羊寺
	金鐘協	把溪寺
磨糊	趙長信	內院庵
	尹相彦	海印寺
奉茶	韓鐘秀	內院庵
鐘頭	朴可喜	長安寺
	玄又玄	白潭寺
侍者	李性學	望月寺
	表檜岩	興國寺
	魯德眞	
	李千奉	
比丘尼	李性慧	
清信女	梁勤修華	
	金正妙心	
	高菩薩	大明庵
別座	李月下	泰安寺
茱供	金奉三	海印寺
供司	金德三	興國寺
負木	朴士允	
	金德元	
	金化瑞	
	李成道	
書記	河淨光	內院庵
院主	金警惺	海印寺
住持	鄭石菴	望月寺

한편 망월사 만일참선결사회의 사규는 그 엄격한 내용이 백장청규百
丈清規 못지않다. 그 세부적인 내용이 자세하게 작성되어 있다. 이와
함께 따로 18조항이나 되는 「입회선중주의사항入會禪衆注意事項」을

두어 만일참선결사회에 참여하는 수행자들이 지녀야 할 마음가짐과 지켜야 할 규칙들을 제시하고 있다.

一. 禪衆은 切心工夫하야 見性通宗으로 最急務라 自認한 者로 一切公議와 一切寺中事에 干涉을 不得함.

一. 民籍上에 妻子가 有한 者로 或 妻子가 來往하든지 或 書物이 頻煩하게 往來하야 禪衆의 道心을 紊亂게 함을 不得함.

一. 本結社에 入榜코자 하는 者는 請願書에 戶籍과 僧籍謄本을 添付하야 陰八月末日 以內로 提出하되 入榜承諾書는 陰九月十日에 發送함.

一. 入榜承諾書를 受得한 者는 自 十月一日로 至 十月十日 以內에 道峰山 望月寺로 參集함.

一. 入榜承諾書를 受得한 者라도 衣鉢坐具等을 携帶하지 않는 者는 入榜을 不得함.

一. 結制中에 梵行이 不潔하거나 精進에 懈怠하거나 社中規則을 遵守치 않거나 諸方에서 乖角으로 共認하는 者에게는 大衆과 同居함을 不得함.

一. 私財 三石以上을 所有한 者로 禪粮을 納入하는 者는 入榜을 許하되 此에 不應하는 者는 入榜을 不許함.

一. 殺生, 偸盜, 邪淫, 妄語, 綺語, 兩舌, 惡口, 貪, 瞋, 邪見하는 者와 飮酒食肉이 無妨般若라 하는 者는 同居함을 不得함.

一. 半月마다 大小乘律을 說할 時에 此를 或 誹謗하는 者는 同居함을 不得함.

一. 說法時에 問法決擇을 不許함. 但 所疑處가 有할 時는 下堂後에 入方丈하야 決擇함이 可함.

一. 坐禪時에 無故히 不參하는 者와 規則을 紊亂케 하야 大衆을 煩動케 하는 者에게 三諫하여도 不從하는 者는 同居를 不得함.

一. 病者 以外에는 佛供時와 禮佛時에 必히 參席함.

一. 師尊과 老宿에게 不敬하며 惡性으로 凌辱하야 大衆과 和合치 못하는 者는 同居함을 不得함.

一. 定日 以外에 沐浴 洗濯 剃髮함을 不得함.

一. 粥時에는 二種饌이오 飯時에는 三種饌 以上을 超過함을 不得하되 檀越供이 有할 時와 十齋日에는 此限에 不在함.

一. 臺上禪院에서는 長時默言하되 每月 四回의 說法日에는 少許에 言語를 通하나 高聲大言과 雜談을 不許함. 但 緊要한 事가 有할 時에는 言語者間에 出外通情하되 十五分 以上을 超過치 못함.

一. 雖俗人이라도 五辛菜와 酒肉을 此道場內에 携來하지 못함.

一. 檀越이 衣服을 大衆에게 提供코자 할 時는 維那가 禪衆에게 衣服 有無를 詳細히 調查하야 分給함. 但 偏信으로 別請施給코자 할 時는 衣服을 受取하야 留置하얏다가 檀越去後 三日에 大衆中 衣服이 無한 比丘에게 施給함.[81]

망월사 만일참선결사회는 이처럼 엄격하고 철저한 규칙인 청규를 제정하였다. 이는 참석자들의 비장한 각오를 준비시키기 위한 것이었

---

81 『佛敎』 15호(1925.9), 부록. 이것은 경성부 봉익동 2번지의 결사회 임시 사무소에서 발표한 것이다.

지만, 나아가서는 조선불교의 정통성을 회복하기 위한 차원에서 나온 청규였다. 이 같은 만일참선결사회의 근본도량은 망월사이고 그 사무를 보고 있는 곳은 대각사로 이해된다. 결사회 개시에는 발원문을 작성하여 봉독하였을 것으로 보여지는데, 다음은 「활구참선만일결사발원문活句參禪萬日結社發願文」을 번역한 것이다.

삼보성현전에 출가제자 진종은 삼가 엎드려 여쭈옵니다.
때는 오탁의 악세를 당한 가운데 중생이 업을 지음이 한량이 없습니다. 망망한 고통의 바다에서 벗어날 기약이 없어 이로써 애민하여 보리를 발합니다. 광겁의 부모와 육친 등 삼계의 고해에 항상 출몰하여 육도를 오르내린 고통아 만 가지입니다. 이로써 애민하여 보리를 발합니다. 사생과 육취의 모든 중생이 약육강식의 원망이 쌓이고 깊어져서 이로써 애민하여 보리를 발합니다. 저는 이제 박복하여 능력이 없지만 뜻은 원대하지만 역량은 작으며, 분심을 발하여 용맹하게 서원을 세우고, 중생을 제도할 서원이 지장과 같습니다. 현금의 미세한 정성으로 禪會를 시설함에 불타는 산에서 한 표주박 물을 구함과 같으며, 저의 지혜의 광대함은 문수보살과 같고, 비로자나의 대원의 바다에 보현보살과 관음보살이 항상 벗이 되고, 티끌마다 국토마다 부처님 몸을 나타내어 항상 중생을 제도함에 피로하고 싫어함이 없으며, 14가지 두려움 없음과 32응신과 천 가지 모습과 만 가지 형태로 나타난 나의 몸은 다함없는 방편으로 중생을 제도하렵니다. 삼보의 관음력을 우러러 받들어 이와 같은 대원을 능히 성취한 단월의 환희심은 각기 힘을 도와서

사사공양을 구족함에 걸림이 없어 허공계가 다하고 중생이 다하지
만 저의 원은 이에 필경에 정각을 이루어지이다. 오직 원컨대
모든 부처님께서 증명하시고 늘 항상 호념하시어 원이 성취되고
세세에 항상 보살도를 수행하여 구경에 원만하게 대보리를 성취하
여 지이다. 마하반야바라밀. 세존응화 2942년[82]

도봉산 망월사 만일참선결사회에서는 수행자들이 위의 발원문을
봉독하면서 선수행을 개시하였다. 그런데 1926년 초 조선총독부에서
는 만일참선결사회에 대한 중단 조치를 통보하였다. 중단 명분은
망월사가 위치한 산림이 보안림에 편입되었다는 것이었다. 이로써
결사도량에 필요한 최소한의 에너지 확보가 어렵게 되었고, 망월사에
서의 만일참선결사회는 오래 지속되지 못했다.

---

82 東山慧日 撰集,『龍城禪師語錄』卷下(京城: 三藏譯會, 龍城全集1, pp.548-550).
　　三寶 聖賢前 出家弟子 震鍾謹伏白
　　時當五濁惡世中　衆生作業無有量　茫茫苦海無出期　以此爲慇發菩提
　　曠劫父母六親等　三界苦海恒出沒　六途昇沉苦萬端　以此爲慇發菩提
　　四生六趣諸群生　弱肉强食怨積深　以此爲慇發菩提　我今薄福無能力
　　志願大而力量小　發憤勇猛立誓願　誓度衆生如地藏　現今微誠設禪會
　　如救火山一瓢水　我智廣大如文殊　毘蘆遮那大願海　普賢觀音恒以友
　　塵塵刹刹現佛身　恒度衆生無疲厭　十四無畏三二應　千形萬態現我身
　　無盡方便度衆生　仰承三寶觀音力　如是大願能成就　檀越歡心各助力
　　四事具足無拘碍　虛空界盡衆生盡　我願乃畢成正覺　惟願諸佛作證明
　　常常護念願成就　世世常行菩薩道　究竟圓成大菩提　摩訶般若波羅蜜
　　世尊應化 二千九百四十二年

(2) 통도사 내원암으로 만일참선결사회 이전

용성은 도봉산 망월사에서 더 이상 수행할 수 없게 되자 1926년 4월
양산 통도사 내원암內院庵으로 만일결사회를 이전하였다. 이전 이유는
도봉산 산림의 보안림 편입 때문이었고, 이는 당시 『불교』 23호에
실린 「활구참선의 이전移轉」이라는 기사를 보면 알 수 있다.

白龍城禪師의 主唱下에 京畿道 楊州郡 道峰山 望月寺內에 活句參
禪萬日結社會를 開催함은 本誌에 己報한 바이나 道峰山의 森林은
保安林에 編入됨으로 禪衆은 多數하고 燃料는 不足하야 到底히
三年一期를 充滿하기 難하므로 不得已 慶南 梁山郡 通度寺 內院庵
으로 移住하였으며 兼하야 三藏譯會의 事業도 그리 移轉하야 華嚴
經 飜譯에 着手한다더라.[83]

경기도 양주군 도봉산 망월사에서 결성하였던 만일선회 결사를
실행할 수 없게 되어 부득이 경상남도 양산군 천성산 내원암으로
이전한다는 내용이다. 한편 내원사로 이전한 용성은 삼장역회도 동시
에 이전하여 『화엄경』 번역에 적극적으로 임하였다. 용성은 경전
번역 사업에 전념하면서도 선수행 지도에도 적극적이었다. 이는 용상
방에 용성이 아직도 조실로 기록되었던 것에서 알 수 있다. 용성은
해인사 소속이라고 방함록에 기록되어 있고, 용성의 맞상좌인 동산은
'기록記錄'으로 나온다. 추정하건대 동산은 용성을 시봉하면서[84] 수행

---

83 『佛敎』 23호(1926. 4), 「活句參禪의 移轉」.

84 그러나 별도의 侍者도 있었다.

하였던 것으로 볼 수 있다.

청선산 내원암 병인년丙寅年 하안거 대중명단[85]

소임	불명佛名	소속 사찰
祖室	白龍城和尙	海印寺
立繩	全錦超	內院庵
長老	金蓮峯	通度寺
	孫石潭	通度寺
禪伯	張寶雲	表忠寺
	金雪山	通度寺
禪德	朴致淳	通度寺
	金舊翁	表忠寺
	林龍雲	把溪寺
	金寶虛	內院庵
	李芝嚴	釋王寺
秉法	安普光	望月寺
持殿	金蓮湖	海印寺
獻食	趙性月	長安寺
譯經	鄭時鏡	釋王寺
	崔英虎	乾鳳寺
知賓	朴聖元	內院庵
	金東日	內院庵
記錄	李檀庵	內院庵
	河東山	梵魚寺
錢監	金警惺	海印寺
米監	河淨光	內院庵
	李龍珠	通度寺
看病	崔玄門	內院庵
	具萬化	內院庵
	鄭承梵	內院庵

---

85 「萬日禪會 芳啣錄」(1927) 참조.

	柳靈照	梵魚寺
掃地	朴德雲	內院庵
	張永峯	把溪寺
	曺東湖	內院庵
淨桶	孫淨海	內院庵
	朴仁谷	白羊寺
	韓種秀	內院庵
	姜世融	內院庵
磨瑚	趙長信	內院庵
	朴石頭	乾鳳寺
奉茶	金壯潤	把溪寺
	金學洙	通度寺
鐘頭	尹古庵	海印寺
侍者	魯德眞	
	李千奉	
	朴長律	
清信士	金香泉	
	池影月	仁川
清信女	梁勤修華	
圓頭	李月下	泰安寺
別座	李道允	內院庵
採工	徐鳳衛	通度寺
供司	金祥福	內院庵
負木	崔敬德	
山監	鄭台善	通度寺
事務	金慧光	通度寺
書記	柳正河	內院庵
	姜泰秀	內院庵
院主	金聖鶴	內院庵
住持	文印坡	通度寺

　　내원암으로 이전한 이후, 용성은 만일결사회를 진행시키면서도
내원암 선원에서 『화엄경』 번역을 하였다. 용성이 『화엄경』 번역을
할 때 유의한 점을 보면 다음과 같다.

　　이 경을 번역할 때에 『화엄론』과 『청량소』를 의지하여 글 뜻을
부루어 번역하기도 하고 번만한 것을 삭제하고 간단한 뜻으로
번역하기도 중송은 빼고 고기송만 번역하기도 하였으니 그리 알고
보시오.[86]

　　용성은 『화엄경』 번역을 하면서 대중들의 정진에도 신경을 써야만
했다. 마침내 용성은 1926년 4월 17일에 『화엄경』 번역에 착수하여
1927년 11월 13일에 탈고하였다. 이 같은 작업은 근대불교에서는
최초의 의미를 갖는다.

　　백용성 선사는 … 중략 … 1926년 4월 17일부터 『화엄경』 번역
착수하여 이래 1년 8개월동안 幾多의 魔障을 무릅쓰고 不斷의
誠力을 전부한 결과 1927년 11월 13일에 번역의 終畢을 고하게
되었으며 … 중략 … 지나불교가 조선에 수입된 이래에 조선문으로
『화엄경』을 번역하기는 선사가 처음.[87]

　　용성이 『화엄경』을 번역한 전후 사정에 대한 정보는 「저술과 번역에

86　白相奎, 『조선글 화엄경』(京城: 三藏譯會, 龍城全集12, p.1).

87　『불교』 43호(1928. 1), p.69, 「三藏譯會에서 朝鮮文 華嚴經 刊行」.

대한 연기」에 잘 나온다. 그 이후 그는 대각교를 설립한 이후에 역경을 하면서도 대중에게 필요한 의식집을 발간하기도 했다. 이는 대각운동의 대중성을 고려한 것이었다. 동시에 기존 교단과 거리를 두려는 행보의 성격도 갖는다. 하여간에 용성은 고령에도 필생의 사업인 경전 번역 일을 소홀히 하지 않았다. 이는 자신의 정체성 구현이었고, 대각운동의 철저였으며, 불교실천의 의미를 가지고 있었던 것이다. 그리고 그의 대각운동은 국내외에서 전개되었다.

육십사세시에 대각교당을 짓고 불교를 사회적으로 향상 식히기 위하여 또는 일반사회 사람들의 불교에 대한 멸시적 낫분 관습을 고치기 위하여 大覺敎를 선언하고 불교의 異彩를 내게 하엿다. 그리해서 함양에는 화과원을 짓고 간도 용정가에도 지부를 두엇다.[88]

즉 용성은 경전을 번역하면서, 통도사 내원암에서 결사회를 감독하면서 정진하였고, 만주 및 함양에서 선농불교를 시행하는 다각도의 불교실천을 단행하였던 것이다. 다음은 1927년 동안거 방함록의 명단이다.

---

88 釋大隱, 「故白龍城大禪師의 追慕」, 『佛教時報』 59호(1940. 6).

1927년 병인 동안거 명단[89]

소임	불명	소속 사찰
祖室	龍城大和尙	京城府鳳翼洞 二. 해인사
入繩	全錦超	
禪伯	金雪山	
禪德	金普盧	
	高奐性	
持殿	張白牛	
	朴聖元	
獻食	孫淨海	
知賓	李龍珠	
看病	金光日	
掃地	趙長信	
淨桶	金明淳	
磨糊	韓鐘秀	
奉茶	鄭承梵	
鐘頭	金鶴洙	
侍者	姜世融	
別座	趙東湖	
	李道允	
茶供	金性珠	
供司	金祥福	
負木	崔敬德	
山監	鄭台善	
事務	朴德雲	
書記	姜泰秀	
院主	朴致淳	
住持	金警惺	

한편 용성은 통도사 내원암에서 1928년 하안거 결제를 하였다.

---

89 「萬日禪會 芳啣錄」(1927) 참조.

그 당시 방함록에도 조실은 '용성 대화상'이라고 기록되어 있다. 이하는
1928년 을묘년乙卯年 하안거 수행자 명단이다.

1928년 을묘년 하안거 결제 명단[90]

소임	불명	소속 사찰
祖室	龍城大和尙	海印寺
立繩	孫淨海	
禪德	金普虛	
	金雪山	
	全錦超	
	朴枕空	
	朴月印	
秉法	崔智月	
持殿	朴聖元	
	金明淳	
	姜龍淂	
獻食	李秋庵	
知賓	權尙一	
鐘頭	姜龍淂	
淨桶	金明淳	
茶角	金德壽	
看病	李牧庵	
磨糊	柳聖湖	
茱供	金性珠	
供司	金潛述	
負木	李尙昊	
山監	李貞宰	

---

90 「萬日禪會 芳啣錄」(1928). 청정산 내원사로 이전하였던 시기의 방함록도 한보광
　　교수에 의해서 발굴되었다. 자료를 사본으로 제공한 보광스님께 지면으로 감사를
　　드린다.

院主	張衆林	
書記	姜旭在	
法務	河淨光	
事務	朴德雲	
住持	金警惺	

1928년에도 만일참선결사회의 대중들은 내원암에서 정진을 계속하였다. 통도사 내원암에서는 선승들이 선수행의 결제에 임하였지만, 용성은 출간된 『화엄경』을 널리 알리는 데에도 신경을 썼으며, 『화엄경』을 선양하는 법회도 주관하였다.

이른바 "이 법이 법 위에 머물러 세간형상이 항상 머문다"하시니 이생이 이 법을 설하고 국토가 이 법을 설하고 과거가 온전히 이 법을 설하고 현재가 온전히 이 법을 설하고 미래가 온전히 이 법을 설하고 삼세일체가 온전히 이 법을 설하는 도다. 삼계가 유심이요만법이 유식이라 하였으니 유심 밖에는 유식 유물이 없고 유물 밖에는 유심 유식이 없어 마음과 경계가 한결같으며 물건과 내가 하나로 이루었도다. 대천세계를 방위 밖으로 집어던지며 수미산을 겨자씨 속에 집어넣도다. 우리 마음광명체성이 지극히 신령하여 명상이 없으되 천지와 허공과 일월성숙을 집어 삼키며 뱉으니 이 한 물건을 어떻게 알고. 버들은 드리운 곳에 푸르고 꽃비는 늘어진 가지에서 붉도다.[91]

---

91 白相奎, 『조선글 화엄경』(京城: 三藏譯會, 龍城全集12, p.1).

이처럼 용성이 『화엄경』을 번역한 것은 불교경전을 대중들에게 쉽고 바르게 전하기 위한 원력이었다. 용성이 주관한 대각교당에서의 『조선글 화엄경』 홍보 활동은 『불교』 48호 기사에 나오는데, 『조선글 화엄경』에 대한 강의회를 조직한 것이다.

「조선글 화엄경 講義會」
京城府 鳳翼洞 二番地 大覺敎堂 白龍城老師의 組織인 三藏譯會에
서는 從來에 幾多의 經典을 譯出하얏스며 華嚴大經을 純朝鮮文으
로 譯出하는 것은 一般이 早知하는 바인데 陰 二月 二十日부터
同 三月 十七日까지 該 敎堂에 「조선글 화엄경 講義會」를 開催하고
講師 白龍城, 李春城, 李根雨 三師의 講義와 講演으로 一般 聽衆은
未曾有를 得하얏스며 그 回向 卽 三月 十七日 夜에는 該 敎堂에는
日曜學校의 生徒의 祝賀와 여흥까지 있었더라.[92]

용성은 내원암 만일참선결사회에서 정진하였고, 『화엄경』을 번역
하여 출간케 하였으며, 대각사에서는 『화엄경』을 강연하는 조직을
만들어 대중들에게 『화엄경』 강의 및 연설을 주관했다. 용성의 그
강의회에 참여한 인물은 이춘성,[93] 이근우 등이었다.

---

92 『佛敎』 48호(1928. 6), 「조선글 화엄경 講義會」 참조.
93 김광식, 『춘성 - 무애도인 삶의 이야기』(새싹, 2009), pp.61~66 참조.

4. 대각교 용정 포교당과 화과원 농장

1) 대각교 용정 포교당

용성은 만주 용정에 포교당을 설립하였는데, 이는 포교당 개설에 그치는 것이 아니다. 즉 단순히 포교 활동에서 끝나는 것이 아니라 독립지사들을 지원하고자 하였던 원력이 개입되었음을 의미한다. 용성은 일본 통치에 대해 조선불교계가 저항하는 것을 불교의 정법正法을 실천하는 행보라고 보았다. 또한 용성에게는 대각교 운동을 더욱 원활하게 진행시킬 수 있는 자금 확보를 위한 목적도 있었을 것이다. 그는 오래 전인 1910년대 중후반에 금광을 경영하였다가 실패의 경험을 맛보았다. 그런 용성이었지만, 불교의 자립 기반을 용정에까지 마련한 그의 원력은 강력했다고 볼 수 있는 대목이다. 무엇보다 불교에서 실천을 중시하고 강조한 용성의 면모를 여기서도 여실히 볼 수 있다. 용성이 개설한 만주 대각교당은 중국측의 기록에도 나온다.

대각교는 昭和2년(1927) 3월에 大本山派로 출발하였고, 교주 백용성의 경성본부의 보조와 지원으로 설립되었으며, 당시의 신도 수는 300여명이었다.[94]

용성은 독립운동을 하는 애국자들을 돕는 일이 불타의 가르침을 실천하는 것으로 여겼다. 여기에서 대각교 운동이 종교적 행위를

---

94 『吉林朝鮮族』(吉林人民出版社), p.144, p.498.

넘어 불교개혁운동, 조선독립운동, 민족운동으로 승화 발전되었음을
엿볼 수 있다. 당시 조선에서는 독립운동을 하는 세력들과의 연대를
가장 중요하게 여겼다. 이는 불교라는 이름으로 조선불교를 선양하는
의미이기도 했다. 그렇지만 일단은 불교개혁적인 뜻이 제일 우선하는
것이었다.

> 禪師는 생각하되 同一한 佛敎를 發展식힐지라도 舊穀을 버서나서
> 새로운 氣分으로 고쳐서 名稱도 고치고 制度도 고치고 儀式도
> 고쳐서 하는 것이 佛敎를 誤解하는 朝鮮人 頭腦의 惡習을 고치는데
> 가장 有力하리라고 생각하고 佛敎에서 分派 獨立된 大覺敎를 세워
> 서 間島에 支部를 두고[95]

용성은 이미 조선총독부의 간섭과 방해로 여러 차례 좌절을 맛본
바가 있었기에 보다 자유로운 활동이 가능한 해외에서의 포교에 눈을
돌린 것이다. 용성은 불교를 포교함에 있어, 대각교 운동에 매진하면서
조선총독부의 간섭을 받지 않는 사업을 창안하였다. 조선총독부의
간섭을 피하려는 의도에서 해외에 대각교 운동 지부를[96] 설치하는
것을 고려한 것이다. 당시 조선독립운동을 하는 청년들과 젊은 인재들
이 만주의 용정에 가장 많은 모여들었다. 그리고 국내에서 이주한
농민들도 상당하였다. 바로 그런 조선인들에게 불교의 정수를 전달하
겠다는 원력이었을 것이다.

---

95 『불교시보』 13호(1936. 8), p.7, 「대각교당을 해인사 경성포교당으로 변경」.
96 지부는 용정, 나남, 함양 등이 거론된다.

210

우리 대각교 신자 외에는 전수하기 어렵도다. 이 법을 전수코자
하거든 몬저 그 사람으로 하야금 우리교에 신심이 철저함을 본
연후에 전수할지어다.[97]

용성이 특히 용정龍井을 선택한 것은 그곳이 조선독립운동의 중요한
거점으로 활용되고 있었기 때문이었을 것이다. 용성은 경성의 단월들
과 뜻을 모아 조선불교를 발전시키려는 서원을 세우고 해외 포교
활동을 전개하였다. 『불교』지 40호에는 용정에 대각교당을 건립하고
봉불식을 거행하였다는 내용이 전한다. 용성은 대각교에서 불교의식
을 거행하는 데 식순에 의해서 법회를 열었다는 것이 특이하다. 『불교』
40호에 의하면 대각교당大覺敎堂 봉불식奉佛式의 개요를 알 수 있다.
간도의 용정에 대각교 포교당을 건립한 것은 해외 포교에 대한 새로운
도전이라고 말할 수 있다. 우선 그 식순을 살펴보자.

佛紀二九五四年九月十一日(日曜日) 午前九時에 間島龍井市大覺
敎堂에서 奉佛式을 擧行한 바 大盛況을 일우엇다는데 順序는 如
左함.
一, 右繞三匝(大衆一同)
一, 奉安佛像
一, 坐佛偈, 獻供偈, 茶偈(法要師)
一, 普禮(大衆一同)
一, 發願(大衆一同)

---

97 白相奎, 『금비라동자위덕경』(京城: 三藏譯會, 龍城全集9, p.242).

一, 普門品(大衆一同)

一, 四多羅尼(法要師)

一, 精勤(釋迦牟尼佛)(大衆一同)

一, 念佛歌(學生一同)

一, 祝願(法要師)

一, 中壇三拜(大衆一同)

一, 施食(法要師安寶光)

一, 說敎(敎授師鄭時經)

一, 贊演(信徒中)

一, 閉會(隨時) (龍井市)[98]

이렇게 용성이 용정에 대각교 포교당을 설립한 것은 조선불교계가 용정에서 조선총독부의 간섭을 받지 않고 조선불교를 포교할 수 있는 터전을 마련했다는 의미가 있다. 용정에 대각교 포교당이 설립이 된 것은 독립운동을 하던 민족세력들과도 연결을 가질 수 있는 끈이 되었을 것이다. 그래서 만주 용정의 동포들도 힘을 모아서 대각교당 설립에 협조하였을 것이다.

그런데 용정에는 조선총독부의 가혹한 수탈로 인해 새로운 삶을 찾아 조선을 떠나온 동포들이 많았다. 용성은 이들을 상대로 조선민족의 역사성을 가르치기도 했다. 용성의 이런 행보에 대해서 차차석은 다음과 같이 설명하고 있다.

---

98 『佛敎』, 제40호(1927. 10), p.52 참조.

용성스님(1864~1940)은 16세에 해인사 극락암에서 출가하여 전통
적인 수행과정을 마친 뒤 불교문화운동과 독립운동에 헌신하였다
고 한다. 한용운과 함께 불교계를 대표하여 3·1운동에 참여하였고
1년 6개월의 옥고도 치렀는데 이는 그가 불교혁신운동과 불교사상
의 정립에 새로운 전기를 마련하게 하였다. … 중략 … 또한 용정에
서의 대각활동을 폭넓게 전개하고자 용정에서 토지를 매수하였으
며 신도들이 자급자족할 수 있도록 하여 사찰과 신도들의 공생관계
를 형성하였다. 연변 땅에 건립된 대각교당은 신도들의 정신적
구심점이 되었을 뿐만 아니라 독립 운동가들의 은신처 역할을
하기도 하였다.[99]

한편 용성이 만주 용정에 대각교 포교당을 건립한 것은 조선인들을
위한 법회를 시작한 것을 의미한다. 그리고 위의 식순에 나오듯이,
용정에서 포교당의 낙성식을 가지게 되었음은 용성의 포교의식이
간단치 않음을 대변한다. 한편으로 용정에 대각교 포교당을 건립한
것은 조선독립운동에 도움을 주기 위한 용성의 뜻이 담겨 있기도
하다. 용성은 용정의 대각교 포교당 설립으로 독립운동을 하는 민족세
력들에게 물심양면으로 큰 도움을 주었을 것이다. 이렇듯 용정에
건립한 대각교당은 불교포교와 조선독립운동이라는 두 가지 목적을
이루는 전진기지라는 함의를 갖게 되었다.

99 차차석, 「일제하 간도지역의 한인사회와 불교」, 『간도와 한인종교』, 한국학중앙
연구원 문화와종교연구소, 2010, pp.86-87 참조.

옹성 납자란 현재 安圖縣 明月鎭의 옛지명이라고 한다. 명월진 중심의 작은 산줄기(이룡산)를 따라 부르하통하가 흐르는데 하천 연안은 절벽이다. 절벽이 굽이치는 곳에 높이 솟은 암석이 하나 있는데 이를 瓮聲磖子라고 한다. 瓮聲이란 항아리 소리라는 뜻이고, 磖子란 바위라는 뜻이다. 즉 부르하통하가 바위를 굽이치며 흐를 때에 항아리 소리가 난다고 하여 옹성납자라는 지명이 생기게 되었고 이것이 점차 이곳 지명으로 정착되었다. 그리고 이곳에 밝은 달이 뜨면 마치 대낮처럼 밝아진다고 하여 明月溝라고 하였다.[100]

그런데 용정에는 이미 일본불교가 진출하여 포교당을 건립하여 활동하고 있었다. 이런 지역에 대각교 포교당의 설립은 조선 동포들에게 있어서는 하나의 귀의처가 되었을 것이다. 대각교당은 단순히 승려가 거처하는 도량이 아니라 재가불자들을 위한 포교당으로 운영되었다. 재가자들을 중심으로 하는, 민족운동을 전개하고 있던 세력들에게 이러한 모임 터를 마련하는 것은 중요한 과제였다. 용정에 대각교 포교당을 건립함으로서 용성은 해외의 조선 동포들에게 큰 명성을 얻을 수 있었다.

1923년에 연길현 富岩村(지금의 룡정시 팔도향 경내)에 龍珠寺를 세웠다. 1920년부터 1923년에 이르는 3년 간에는 일본불교계의

---

100 김석주, 「연변지역 불교의 발전과 대각교회연구」, 『대각사상』 16집, 2011, p.124.

214

淨土宗, 禪宗파의 조선승려들도 룡정 등지에서 本願寺, 普照寺, 曹洞宗別院 등 절간을 잇달아 세웠다. 1927년 조선불교계의 大覺寺파 역시 룡정에서 절간을 세웠다. 1929년, 1930년간에는 歸珠寺파도 룡정에서 普興寺를 짓고 연길에서 延明寺를 새로 지었다.[101]

용성에 의해 창건된 대각교당은 조선불교 최초로 해외에 건설된 포교당이라는 점에서 큰 의미를 가진다. 위의 인용문에 언급되었듯이 당시 용정지역에는 일본, 중국, 조선 등의 여러 불교 종파들이 다투어 포교당을 짓고 포교 활동에 경쟁을 벌이고 있었다. 그중 조선불교계인 귀주사파가 광범위한 조선인 민중들의 지지를 얻었다고 하는데, 아마도 대각교 역시 이에 뒤지지 않았으리라고 짐작된다.

용정의 대각교 포교당[102]은 승려가 거처하는 도량일 뿐만 아니라

---

101 『연변문사자료』 제8집, 「종교사료 전집」, p.80 참조.

102 『중추원조사서』(국사편찬위원회), 「간도사업조사서 경지단위」를 참조. 그는 "경지 단위를 청인은 1晌이라 말하고 한인은 1日耕이라 칭한다. 1晌의 면적은 7,200弓이 된다고 한다. 그런데 1弓의 크기는 관이 정한 것과 민간에서 관습적으로 사용하는 것이 일치하지 않는다. 관에서 정한 1弓은 淸尺으로 5尺, 폭 2尺5寸의 직사각형이라고 한다. 이에 의거하면 관에서 정한 1晌은 우리(일본-번역자, 이하 동일)로는 9反1畝26步2合5勺이 된다. 민간에서는 보통 길이 5尺, 폭 2尺을 1弓이라고 한다. 즉 민간이 관습적으로 사용하는 바의 1晌은 우리로는 7反3畝15步가 된다. 그리고 민간에서는 典地 또는 借地의 경우, 1弓의 길이는 5尺이지만, 폭은 牛聚畝라고 하여 현재 경작하는 畦幅인 1尺6寸 내지 1尺8寸을 사용하는데, 결국 7,200弓으로서 1晌이 이루어진다. 즉 이 경우에 1晌의 면적은 우리(일본번역자)로는 5反8畝24步 내지 6反6畝4步5合이 된다. 1晌D地의 크기는 근래 개정된 규정에 의하면 2,880弓이 된다고 하는데, 이 경우의 1弓은 淸尺으로 5尺平方이

재가불자들을 위한 장소 역할을 했을 것이다. 물론 독립운동을 해외에서 결행하기 위한 장소를 제공하기도 했다. 대각교 포교당이 독립지사들을 지원한 자세한 내용이 전해지지 않아서 유감스럽다.

　20년대 초부터 일본제국주의자들은 연변 땅에 저들의 불교사찰을
　애써 운영하며 조선불교도들을 「무마하는 정책」으로써 조선인들
　의 반일투지를 마비시키고저 시도하였지만, 그 음험한 목적을
　달성할 수 없었다. 그것은 룡정, 도문, 팔도구 등지의 조선불교계인
　귀주사파가 광범위한 조선인 민중들의 지지를 얻었고 연변불교계
　서 언제나 우세를 점하고 있었기 때문이었다.[103]

　용정에 대각교 포교당이 설립됨으로써 용성은 조선총독부의 간섭을 받지 않고 불교를 포교할 수 있는 터전을 마련했다. 불교를 포교한다는 대외상의 명분과 함께 용성은 독립지사들을 지원하는 일에도 힘을 쏟았다.

　대각교 원류를 저술하고 또 대각교의 의식을 번역하얐으나 간간이
　선원을 설립하는 일과 북간도에 대각교를 설립하는 일과 십년을

된다. 그렇지만 보통은 폭 2尺5寸, 길이 5尺의 직사각형을 1弓으로 해서 5,760弓을 1晌地라고 호칭한다. 이에 따르면 1晌D地의 면적은 7反3畝15步가 되는데, 龍井村에서 청인 1인의 소유경지 1晌地를 실제 측량하였는데, 폭 74尺4寸, 길이 1,113尺, 즉 7反6畝20步였다. 이 청인은 5,810弓이 1晌地가 된다고 말하였는데, 이를 환산하면 7反4畝步가 조금 넘는 것이 된다."라는 내용이다.
103 『연변문사자료』, 제8집, 「종교사료전집」, p.80.

216

예정하고 년년이 법계고혼을 천도하는 천도식과 방생법회를 설립
하야 모든 생명을 방생하는 일 이 모든 일에 얽매이고 분주함으로
말미암아서 경 번역과 저술하는 데에 적지 안은 장애를 끼친 것만은
많은 유감으로 생각하는 바이다.[104]

용성은 이전에 없던 다양한 방식으로 불교를 포교하였다. 이는
용성의 불교실천 사상이 그만큼 왕성하고 정열적이었기에 가능한
일이었다. 용성의 불교 포교를 위한 이러한 공헌 못지않게, 독립지사들
을 돕기 위해 노력한 일도 객관적인 평가가 이루어져야 한다. 그리고
용정 대각교당 건립은 용성을 따르던 단월들의 후원도 주목해야 한다.

지금으로부터 十二年전에 경성에 잇는 백상규, 고봉운, 최창운(白
相奎, 高鳳雲, 崔昌雲)三씨가 三萬三千원의 대금으로 명월구급 용정
에 토지건물을 매입하여 용정대각교회를 창설하고[105]

그리고 용정 지역 조선 민중들의 성향을 고려해 볼 때 용성의 명성은
용정 지역에서 추앙의 대상이 되었을 것이다. 또한 대각교 포교당은
용정 불자들의 정신적 귀의처가 되기에 손색이 없었다. 연길지역을
놓고 종파 간 치열한 경쟁이 전개되었던 현실에서도 용성의 명성은
단연 돋보였을 것이다.

104 白相奎, 『조선글 화엄경 일곱째권-열둘째권』, 「저술과 번역에 대한 연기」(京城:
三藏譯會 龍城全集12, p.89).
105 『동아일보』 1938. 4. 3, 「龍井大覺教會에 突然解散通告」.

조선불교계의 귀주사, 대각사파가 그 한 파라면 일본불교계의
정토종, 선종파를 다른 한 파로 하여 서로 엇서서 자선사업으로
불자들을 쟁탈했다. 1934년에 이르러 안도현을 망라한 연변 5개현
의 절간은 도합 14개소였고, 불교도는 2,400여명에 달했다.[106]

용정에는 조선불교의 사찰로서는 대각교 포교당이 선두적인 활동을
하였다. 그것을 더욱 촉진한 것은 연길 인근 지역인 안도현의 명월촌과
영봉촌에 세운 농장의 경영이었다. 대각교당 이외에도 조선불교계에
서 포교하고 있는 포교당이 있었고, 일본불교계에서 관리하는 사찰이
있었다. 조선불교계의 귀주사파가 바로 그것이었다. 그러나 용성은
스스로 언급한 바, 즉 '革命的인 民衆敎'[107] 차원에서 대각교당과 농장을
관리하고 있어 주민, 불자들에게 폭 넓은 호응을 받았을 것이다. 이는
곧 새로운 불교의 실행, 불교실천운동이었다.

2) 화과원과 선농불교

용성은 64세 때인 1927년에 대각교 활성화 방안으로 사찰 운영을
혁신하였다. 핵심은 실천불교에 필요한 경제적인 힘을 자력으로 얻는
것이었다. 그리고 그 행보는 백장청규를 실천하는 불교, 선농일치禪農
一致의 실천운동이었다. 선종에서 가장 중요하게 인식하고 실행하는
것이 선승들의 노동이다. 특히 선가에서 노동선勞動禪을 수행함에
있어서 그 규범으로 실행했던 것이 백장청규이다.[108] 용성은 백장

106 『연변문사자료』, 제8집, 「종교사료전집」, p.80.
107 명정, 『삼소굴 소식』, 극락선원, 1997, p.175.

218

선사가 강조한 청규를 근대적인 변용인 노동선으로 구현하고자 했던 것이다. 이런 역할을 한 용성의 실천불교 지성에 주목해야 한다.

용성은 1926년부터 함양 백운산에 화과원을 설립하여 선농불교를 실현하고자 하였다. 그리고 연길의 안도현에도 농장을[109] 마련하고 그 지역 주민들에게 제공하였다. 이는 대각운동의 사회운동적·실천적 성격을 반영한다. 즉 과수원 및 농장의 설립에 따른 선농불교禪農佛教의 구현이 그것이다. 용성은 근대화에 따른 시대적 변화에 맞추어 승려의 노동을 통한 승단의 경제적 자립을 역설하였다. 용성의 선농불교에 대해서는 김광식의 논고에[110] 그 대강의 내용이 정리되어 있다.

용성은 1926~7년, 조선이라는 국가 존재를 상실한 지 오래되어 현실적으로 조선불교가 일제의 정책과 명령에 복종하지 않을 수 없는 상황에서, 대각교 포교당 운영의 혁신을 결행하기 위해서는 경제적으로 자립해야 함을 인식했다. 즉 자립적인 사원을 지켜야 한다는 현실인식 하에서 승려의 노동, 선농불교라는 새로운 카드를 꺼낸 것이다.

大覺께서 吾人의 商農을 禁하였으나 現今에는 도저히 乞食할 수 없게 되었다. 아 ─우리는 광이들고 호무가지고 힘써 勞動하여 自作自給하고 他人을 依賴치 말자. 余는 此를 覺悟한 제가 二十年 前이나 勢 不得已 하지 못하고 잇다가 五六年 前에 中國 吉林省

---

108 정성본, 「禪佛教의 勞動 問題」, 『대각사상』 2집, 1999.
109 농장은 용정에서 수십km 떨어진 곳에 있었다. 필자는 2011년 대각사가 주관한 현지답사 행사에 참여, 농장 터(2곳, 명월촌과 영봉촌)를 탐방하였다.
110 김광식, 「백용성스님의 선농불교」, 『대각사상』 2집, 1999.

瓮聲硺子 龍山洞에 數千日耕 土地를 買收하여 吾敎人으로 自作自 給케 하여 쓰며 또 果農을 從事하야 五六年 間을 勞力中이다.[111]

이처럼 용성은 변화된 현실을 타개할 수 있는 수행 덕목에서 가장 중요한 것은 선불교 운동의 실천이라고 보았다. 더불어 선불교를 실천하는 수행자들에게 꼭 필요한 것은 경제적인 자립이고, 경제적인 자립 없이는 남의 간섭으로부터 자유로울 수 없다는 사실을 용성은 잘 알고 있었다. 용성은 승단이 경제적인 자립 능력을 지녀야 한다고 믿고, 이 문제의 해결을 위해 노력하였다. 용성의 불교실천운동은 자연스럽게 경제적 자립 운동으로 이어졌다. 그 일환으로 용성은 경상남도 함양에 화과원을 설립하였던 것이다.

今으로부터 六年 前에 慶南 咸陽郡 白陽山에 가서, 山林·荒蕪地 等 數萬坪을 買入하여, 그를 開墾하고, 果樹·野菜·馬鈴 等을 栽培 하고, 自給自足의 精神으로써 일하고 인근 村落의 貧民兒童을 모아서 敎育시키고 있었다.[112]

용성이 자립을 도모하는 논리는 백장청규의 실천이었다. 실천하지 않는 불교는 역사성을 상실하고 만다. 조선불교를 회복하려면 일본, 일본불교의 간섭을 받지 않도록 자립경제 능력을 확보해야 했다. 대각교 운동을 전개하는 데에 많은 재원이 필요한 것은 당연했다.

---

111 白龍城, 「中央行政에 對한 希望」, 『佛敎』93호(1932. 3), p.15.
112 沈斗燮, 「白龍城師를 訪ねて」, 『朝鮮佛敎』, 89호(1933. 6) 참조.

불교경전을 번역하여 출판하는 데에도 막대한 자금이 소요되었다. 이렇듯 불교 교단을 유지하고 실천적인 포교 활동을 펼쳐 나갈 자금을 확보하는 데에는 승려들의 노동을 통해 자급자족하는 것보다 나은 방안이 없었다. 용성이 대각교 운동으로 교단의 자립경제 능력을 위해 노력한 것은 국가의 후원에 의지하지 않고 승가 자신의 문제를 해결하려는 의지였다. 그리고 이는 불교 본래의 모습으로 돌아가기 위함이었다.

용성은 일본불교계에 협조하지 않고서도 조선불교계가 자력할 방안을 강구하였다. 그리고 그 결과는 조선 승려들이 선농일치의 자립적인 경제 확립을 강구할 수 있는 선농수행법이었다. 용성은 조선 승려들에게 선농일치를 통한 노동의 가치를 가르치면서 불교수행에 있어서 실천의 중요성을 체득시키고자 했던 것이다.

용성은 조선불교가 발전하려면 불교 교단이 스스로 경제를 해결할 수 있는 방안을 마련해야 한다고 강조하였다. 이는 용성의 불교실천운동의 핵심적인 사항이었다. 용성은 함양 화과원에 과일나무 수만 주를 심고 참선, 노동을 함께 하는 선농불교를 실천하는 데에 주력하였다. 수행자들의 선수행과 노동은 동질적인 실천행이다.

더불어 용성이 선농의 필요성을 강조한 것은 조선불교가 조선 농민들을 돌보는 역할을 실천하고자 하는 뜻도 있었다. 용성은 일본의 가혹한 착취로 고통 받고 있는 조선 농민들에게 도움을 주고자 했다.

용성은 이런 선농일치를 만주의 연길 농장에까지 확대하였다. 선농일치의 수행을 실천하면서 이를 더욱 활성화시키려고 했던 것이다. 그는 이 방안으로 사찰의 운영에 필요한 경제를 자력으로 얻고자 하였던 것이다. 조선불교를 회복하는 것은 일본 및 신도에 의하여 간섭을 받지 않는 불교 경제가 마련되어야 했다는 점을 깨닫고, 이를 실천한 것이다. 조선불교의 자립적인 경제를 확보하기 위해서 승려들의 노동을 통한 자급자족을 염원했던 것이다.

如法分衛가 진실로 正命이나 時의 古今을 따라 推移치 아니할 수도 업나니 自身에 應供의 行德이 缺하엿을진댄 애초부터 信施를 밧을 수 업는 터인데 하물며 物質至上主義인 이때에 서며 生活難이 極에 달한 今日에서랴. 墬石夜春開田說義 等 古人의 示範 實로 그 宜을 得하얏다 하리로다.[113]

이런 용성의 행보는 당시 사회 변동의 추세를 다각도로 고려한 것에서 나온 것이다. 그래서 용성은 화과원을 설립하고 산림을 개간하는 운동을 과감하게 실천하였던 것이다. 이는 조선총독부가 배후에서 조율하여 등장한 조선불교선교양종, 그리고 그에 연결된 교단이 아니라 독자적인 교단을 설립하려는 의지와 무관한 것이 아니었다. 즉 용성은 조선불교를 회복시킬 수 있는 방안으로 선농일치의 선불교 운동을 실천하였던 것이다.

당시 조선 농촌의 사정은 말할 수 없이 악화되어 있었다. 일본은 만주사변, 중일전쟁을 준비하면서 조선을 군수기지로 삼는 식민정책을 구현하였다. 이런 구조 하에서 일제는 끊임없이 식량을 수탈했기

---

113 용하, 「禪農觀」, 東山慧日 撰集, 『龍城禪師語錄』 卷下(京城: 三藏譯會, 龍城全集1, p.575). 용하는 봉선사 고승인 운허스님이다.

222

때문에 백성들은 먹을 양식이 없어 굶주리고 있었다. 용성은 이러한 상황을 탈피하기 위해서는 근본적으로 농민들의 의식이 먼저 깨어야 한다고 생각했다. 용성의 선농불교는 농민 문제 해결을 위한 계몽적 성격도 지니고 있었다.

> 일즉 이에 뜻을 두어 今後의 僧侶의 生活 卽 叢林의 經營이 從來의 方軌들 그리고 因襲지 못할 것을 看破하고 自力自給을 主唱하는 一方 咸陽의 白雲山 三千餘町을 占有하야 柿 栗 等 樹 萬餘株를 栽하고 華果院을 設하며 間島의 延吉 明月村 寧鳳村에 七十餘响의 田地를 買得하고 敎堂을 設立하야 僧侶의 半禪半農生活의 嚆失를 作한 지 벌써 十五年이라 하니.[114]

위의 인용문은 동산이 편집한 『용성선사어록』에 수록된 운허 용하의 「선농관」이라는 글의 일부이다. 선농불교를 실행에 옮길 때 용성의 나이 64세였다. 용성이 선농불교를 실천하고, 곧 이어 66세 무렵에 『화엄경』을 탈고하였다는 것에서 그의 실천적 행보를 가늠케 한다. 더욱이 국내도 아닌 해외에 대각교 포교당을 건립하고, 만주로 이주한 조선인들에게 우리 글로 된 불교경전을 읽게 하려고도 하였다.

용성이 조선불교계에서 선농일치를 주장한 데에는 나태함에 빠진 조선 승려들을 깨우치려는 목적도 내재되어 있었다. 용성에게 있어 무사안일한 생활에 안주한다는 것은 상상도 할 수 없는 일이었다.

---

114 龍夏, 「禪農觀」, 東山慧日 撰集, 『龍城禪師語錄』, 卷下(京城: 三藏譯會, 龍城全集1, p.575).

그러나 용성은 점차 노쇠하여 갔다. 1936년 용성의 속랍은 73세에 달하였다. 그는 대각운동을 심혈을 기울여 다각도로 전개하였지만 자연의 순리를 거스를 수는 없었다. 더욱이 일제가 대각교를 유사종교로 보고 은연중 탄압하는 정책이 시작되는 것에 어떻게든 대응을 해야만 했다. 그래서 용성은 자신의 뜻을 이어갈 후계자를 정하는 법맥 상속을 단행하였다. 그것은 이른바 용성의 법을 공개적으로 전하는 의식이다.

大覺教堂의 法脈相續式 內鳳翼洞大覺教堂에서는 去二月十六日에 觀音齋日을 利用하여 法脈相續式을 擧行하얏다는대 嗣法及號와 傳法偈文은 아래와 갓다.
嗣法及號, 龍城大禪師嗣完圭號東軒, 同嗣禎薰號道庵, 同嗣德綸號雷默, 同嗣月舟號鳳庵[115]

이렇게 그는 상좌 4명에게[116] 법을 주었다. 용성은 자신이 실행하고자 작정한 일에 대해서는 한 번의 망설임이나 멈춤이 없이 노력하고 실천에 옮겼다. 용성은 자기에게 다가오는 운명적인 상황을 극복하고 불법을 바르게 전하기 위해, 자신의 불교사상을 전하는 법맥 상속식을 거행했다. 한편 『불교시대佛教時報』 17호에는 대각교당이 범어사 소

---

115 『佛教時報』 8호(1936. 3). p.6, 「대각교당의 법맥 상속식」,

116 그런데 그는 이 법맥식을 하고 추가로 4명에게 법을 주었다. 그리고 그해 가을에는 하동산에게 율맥을 전수하였다. 또한 용성은 장안사 선원에서 수행을 하던 동산에게 전법게문을 발송하였다.

속으로 이전되었음을 전한다. 이는 대각교의 재산, 기반에 대한 안전
조치였다.

> 大覺教堂이 다시 大本山梵魚寺京城布教所로 移轉 手續이라는 제
> 하에 시내 鳳翼町二대각교당이 대본산 해인사 포교소로 수속케
> 되었다고 旣報하엿으나 그간 當교당과 해인사와 상호간에 조건부
> 로 교섭하든 것이 彼此 意見相左로 破裂되야 다시 범어사와 교섭이
> 진행하야 범어사로 이전수속을 마치게 되엿다. 그래서 當教堂과
> 基地建物及土地와 또 咸陽잇는 華果院의 基地及建物果樹園과 間
> 島龍井村에 잇는 教堂及不動林野土地(이상 현시가 十萬圓假量)를
> 모다 범어사에 獻納케 되엇슴으로 범어사에서는 그 대신 每朔百圓
> 式을 경성포교소에 지불하야 경비에 충당케 되엿다 한다.[117]

이렇게 그는 후일을 대비하여 할 수 있는 조치를 다 하였다. 그러나
이런 그의 조치가 얼마나 효과를 발휘할 수 있을지는 장담할 수 없었다.
즉 대각교의 물적 기반은 보호를 하였지만, 대각운동 및 불교실천운동
의 행보가 지속될 수 있는가에 대한 근본적인 문제가 남아 있었다.

---

117 『佛教時報』 17호(1936. 12), p.6, 「大覺教堂이 다시 大本山梵魚寺京城布教所로
　　移轉手續」,

V. 대각교 운동의 좌절과 과제

1. 대각교의 전법의식

용성은 경성 대각사 교당에서 1929년부터 선회禪會를 개설하였다. 용성이 이러한 선회를 개설한 것에는 어떤 뜻이 담겨 있었을까? 그는 조선총독부가 조선불교선교양종을 관리하는 정책에 대해 저항했고, 개혁 의지를 강하게 표출하기도 하였다. 용성은 대각교를 통하여 대중들과 함께 수행하여 깨달을 수 있다고 보았다. 즉 대중선 운동으로의 전환이 가능하다고 보았던 것이다.

용성은 대각교 교당에서 대중들과 함께하는 다양한 포교운동을 시행하였다. 그래서 경성에 있는 불교 대중들에게 보다 쉽게 접근할 수 있도록 경전을 번역하는 일에 몰두하였다. 그리고 어린이 일요학교를 열고, 찬불가 보급 운동을 펼쳐 불교음악의 초석을 다지는 역할도 하였다. 용성이 대각사를 창건한 근본 목적은 불교실천의 도량으로 만드는 것이었다. 예컨대 대각사에서 대중들과 함께 참선하는 대중선원을 개설한 것이 불교실천운동의 대표적인 사례이다. 대각사에 부인선원이[1] 개설되었음도 이를 상징한다. 용성이 대중선을 실천하려고 하였던 목적과 목표는 바로 조선불교를 조선총독부가 개입할 수 없을 정도의 위상으로 만들어 불교 교단을 새롭게 하기 위한 것이었다고 할 수 있다.

용성과 연고가 많은 범어사는 대중들과 수행승들을 위한 선원을 다수 개설했다. 물론 그러한 개설은 오성월이 주도했지만 용성과의 일정한 교감이 있었다고 보여진다. 용성은 조선임제종중앙포교당을 운영한 경험을 살려 도회지 포교당인 대각사를 세우고, 그곳에서 최초로 대중들과 함께하는 대중선의 실천운동을 추진했다. 용성은 1929년 4월 15일부터 7월 15일까지 하안거 기간을 이용하여 대각사 선회를 시민선방으로 개방, 운영하였다. 경성에서 간화선을 표방하면서 선수행을 실천한 대각사는 진정으로 보살들을 위한 선원이었다고 할 수 있다.

대각사 교당에서 신도들에게 실참실수하는 선수행을 권유한 것은 실로 근대기 불교운동사에 있어 희귀 사례이다.[2] 이는 불교 혁신적 행보였다. 대각사 교당은 경성의 불교신도, 보살들을 위한 선수행 도량이자 선을 선양하는 선법 도량이었다. 용성이 이렇듯 선을 선양한

---

1 장수 죽림정사에 부인선원의 방함록이 전한다. 필자는 앞으로 이를 분석할 예정이다.

2 선학원의 선방에도 재가자가 참여하였고, 부인선원도 있었다. 『選佛場』(선리연구원, 2007), 「安居 芳啣錄」 참조.

이유는 그가 깨달음의 대중화, 다시 말해 깨달음은 불佛의 존재를
밝히는 데에 있으며 사람마다 다 불성佛性이 있다는 이론을 널리 제시한
것과 일맥상통한다. 용성은 선의 선양으로 대각운동의 실천성을 보여
주려고 했던 것이다. 다시 말해서 개인, 사회, 국가는 자주성에 의해서
깨어 있을 수 있다는 것이다. 이는 일본불교의 정토나 여타 신앙과의
차별성을 두려는 의도로 여겨진다. 용성이 『선가구감』을 번역하면서
화두 참선을 다음과 같이 설명한 것에서 이를 파악할 수 있다.

화두를 참구하는데 있어 모든 병이 아는 데에서 나는 것이다.
중생의 아는 마음이 파리와 같다. 파리가 모든 물건마다 옮겨
붙되 불꽃 위에는 엉겨 붙지 못하나니 중생이 아는 마음 이와
같은 것이다.[3]

대각교당은 위와 같은 화두 참구, 깨달음을 위해 수행하는 정진
도량이었다. 불교를 대중들과 함께 실천하려는 방법을 중요시하는
운동의 터전이었던 것이다. 용성은 감옥에서 불교를 포교하는 데
있어서 많은 것을 깨달았다고 한다. 그래서 그는 불교경전을 번역하고,
대중 가운데로 나가고, 현장에서 대중들에게 불교를 전하고자 했던
것이다. 즉 대각교라는 방편으로 자신이 강구한 불교실천을 선양하고
자 하였다. 용성이 감옥에서 고민한 것은 불교경전을 번역하는 것,
불교대중들을 위해 포교의 방법을 실천하는 것 등이었다. 용성의

---

3 休靜, 『禪家龜鑑』(京城: 大覺會, 龍城全集7, p.887).

모든 행보는 불교실천운동을 행하기 위한 방략이었다. 용성이 『삼천리』에 발표한 「나의 참회록」에서 밝힌 심정 바로 그것이었다.

그때 재감자들 중에는 기독교인이며 기타 여러 교인들이 있었는데 다른 教의 교리는 쉬운 「諺文」으로 퍽 많이 번역되어 있지마는 불교의 교리 많은 아직도 어려운 한문으로만 남아 있어서 지금 사람들에게는 좀처럼 알려지지 못할 것이 당연한 일인 것 같아서 크게 유감으로 생각하고 감옥에서 나오는 길로 불경 번역에 곳 착수해서 오늘까지 수 천여 권을 번역하였었다.[4]

용성은 대각교당에서 대중선 수행을 주관하였는데, 당시 행하여진 내용을 기록한 『불교佛教』62호를 보면 그 실상이 잘 나와 있다. 즉 대각교 운동을 통해서 용성의 불교실천운동의 성격 및 본질에 대하여 고찰할 수 있다. 한편 대각교당에서는 선원에서 수행하듯이 철저히 안거를 지키고, 안거 동안에 입선 시간을 지켰으며, 그 입선에 대한 시간표를 적성하고 그에 따라 수행하였다.

대각교당의 禪會

市內 鳳翼洞 二番地 大覺教堂에서는 去 四月부터 七月까지 夏安居禪會를 開하고 多數한 信者와 가치 坐禪을 行한다는데 그 安居修禪은 左와 如하다더라. 午前部 四時 起寢, 五時 禮佛入禪, 六時 放禪, 七時 進供, 十時 入禪, 十一時 放禪 十二時 供養.午後部三時

---

4 白龍城, 「나의 懺悔錄」, 『삼천리』 제8권 12호(1936. 12).

入禪, 四時 放禪, 五時 說敎, 六時 夕供, 八時 禮佛入禪, 九時
放禪就寢.[5]

　용성은 대각사 교당에서 보살들도 선을 실천할 수 있는 선원을
개설하였다. 이는 참선을 대중적으로 활성화하려는 목적에서 나온
것이다. 이는 용성의 대중불교, 실천불교 사상에서 나온 것으로, 대중
들이 편안하게 수행할 수 있는 조치를 강구한 것이다. 이것은 용성이
조선불교의 전통 선을 대중들에게 전하려는 원대한 서원을 세우고
선을 대중들에게 실천하려는 의지를 지녔기에 가능했다고 본다. 용성
선사야말로 대중들에게 선수행을 지도한 최초의 선승이었다. 또한
용성이 보살 선원을 개원한 사실은 그가 과거, 현재, 미래를 꿰뚫어보는
깨달은 도인으로서의 혜안慧眼을 지니고 있었음을 말해 준다고 보아야
한다.
　용성은 대각사 교당에서 선을 선양하고자 1935년에 『선문촬요』를
번역, 간행하였다. 『선문촬요』는 선에 관한 이론들을 제시한 책으로
선승들이 필수적으로 보아야 할 책이다. 이 책은 용성이 독창적으로
저술한 것은 아니다. 그러나 이 책에서 용성은 달마의 혈맥血脈을
밝히고, 보조 지눌의 「수심론」과 「진심직설」 두 논설을 소개하였다.
이는 용성이 보조의 선에 큰 관심을 두고 있었다는 증거이기도 하였다.
용성이 번역한 『선문촬요』의 일부 내용을 보면 다음과 같다.

---

5 『佛敎』, 62호(1929. 8), p.76, 「대각교당의 선회」.

삼계가 몹시 뜨거워 열뇌한 것이 마침 불타는 집과 같으니 그곳에
오래 머물러 차마 한량이 없는 長時間苦를 달게 받으랴. 삼계
불집에 윤회하는 것 면코저 할진대 깨친 것을 구하는 것만 같지
못하고 깨친 것을 구하고저 할진대 깨친 것이 곧 마음이니 마음을
어찌 멀리 찾으랴 몸을 떠나지 아니하였도다. 몸은 이 거짓이라
사는 것이 있고 죽은 것이 있거니와 참마음은 허공과 같아야 끊어지
는 것도 아니요 변하는 것도 아니니라. 그런 고로 임제 말삼하사데
사람이 죽으매 일백 뼈는 무너지고 헐어지매 불로 돌아가고 바람으
로 돌아가거니와 내의 本然한 성품이 한 물건은 설령하야 하나로
덮고 땅도 덮었다 하시니[6]

용성은 보조 선 이론을 『선문촬요』에서 소개하면서 간화선을 주장
했던 대혜 종고大慧宗杲의 논은 기록하지 않았다. 이는 용성이 간화선
을 실천 수행함에서 참신한 의식을 보여주는 것이다. 특히 보살들이
선원에서 지켜야 할 청규를 작성함과 동시에 선원에서 정진하게 한
것은 새로운 시도라고 할 수 있다. 대각교당이 선승들을 위한 선원이
아니라 일반신도인 보살들을 위한 선원을 운영한 것은 여타 사찰에서
찾아보기 어려운 것으로 특이한 행보였다.

그 당시 조선불교의 선원은 보살들이 아니라 선승들만 수행할 수
있는 소수의 선원뿐이었다. 따라서 대각교당에서 신도들을 선원에서
정진케 한 것은 대중선 운동의 중요한 행보라고 하겠다. 1929년 11월,
용성은 선수행 방법의 이론서이자 선 수행자를 위한 지침서인 『각해일

6 白相奎, 『禪門撮要』 卷2(京城: 三藏譯會, 龍城全集4, pp.199-200).

류』의 원고를 탈고하였다.

1) 대각사상 선양을 위한 노력

용성이 대각교당에서 일반 대중들에게 선수행을 하게 한 것은 대각사상 선양에서 의미가 크다. 이는 그의 불교실천운동과 함께 불교사상을 전하기 위한 목적에서 나온 것이다. 용성은 학문을 중시하였기에 불교경전의 간행 사업을 의욕적으로 추진하였다. 용성은 1930년대에 접어들면서는 불교경전의 번역 출판을 추진하면서 동시에 선에 관한 이론서를 발간하는 데 목표를 두었다. 우리글로 된 불교경전을 발간하면서 또한 용성은 조선불교의 역사성을 올바르게 학습하는 일에 전념하였다.

용성은『각해일륜』으로 대중들에게 대각사상을 뚜렷이 각인시켰다. 용성은 대각사상을 통해 조선불교가 일본불교의 영향에서 벗어나 본래의 모습을 되찾게 하고자 노력했던 것이다. 이런 행보를 하면서 대중들에게 대각이라는 의미를 부여하였다. 이는 대각에 대한 설법 그 자체였다.

대각 성존이 이 대원각을 깨친 고로 이름을 대각이라 한다. 이 대각 성존은 법계에 충만하야 없는 곳이 없다. 이 대원각을 깨치신 대각께서 중생을 제도하기 위하여 인연을 따라 한량없이 화신을 나타내신 것이 달이 허공에 광명이 천하에 가득하며 물이 있는 곳마다 달이 나타나는 것과 같다.[7]

이러한 목표를 다시 한 번 확인한 용성은 그동안 경전을 번역한 이후 책을 출판했던 활동을 뒤돌아보고 대각사상을 정착시킬 단계로 접어들었음을 인식했다. 용성은 대각교의 활성화가 곧 조선불교를 바르게 실천하는 일인 동시에 불교대중들을 위한 깨달음을 실천하는 운동이라고 확신하였다.

용성은 조선불교계가 새로워져야 하며 이를 위해서는 먼저 조선불교의 불교사를 바르게 고찰하는 일이 선행되어야 한다고 생각하였다. 또한 용성은 대각교당 운동에 필요한 자금을 계속해서 충당하기 위한 사업을 구상하였다. 불교의 자립적 경제기반을 마련하는 수단으로 화과원을 운영했던 것이다. 자립경제를 위한 이러한 시도들은 용성불교, 조선불교의 불교 실천적 행동이다.

용성이 하룻날에 백운산 화과원에 머물더니 때마침 사월이라 유록은 일만 구렁에 장엄하고 맥황은 천종이나 부하더라. 백엄이 용성에게 물어 가로되 (자문자답) 지극한 道 듣기를 원하노라. 용성이 가로대 고요한 것을 지켜 道를 삼고저 하나 원대로 나의 道는 空寂한 것이 아니요 밖으로 善知識에게 알기를 구하고자 하나 나의 道는 外人에게 구할 것이 아니니 구하야 알라고 하는 것이 참 眞道가 아니니라. 꽃이 붉고 버들이 푸르러 어지러운 산속에 공교한 짓이 때로 와 맑은 소리를 울어 보내는도다.[8]

---

7 白相奎, 『釋迦史』(京城: 三藏譯會, 龍城全集7, p.500).

8 白相奎, 『吾道는 覺』(京城: 三藏譯會, 龍城全集4, p.915).

위의 글은 용성이 화과원에 주석하면서 자연의 아름다운 변화의 현상을 보고 깊이 생각하여 쓴 글이다. 용성은 이 저술의 제목을 『오도吾道는 각覺』이라고 붙였다. 용성이 자연 현상을 있는 그대로 보면서 각운동의 현상을 직관적으로 표상한 것이라고 할 수 있는데, 이 글을 통해 각이란 무엇인가 하는 문제에 대한 해답을 제시하였다. 이 글은 자문자답의 형식을 취하였다.

> 용성이 이르되 釋迦大覺께서 가라사대 갓 없는 허공이 覺 나타난 바라 하시니 이 뜻을 비유로 발명하리라. 철야심경에 천지를 분별치 못하다가 日光이 東으로부터 나타나매 일체 어두운 것은 소멸하야 볼 수 없고 다만 光明뿐이요, 또 비유컨대 千年이나 어두운 집 가운데 電氣燈을 켜면 어두운 것은 볼 수 없고 다못 光明만 나타나는 것 같아서 모든 허공은 다 늙어지고 오직 覺뿐이니라. 또 이르사되 허공이 大覺 가운데서 나타나는 것이 바다에 한 물거품 나타나는 것과 같다 하시는 말씀은 覺은 크고 허공은 작다 하시는 말씀이니 그러하므로 나의 道를 覺이라 칭하노라.[9]

용성은 우선 '오도는 각'의 의미를 설명하여 대각의 의미를 밝혔다. 그리고 이어서 대각의 존재는 바로 석가불이라고 하면서 각운동의 원리를 말하였다. 이렇듯 용성은 화과원의 자연 현상을 보고 대각의 원리를 밝혔다. 이는 용성이 이때 이미 눈으로 보는 자연과 함께 깨달음에 이르는 지견知見의 경지에 있었음을 알려 준다. 그런데 그

---

9 白相奎, 전게서, p.918.

방법은 방편이 아닌, 일상 속에서 보고 느끼는 현상과 마음이 상통하는 것이었다. 이렇듯 자아를 발견한 용성은 『오도吾道의 진리眞理』를 발표하였다.

> 問曰 나의 本性을 내가 깨다러 알 수 없습니다. 본래 覺한 것이라 하나 本覺이라는 名相을 얻을 수 없고, 비로소 깨친 것이라 하나 始覺의 名相을 얻을 수 없고, 究竟에 깨침이라 하나 究竟覺의 名相을 얻을 수 없고, 大覺이라 하나 大覺의 名相을 얻을 수 없어 言語道가 끊어지고 心行處가 멸하얏으니 무엇을 일러서 覺이라 하오리까.[10]

이처럼 용성은 오도吾道의 진리를 설명하였다. 용성은 각覺의 의미를 알고자 하는 이들에게 『기신론』의 본각과 시각, 구경각, 그리고 대각을 제시하면서 완전한 깨달음은 말길이 끊어지고 생각할 곳이 없는 것이라고, 자문자답을 통해서 중생들에게 해답을 주려고 하였다. 물론 여기에서의 각은 '오도는 각'이라고 하였던 것과는 다른 각이다. 즉 '오도는 각'과 '오도의 진리'는 각기 다른 의미의 각을 말한다. 전자인 '오도는 각'에서의 각은 불타를 말하고, 후자인 '오도의 진리'에서의 각은 진리를 탐구하고자 하는 수행자를 말한다.

용성은 대각교가 조선불교선교양종과 다른 면을 보이기 위해 대각교 운동의 실천적인 이론을 제시하는 글로 『오도의 진리』를 썼던 것이다. 이처럼 용성은 조선불교선교양종과 대각교의 차이점을 분명히 드러내

---

10 白相奎, 전게서, pp.947-948.

보이려고 노력했다. 용성은 각운동을 실천하기 위해 수행자에게 화두를 참구하도록 가르쳤다. 그런데 그 화두를 참구하다 보면 마음에 병이 일어나기 쉬우므로 주의해야 한다. 이것은 수행정진 중 일어나는 수행의 병을 말하는데, 이것을 치유하기 위한 방법을 가르쳤다.

> 마음병을 다스리는 데는 참선하는 것이 가장 좋은 것이니, 그 가운데 한 가지만 말하리라. 혹 번뇌 습기가 많은 자는 비록 깨끗드레도 是甚麼 話頭하는 것이 좋으니 是甚麼로서 방편을 삼어 이것이 무엇인고 하야 일체 지혜를 내지 말고 단지 疑情만 홀로 드러나고 호발도 다른 생각이 새지 않게 하야 이같이 하면 微細流注가 길이 끊어지고 圓覺大智가 낭연히 홀로 있어(朗然獨存) 마침 달이 九霄에 나타난 것 같어서 그림자가 일만 비추는 듯하야 이와 같이 하면 마음병을 스스로 다시리나니라.[11]

용성은 대각교의 각覺을 널리 알리려고 화과원 농장을 경영하여 선농일치의 백장청규를 실천하는 승가실천운동을 전개하였다. 대각교를 선양하고자 불교경전을 번역하는 일에 헌신하고, 해외에 대각교 포교당을 건립하여 조선 백성들에게 대각운동의 기풍을 진작시켰다. 또한 용성은 불교가 가장 번성했던 고려시대의 불교교단 영광을 중흥하기 위해 보조 지눌이 실천한 정혜결사와 태고보우가 선양한 임제종을 전승하는 운동의 계승도 시도했다. 이런 행보도 대각교를 선양케 하였음은 물론이다.

---

11 白相奎, 전게서, pp.960-961.

내가 이미 참선하는 법을 선문촬요와 각해일륜과 수심론에 자세히
말하얐으니 그곳에 가서 자세히 보시요. 또 염불하는 법이 좋으니
혹 석가모니불과 아미타불과 관세음과 지장보살의 명호를 불으되
어느 성인이든지 하나만 불으고 여러 성인의 명호를 불러 산란케
말지어다.[12]

한편 용성은 수행에 있어서 선만이 아니라 경전을 봉독奉讀하고
다라니 주력을 병행하도록 하였다. 용성은 이처럼 수행에 다양한
방법을 아울러 실천하도록 하였는데, 이는 당시 용성만의 독특한
수행 방법이라고 할 수 있다. 그리고 용성은 사람들의 마음을 다스리는
방편을 제시하였다.

내가 일체 사람의 마음의 병을 다스리기 위하야 심만 권의 경을
발간하야 모든 사람에게 많이 펴노았으니 이 경을 자세히 보고
수행하면 生死大事를 免하리라.[13]

용성이 불교의 진리를 성찰하는 데에 가장 중요시한 수행은 바로
참선이었다. 하지만 참선만이 아니라 시대적인 변화에 따라서 불교
대중들과 함께해야 한다고 생각했으며, 불교경전을 통해 불교를 대
중화하려고 노력하는 등 다양한 방법으로 그의 불교실천사상을 구현
하였다.

---

12 白相奎, 전게서, pp.961-962.
13 白相奎, 전게서, p.970.

결론적으로 용성이 불교실천운동으로 구체화하려고 했던 것이 바로 대각운동이다. 또한 용성은 조선불교계가 안고 있는 병폐를 정확히 간파하였으며 이를 치유할 수 있는 방안을 제시하고 직접 실천하였다. 그것은 바로 조선불교계에 금강계단을 유지시키고 고수하는 것이었다. 금강계단을 전승하고 유지시켜, 청정승가와 재가의 청정성이 실현되도록 유의한 것이 『각설범망경』의 번역이다. 그래서 용성은 『각설범망경』을 번역함과 동시에 출가와 재가의 청정을 실현하기 위해 이를 널리 유포하였다.

2) 용성의 『각설범망경』 번역 홍포

용성은 『각설범망경』을 번역하였는데, 이것은 바로 조선불교에서 금강계단의 유지를 염원한 것에서 나왔다. 용성은 금강계단을 중요시하고 불교 내부에 제도적인 금강계단을 활성화하려고 노력하였다.

용성이 중요하게 서원했던 것은 조선불교계에서 금강계단의 유지 발전이었다. 이것의 근본 목적은 단순한 포교에 머물지 않고 조선불교의 전통을 후대에 전달하는 것이었다. 계단이 혼탁한 현실에서 금강계단을 유지하기 위해서는 『범망경』이 필요했다. 그는 『각설범망경覺說梵網經』을 번역하여 『범망경』 독송을 생활화하였는데, 이것은 바로 조선불교의 계율정신을 바르게 실천하려는 의도였다. 조선불교선교양종에서는 『범망경』을 중요하게 인식하지 않았지만, 용성에게는 매우 중요한 계율 지침서였던 것이다.

『각설범망경』은 조선불교계에서 금강계단을 상설할 수 있는 지침서의 역할을 할 수 있었다. 이 같은 용성의 행보는 1929년 4월 해인사에서 열린 설계設戒 대회의 지향과 동질적이다.

> 去 四月 八日을 爲期하야 佛弟子 된 우리로서 이 날을 紀念祝賀한
> 것은 當然한 일인지라 … 중략 … 設戒和尙은 龍城大禪師를 모시여
> 大乘戒와 具足戒를 設하야 受戒大衆이 合 二百餘名에 達하얏섯다.
> 設戒和尙의 至極한 法門과 受戒大衆의 至誠스러운 精進은 본 者로
> 하여금 이로부터 우리 佛敎界의 一大革新이 이러나리라는 期待가
> 저절로 마음 가운대에 늣기게 하엿다.[14]

　용성은 자신이 번역한『각설범망경』이 일제하 조선불교의 자존을
살리는 계기가 될 것이라고 확신하였다. 그 책의 「자서」를 보면 그
염원이 얼마나 간절하였는지를 알 수 있다.
　용성이 강조한 금강계단의 필요성은 그의 전 생애를 통해 일관되게
실천하려는 계율사상 그 자체였다. 그리고 단절된 금강계단의 수계의
식을 회복하고 활성화하는 데에『범망경』이 필요했던 것이다. 그래서
그 교본이 될『범망경』을 번역하고, 용성 자신도『범망경』독송을
생활화하였다. 이는 모두가 조선불교의 계율을 바르게 실천하려는
목적에서 나온 것이었다. 철저한 계율과 수행을 그 누구보다 중요시하
고 실천한 용성에게『범망경』은 계율의 소중한 지침서 역할을 하였다.
용성은『각설범망경』이 조선불교를 올곧게 깨어나도록 하는 중요한
역할을 할 것으로 확신하였다.[15]

---

14 『佛敎』 61호(1929.7), p.66. 「八日佛事와 設戒大會」.

15 신규탁, 「범망경」「상권」과 「하권」의 관계에 대한 소고 -심지心地 수행과 계율戒律

辛酉 여름 四月에 余가 世界의 思潮와 文學의 變遷됨을 正觀하고
卽時 譯經에 着手하야 庚午 秋에 이르러 飜而印出者-이 至 四萬五
千部라 休筆 修養코저 하엿더니 檀庵 慧山 兩 正士의 極力 勸請함에
辭而不獲하야 不揣愚見하고 또 이 經을 해석하오니 後之監者에
萬一이라도 便宜를 供給할가 하노라.[16]

용성은 역경의 근본적 취지를 세계사조 및 문학의 변천에 대한
활용 및 대응에서 찾았다. 그러면서도 용성이 『각설범망경』을 발간한
것은 조선불교선교양종 체제의 가장 큰 문제점을 계율의 문란으로
본 것에서 나왔다. 조선 승려들이 일본불교의 풍습을 흉내 내어 대처육
식帶妻食肉을 거리낌 없이 하는 것도 계율의 중요성을 인식하지 못하여
일어난 현상이었다. 조선불교의 전통적 계율을 되찾고 확고히 하려면
금강계단 수계의식의 회복이 절실하게 요구되었다. 용성은 『각설범망
경』을 유포하여 조선불교의 계율종단의 전통성을 되찾고 불교교단을
수호하게 되기를 간절히 염원하였다.

한편, 용성은 『각설범망경』을 유포함으로써 당시 불교계의 청정성
을 회복할 수 있다고 생각하였다. 그 시기에 조선불교선교양종에서는
해마다 유학생들을 일본에 보냈다. 그런데 그들이 일본 유학을 마치고
귀국할 때에는 일본불교의 신행 생활을 수용하고 돌아왔다. 이는
일본불교 교단과 같은 방식으로 승려들이 결혼하고 처자가 딸리게
되는 것을 말한다. 이를 대처하기 위한 방략을 용성은 「역경譯經의

실천의 병행」, 『한국선학』 29, 2011 참조.
16 白相奎, 「譯經의 趣旨」, 『龍城全集』 3, p.7.

취지趣旨」에서 그 단서를 밝혔다. 이것이 바로 『각설범망경』의 중요성을 인식케 하는 대목이다. 특히 계를 지키지 않으려는 것은 세계사조의 변화에서 온 것임을 지적하고, 불교마저 그러한 시류에 말려들고 있는 것을 염려하였다. 그래서 계율에 대한 필요성을 느끼게 하였고, 참으로 철저한 계율 실천을 중심으로 한 수행을 강조하게 하였다.

용성은 시대의 변화된 이러한 풍조를 심히 개탄하였다. 그래서 『각설범망경』을 발간하여 조선 승려들이 스스로 자각할 기회를 제공하고자 하였다. 『각설범망경』의 발간과 유포는 조선불교의 정통성을 확립하는 데에 근본 목적이 있었던 것이다. 그리고 대각교 차원에서 수계의식을 유포하고, 그 「자서」에서 대각교의 수계의식에 대한 중요성을 설하였다. 또한 본성의 깨달음에 대한 가르침을 이론으로 발표하였다.

본성이 깨달음이라 깨달으면 망이 없음이요 마음이 본래 공이라 깨치며 정함이니 비유정한 날과 같다. 當空에 光含萬像호되 無有染淨取捨니라. 然이나 一迷爲妄에 業識이 滔滔하야 長迷不返故로 大覺이 出現於世하사 指天眞本具之妙性하사 日用平常에 不染汚自性케 하시니 是以로 三聚淨戒와 恒沙戒品이 傳於世間하니라. 然而此經 四十心은 諸聖修心悟道之正路요. 十重四十八은 修行不染汚之妙法야-라. 故로 此經은 指點眞聖之淵源이요. 確示妙修之始終이라. 具開橫豎는 兼華嚴法華之奧旨하고 明示觀行은 五時八敎之大網이니 俱急乘戒하고 同收頓漸이니라. 大覺이 最後 遺囑日汝等은 以戒爲師라 하섯스니 我大覺敎는 以傳戒人으로 爲師하야

道父道子가 繼繼承承하야 傳之無窮乎-저.

大覺教 創立紀念 十一年 十一月 日[17]

용성은 대각교 창립 기념 11년이 되는 1932년에 『각설범망경』을 저술하여 1933년에 출간하였다. 『각설범망경』은 상, 중, 하로 구성되었다. 또한 용성은 전통적인 불교 계율을 확립하려고 노력하였다. 다시 말해서 청정한 수행과 계율을 중시하는 비구승 계단, 청정한 계단의 정통성을 회복하려고 하였다. 이 같은 행보에는 그의 염원과 의지가 담겨 있다.

만일 戒를 求愛코자하는 者는 信心을 先發하라 信心을 若成하면 三學이 具足하여 三身四智와 覺果를 決定可期라 다시 疑慮할 것이 更無하니라[18]

용성이 『범망경』을 번역하여 출판하고 유포한 것은 금강계단을 복원하고 계를 중시하기 위한 목적에서 나왔다. 즉 계를 주려고 해도 수계 대중들에게 계단의 갈마를 함에 있어서 법을 알고 계를 설하는 전문적인 율사律師가 없었다. 그래서 용성은 『범망경』을 번역하여 보급하고, 수계를 설하고, 출가 수행자가 되는 출가승과 일반 대중들에게 계를 설할 수 있는 여건을 마련하고자 했다. 즉 수계 계본의 교본을 율사들에게 전하기 위한 목적으로 『각설범망경』 3권을 발간하여 유포

---

17 白相奎, 「自敍」, 『龍城全集』 3, p.9.

18 白相奎, 『覺說梵網經』(京城: 大覺教中央本部, 龍城全集 3, p.22).

242

한 것이다.

3) 금강계단 계맥 전승의 전법 의식

용성은 73세인 1936년 11월 18일, 당시 범어사 조실로 있으면서 제자인 동산東山에게 계맥을 전하는 전법傳法 의식을 거행하였다. 조선불교의 정통 율맥을 중흥하기 위한 일념으로 살아온 용성으로서 자신이 전해 받은 계맥을 전승하는 것은 중요한 일이었다. 그는 정당하게 받은 전통의 청정율맥을 다시 제자에게 전승하게 되었으니 이것은 기념비적인 의식이었다.

한편 조선총독부에서는 선학원과 함께 용성을 감시하였지만 범어사 조실로 있는 것에 대해서는 용인하는 입장을 취했다. 하지만 조선총독 부에서 여전히 용성에 대한 감시와 간여를 늦추지 않고 있었다는 것은 그만큼 그를 중요한 인물로 간주하였음을 의미한다. 그리고 용성이 금강계단을 설치하는 데는 해인사의 도움이 적지 않았다.

해인사에서는 이번 불사를 이용하야 說戒大會를 개최하였던 것이다. 說戒和尙은 龍城大禪師를 모시어 大乘戒와 具足戒를 설하야 수계대중이 合二百餘名에 달하였다. 설계화상의 지극한 법문과 수계대중의 지성스러운 정진은, 보는 자로 하여금 이로부터 우리불 교계의 일대혁신이 일어나리라는 기대가 저절로 마음 가운데 느끼 게 하였다. 실로 예기한 이상의 好果를 얻었다 아니할 수 없다. 이로부터 본사에서는 매년 설계대회를 개최할 예정이며 이로서 장래 律宗의 後繼를 永續케 하려는 계획을 세웠다.[19]

대각교 운동을 주도하는 것과 달리 용성이 범어사 조실로 있는 것이 조선총독부에 나쁜 영향을 끼치지 않으리라고 판단하였던 것이다. 조선불교선교양종 31본산 역시 용성이 범어사 조실로 있으면 자체적인 통제 범위 안에 둔 것과 마찬가지라는 전략적인 입장에서 오히려 자신들이 자비심을 베풀고 있는 듯한 시혜施惠 의식을 가졌을 것이다.

조선불교선교양종은 조선 초기, 세종이 여러 불교 종파들을 통합하고 불교계단을 소멸시켰을 때 나온 것이다. 그런데 일제 치하에서 조선총독부 명에 의해서 사용하게 되었으니, 조선불교계의 현실과는 전혀 어울리지 않는 명칭이었다. 그래서 조선불교선교양종은 총본산을 건립하고 새로운 종파 명칭을 정하는 운동에 들어갔다. 이른바 총본산 건설운동이었다.

그러나 용성은 그런 총본산 운동에는 관심이 없었다. 대신 조선불교계의 계맥을 수호하기 위해 건백서를 제출하는 등 철저한 계행 실천이 그의 역사적인 책무였다. 그리고 그는 그가 지켜 왔던 지리산 서상수계의 계맥을 제자인 동산에게 전승하였다. 그런데 동산은 통도사 금강계단의 계맥도 전수받았기에 그의 율맥, 금강계단의 역사에서의 그의 위상은 지대한 것이었다.

동산은 1930년 41세가 되던 해부터 계단에 참석하여 교수화상으로 때로는 갈마아사리로 활약해 왔다. 그러다가 용성으로부터 동국의 계맥으로 가장 유명한 지리산 칠불 계맥을 전수받았던 것이다. 1936년

---

19 『佛敎』61호(1929. 7), 「八日佛事와 說戒大會」.

244

11월 18일. 이 날은 용성과 동산에게는 참으로 뜻 깊은 날이었다. 용성이 동산에게 내려준 전계증傳戒證은 다음과 같다.

내가 이제 전하는 바의 계맥은 조선조의 순조 때 지리산 칠불선원에서 대은 율사가 범망경에서 말씀하신 천리 내에 계를 전해 줄 법사가 없을 경우 불전에서 서상수계하라는 것을 의지하여 부처님께 청정한 계를 받고자 서원을 세우고 7일간 기도 중 한 줄기 서광이 대은 율사의 정수리에 관주하는 서상을 얻고 불계를 받은 후 금담 율사에 전하였고 금담 율사는 초의 율사에게 전하였으며 초의 율사는 법해 율사에게 전하였고 법해 율사는 선곡 율사에게 전하였으며 선곡 율사께서 용성에게 전해 주셨으니 이는 해동의 화엄초조인 원효 대사가 전하신 대교의 그물을 펴서 인천의 고기를 걸려 올리는 보인으로서 계맥을 삼았으니 정법안장인 정전의 신표와 함께 동산혜일에게 전하노니 동산은 굳이 이를 호지하여 정법안장의 혜명으로 하여금 단절됨이 없도록 해서 부처님의 정법과 더불어 이 계맥이 영원무궁토록 할지어다.

세존응화 2963년 병자(1936) 11월 18일

용성진종이 증명하노니

동산혜일 수지[20]

---

20 동산문도회, 『동산대종사 문집』(금정산 범어사, 1998), pp.370-371. 吾今所傳戒脉 朝鮮智異山七佛禪院 大恩和尙 依梵網經 誓受諸佛淨戒 七日祈禱一道祥光注于 大隱頂上 親受佛戒後 傳于金潭律師 傳于梵海律師 傳于草衣律師 傳于禪谷律師 傳至于吾代 將次海東初祖所傳張大敎網漉人天之魚之寶印 以爲戒脉 與正法眼 藏正傳之信 慇懃付與東山惠日 汝善自護持 令不斷絶 與如來正法主世無窮 世尊

용성 율사가 동산에게 전한 금강계단의 계맥은 대은 율사로부터 전해 받은 것이다. 동산은 금강계단 만하 승림 율사의 맥과 대은 율사의 칠불선원 서상수계의 계맥을 동시에 전수받게 되었다. 용성은 동산에게 금강계단의 계맥을 전하던 시기에 범어사 조실에 추대되었다. 용성은 1936년 7월 15일에 대각교 중앙본부에서 『석가사』를 출판하였는데, 이것은 불타의 역사를 연구하여 서술한 불교사였다.

용성 왈 혹 말하되 여래께서 법을 설하심이 실로 있는 것도 아니요 없는 것도 아니다하시며 혹은 여래께서 세상에 탄생하시기 전에 중생의 분상에 낱낱이 장벽이 만장이아 높은지라 무슨 설하고 설하지 못할 것이 있으리요 하며 혹 여래께서 설하시되 설함이 없다하시나니 아느야 한사람이 헛된것을 전하매 만일이 진실로 전하는도다.[21]

용성은 이 책을 통해 불교대중들에게 부처님의 일생을 전하였으며, '석가사'를 '대각교주역사'라고 하였다. 즉 용성은 대각교주를 중심으로 대각교를 창종한 것을 역사적으로 논증하였던 것이다. 석가의 역사를 연구하는 것은 일면으로 불교의 역사인 대교주를 바르게 고찰하기 위함이었다.

용성이 『석가사』를 펴내 석가의 일대기를 고찰한 것은 불타께서

應化 2963年 丙子 11月 18日 龍城震宗 爲證 東山慧日 受持. 이지관, 『한국불교계율전통』(가산불교문화연구원, 2005), p.246.

21 白相奎, 『釋迦史』(京城: 三藏譯會, 龍城全集7, p.608).

45년간 설법한 내용을 기록하는 것과 동질적인 의미를 가진다. 용성은 출가하여 대중들에게 불교를 전하는 역할을 다했다고 말할 수 있다. 그러나 당시 시대적인 상황에서 불교를 포교한다는 것은 매우 힘든 일이었다.

그렇지만 용성은『오도는 각』이라는 저서를 통해 자신의 불교사상을 올곧게, 간명하게 정리하였다. 용성은 병든 몸이었음에도 불구하고 이 원고를 탈고하였다. 이렇듯 용성이 병중임에도 이 논문을 발표한 것은, 자신의 열반을 예감하고 자신의 최후적인 것을 철학적으로 정리한 것으로 보아야 한다. 불교사상을 정리한 것은 삼장三藏 가운데서도 논論의 성격을 갖는 것이다. 용성은 화과원에서 논을 쓰면서 자신의 입론을 정리하였다고 본다.

> 용성이 하루날에 백운산 화과원에 머물더니 때 마침 사월이라 유록은 일만 구렁에 장엄하고 맥황은 천종이나 부하더라. 백엄이 용성에게 물어가로되(자문자답) 지극한 도 듣기를 원하노이다.[22]

정리하여 말하면, 용성이『오도는 각』이라는 책을 발간하였거니와 그 내용은 수행 및 각에 대한 생각을 간명하게 정리한 것이다. 선수행의 핵심적인 의미를 담고 있을 뿐만 아니라 자신의 수행의 신념에 의한 학문적인 성과를 총집결하려는 의지를 구현한 것이라고 볼 수 있다.

---

22 白相奎,『吾道는 覺』(京城: 三藏譯會, 龍城全集4, p.915).

용성이 가로대 안으로 비고 고요한 것을 직혀 도를 삼고자 하나 원래로 나의 도는 공적한 것이 아니요 밖으로 선지식에게 알기를 구하고자 하나 나의 도는 외인에게 구할 것이 아니니 구하야 알라고 하는 것 이참 진도가 아니니라. 꼬치 붉고 버들이 푸르러 어지러운 산속에 공교한 것이 때로 와 맑은 소리를 울어 보내는도다.[23]

이 책은 화과원에서 원고를 작성했는데, 이 무렵 용성은 병중이었다. 그러함에도 불구하고 『오도는 각』이란 책을 발간하였거니와, 여기에서 용성의 구도심, 보살심, 실천사상을 거듭하여 확인할 수 있다

1937년 양력 6월 20일에 화과원에서 『吾道는 覺』의 원고를 출판하였다.[24]

『오도의 각』이라는 저서를 통해 용성은 불교실천가, 그리고 불교사상가로서의 면모를 보여주었다. 자신의 모든 것을 쏟아 붓는 진정성, 철학성을 보였다. 그리고 자신이 묻고 자신이 답하는 문답 형식의 서술을 통해 대중들의 접근성을 용이하게 하였다. 나아가 이를 통해 자신의 존재를 성찰하려고 했던 것이다.

문왈 나의 본성은 내가 깨다러 알 수 없습니다. 본대 각한 것이라 하나 본각이라는 명상을 얻을 수 없고 비로소 깨친 것이라 하나

---

23 白相奎, 전게서, p.916.
24 白相奎, 전게서, p.939.

248

시각의 명상을 얻을 수 없고 구경에 깨침이라 하나 구경각의 명상을 얻을 수 없고 대각이라 하나 대각의 명상을 얻을 수 없어 언어도가 끊어지고 심행처가 멸하얏으므로 무엇을 일러서 각이라 하오리까.[25]

한편 용성의 74세 때인 1937년 6월 9일에 삼장역회에서 『오도吾道의 진리眞理』을 간행하였는데, 이것은 조선불교계를 자각케 하고 추동하려는 의지이기도 했다. 용성 자신은 이미 『오도吾道는 각覺』이라는 저서를 발간하여 자신의 철학적 사상을 부여하였지만, 『오도의 진리』는 조선불교계에 주는 화두의 성격을 가진다. 즉 불교계에 새로운 불교사상을 전승하게 하려는 지성의 산물이라고 하겠다.

문왈 나의 본성 本性을 내가 까다러 알 수 없습니다. 본래 각한 것이라 하나 本覺이 라는 名相을 얻을 수 없고 비로소 깨친것이라 하나 始覺의 명상을 얻을 수 없고 究竟에 깨침이라하나 구경각의 명상을 얻을 수 없고 大覺이라하나 대각의 명상을 얻을 수 없어 言語道가 끊어지고 心行處가 멸하였으니 무엇을 일러서 覺이라하오리까.[26]

이렇듯 용성이 『오도의 진리』라는 책을 발간하여 조선의 새로운 불교를 위해 노력하였지만, 그 당시 조선총독부는 유사종교에 대한

25 白相奎, 전게서 pp.947-948.
26 白相奎, 『吾道는 眞理』(京城: 三藏譯會, 龍城全集4, p.947).

대대적인 탄압을 자행하였고, 용성은 그에 응답해야만 할 운명에 처하였다.

2. 용성 불교실천운동의 한계와 좌절

1) 조선총독부의 유사종교 탄압과 대각교 해산

용성이 불교를 포교하는 데 전력하고 있었던 시기에 대각교는 조선총독부에 의해서 유사종교로 규정당하였다. 이에 대각교는 당국의 지시에 의해 해산당할 처지에 있었다. 용성은 조선불교를 회복하기 위해 일제하 일본에 유학하였던 승려들과 차별을 두고 전통불교, 계율불교를 수호하려고 하였다. 그래서 계율을 수지하고 청정한 수행을 근본 목적으로 하는, 비구승 중심의 대각교를 선포하고 대중선 운동을 전개하였다. 그런데 1930년대 중반 무렵, 일제는 대각교를 조선 내의 유사종교로 분류하여 대대적인 조사 작업을 벌였다. 그 조사 자체가 외압이었다. 일제에 의해 타율적으로 해산을 당하든지, 아니면 별도의 조치로 대응을 해야만 되었다.

　용성은 경성에서 전통불교의 정체성을 수호하기 위하여 대각교당을 세웠지만, 이 시기에 최대의 위기를 맞이한 것이다. 용성에게 있어서는 실로 참을 수 없는 분노였다. 그러나 당국의 처사에 저항해야 했지만 용성에게는 당국에 저항할 수 있는 여력이 없었다. 그렇다고 기존의 종단에 협조를 구할 입장도 아니었기에 오직 용성 스스로 저항하면서, 대안을 수립할 수밖에 없었다.

　이런 구도 하에서 1936년 8월 대각교당을 해인사 경성포교당으로

250

명의를 변경하는 조치를 자발적으로 취하였다. 용성에게 있어서 이 일은 매우 큰 괴로움이었을 것이다.

시내 봉익정 이번지에 잇는 大覺教堂은 白龍城禪師가 創立한 教堂으로서 禪師는 생각하되 동일한 佛教을 發展식힐지라도 舊殻을 버서나서새로운 氣分으로 고처서 名稱도 고치고 制度도 고치고 儀式도 고처서하는 것이 불교를 誤解하는 朝鮮人頭腦의 惡習을 고치는데 가장 有力하리라 생각하고 불교에서 分派獨立된 大覺教를 세워서 間島에 支部를 두고 이래 이십여 星霜을 大覺教本部의 大覺教堂이라고 固守하여 왓섯다. 그러나 禪師가 老境에 至하야 此가 本意에서 나온 것이 아니라 조선사람이 불교에 대하야 낫비보는 惡習에 대한 감정에서 나온것인 바 至今하야는 心田開發의 秋를 當하야 當局에서도 불교를 優遇하고 승려의 지위를 向上식히는 中인 고로 事必歸正으로 古來 佛教에 歸屬함이 正當함으로 생각하게 된지라 禪師는 大覺教를 變更하야 가장因緣이 깁혼 朝鮮佛教禪教兩宗 海印寺 京城布教所로 고치고 七月十六日에 一切文書手續을 完了하엿다는데 當教堂에는 動不動産의 재산이 상당하게 잇는 고로 설립 대표자로서는 禪師及門徒七人의 名義로 하야 當 布教所를 左右하고 永遠히 불교 布教事業과 慈善事業을 經營하기로 하엿다 한다. 그런데 當 教教堂의 설립자 대표의 氏名은 左와 如하다고 한다.

해인사 경성포교당 설립자

대 표 白龍城

柳道庵　崔昌雲　金警惺　表檜庵　崔雷默　邊月舟[27]

　용성이 창종한 대각교는 조선총독부의 관여로 더 이상 불교교단으로서 활동을 할 수 없게 되었다. 한편 대각교를 탄압하는 것은 조선불교의 교단 운영 및 진로를 직접 조율하겠다는 조선총독부의 의지였다. 이는 대각교가 더 이상 조선불교권 내에서 독자적으로 포교, 활동할 수 없게 하는 것이었다. 즉 교단의 기능을 박탈하려고 했던 것이다. 일본의 이런 구도, 정책으로 인해, 조선불교선교양종은 물론이고 선학원마저 조선총독부에 협력하기 시작했다.

　일본은 조선에서 중일전쟁의 준비를 위해 새로운 국민운동을 제시하였는데, 그 운동이 바로 심전개발운동心田開發運動이다.[28] 일본은 심전운동을 선양하기 위해서 종교계의 동참, 협조를 유도하였다. 그러면서 반국가적, 비종교적 행위를 중지시킨다는 명목 하에 대각교당을 포함하여 유사종교에 대해서도 철저한 조사를 진행하였다. 용성이 당시 잡지인 『삼천리』를 통해서 발표한 「참회록」을 보면 얼마나 심적 고통이 있었던가를 알 수 있다.

　오늘날까지 내게는 조고만치한 財産도 없고 妻子와 家庭도 못 가젓섰다. 70년 동안 거러온 길이 오로지 眞悟와 大覺만 차저 거러 왔섰다. 그런데 合倂이후 정부에서는 불교도들에게 남녀간

27 『불교시보』 13호(1936. 8), 「대각교당을 해인사 경성포교당으로 변경」.
28 한긍희 「1935~37년 일제의 '심전개발' 정책과 그 성격」, 『한국사론』(서울대) 35, 1996.

婚姻을 許하여 주웠다. 이것은 부처의 참뜻에 어그러지는 바이다. 그 뒤 나는 분연히 불교에서 물너나 「大覺教」란 일파를 따로히 형성식혔다. 「佛則大覺」이요 「大覺則教」인즉 부처님의 말슴을 따름에는 불교와 아무런 차이가 없을지나 다만 결혼만을 嚴禁하여 오는 것이 特色이라고 하겠다.[29]

용성은 조선불교의 바른 실천 운동을 전개하는 데 있어, 수행에 있어서는 간화선과 대중선을 균형적으로 실천하였다. 그리고 『화엄경』, 『원각경』 등 수많은 경전을 번역하는 불사에 주력하였다. 그리고 전문 수행자들에게 수행 정진의 멘토 역할을 하면서 간경看經, 다라니 주력 등 다양한 수행 방법을 전하였다. 그러면서도 포교, 역경 및 출판, 찬불가 보급운동, 선농불교 등을 전개하면서 대각교 운동을 추진했다. 이를 통해 그는 조선불교의 정통성을 회복하는 데 힘껏 노력하였다. 또한 조선불교의 혁신 및 실천 운동을 통해 민족성을 고취하였다. 이 같이 그는 출가정신, 수행정신을 한 번도 거역한 적이 없었다. 용성이 실천하려고 하였던 대각운동은 조선불교의 전통성을 회복하는 운동이면서 불교의 본래 목적인 대중교화였다. 즉 깨달음으로 불타의 말씀을 실천하는 운동이었다.

용성의 이러한 불교실천운동이야말로 불타가 본래 깨달은 사상을 실천하는 운동이라고 보아야 한다. 또한 용성은 당시 수행자들이 자아적 수행을 행하지 않고서는 깨달음에 이르지 못함을 밝혀 주었다.

---

29 白龍城, 「나의 懺悔錄」, 『삼천리』 8권 12호(1936. 12).

이것은 바로 용성이 추구하고 있는 핵심 문제였다. 이를 지키는 것이 조선불교를 지켜내는 것이며 조선불교의 정체성을 회복하는 방법이라고 제시했다.

용성은 이 같은 시대적 변화가 요동칠 때, 일생 동안 일본 식민통치에 저항했다. 불교계 내부에서 계율문제로 갈등이 일어났을 때에도 그는 기존교단인 조선불교선교양종과의 차별을 두었다. 용성이 주장하고 있는 대각교는 유사종교가 아니라 불교의 본래 청정성을 수지하는 종단이었다. 그래서 그는 철저히 계율을 지키고, 대중을 위한 포교와 대중선 운동을 하였다. 그러면서도 그 근본에 있어서는 수행을 통해 깨달음을 중시하였다. 용성의 깨달음은 대각 그 자체였다. 여기에서 용성이 강조한 대각의 의미를 다시 살펴보자.

> 제자 문왈, 선생께서는 엇찌하야 금일에 대각교를 제창하시니 무슨 까닭이 옵니까? 답왈, 너의 등이 엇찌 미혹함이 그다지 심한고 대각이라는 말은 온천하 경전에 가득차 있으니 뭇고 의심할 것이 없도다. 석가께서 보리수나무 아래에서 비로소 정각을 일우시니 일홈이 묘각이라 하시며 또 삼현십지 등각을 초과하야 슬새 묘각이라 하시니라. 대각의 말씀을 자세히 들어라.[30]

용성은 치열하게 대각운동을 전개하였지만 일제의 외압으로 대각교 재산을 더 이상 유지, 보존할 길이 없게 되었다. 대각교를 해산할 수밖에 없는 처지에 놓이게 되었던 것이다. 용성의 「나의 참회록」이라

---

30 白相奎, 「대각교지취大覺教旨趣」(京城: 大覺教中央本部, 龍城全集1, p.65).

는 글에는 그 전후사정이 간략하게 나온다.

오늘날까지 내게는 조고만치한 재산도 없고 처자와 가정도 못 가젓섰다. 70년 동안 거러온 길이 오로지 眞悟와 大覺만 차저 거러왔섰다. 그런데 합병 이후 정부에서는 불교도들에게 남녀간 혼인을 許하여 주었다. 이것은 부처의 참뜻에 어그러지는 바이다. 그 뒤 나는 분연히 불교에서 물너나 大覺敎란 일파를 따로히 형성식혔다. '佛則大覺'이요 '大覺則敎'인즉 부처님의 말슴을 따름에는 불교와 아무런 차이가 없을지나 다만 결혼만을 엄금하여 오는 것이 특색이라고 하겠다. 그러다가 그만 요사히에 와서 유사종교니 뭐니 해서 大覺敎를 해산식혀야 한다는 당국의 처사에 어찌할 수 없이 또다시 불교로 넘어가 버리고 말았다. 모든 것이 苦哀와 悲哀뿐이다. 나의 거러온 과거 70년간을 회고하면 어든 바 소득이 무엇인가? 내 空碧一如한 흉중에는 또다시 六塵緣影이 어즈럽게 떠오른다. 나는 두 눈을 내려감고 정좌한 뒤 參憚을 시작하는 것이다. 그 어느 때나 '大覺'이 되려노. 아무래도 내 육신이 죽어가기 전에는 이 뜻을 이루지 못할까부다.[31]

용성이 추구한 조선불교의 회복과 용성의 정체성을 대변하는 대각교 운동은 더 이상 이어갈 수 없게 되었다. 대각교는 조선총독부의 간섭으로 인해 더 이상 활동할 수 없게 되었다. 당시 일본은 조선을 통치하는 도구로 모든 종교를 활용했다. 이런 구도에서 일반 대중은 미래의

---

31 白龍城, 「나의 懺悔錄」.

희망과 조선을 스스로 구할 수 있는 토대를 상실하게 되었다.

2) 대각교당의 조선불교선종총림으로 전환

용성은 경성에 불교를 대중적으로 포교하기 위하여 대각교당을 세웠지
만 조선총독부의 외압으로 인하여 해체되었다. 그러나 용성은 대각교
당을 자진하여 해체시키면서도 대각교당의 명칭을 조선불교선종총림
으로 전환시켰다.

그러면서 용성은 해인사·범어사와 일정한 연계를 갖고 대각교당을
지속하려는 고민을 하였다. 해인사와의 협약이 문제시 되자 대각교당
을 대본산 범어사 소속으로 이전하였다. 당시 『불교시보』가 보도한
대각교당의 재산에 관한 내용을 보면 그 전후사정을 알 수 있다.

시내 봉익町 二 大覺教堂이 大本山 海印寺 布教所로 手續케 되엿다
고 旣報하엿스나 그간 當教堂과 海印寺와 相互間에 條件附로 交涉
하든 것이 彼此 意見相左로 破裂되야 다시 梵魚寺와 交涉을 進行하
야 梵魚寺로 移轉 手續을 마치게 되엿다. 그래서 當教堂의 基地
建物及土地와 또 咸陽잇는 華果院의 基地及建物果樹園과 間島
龍井村에 잇는 教堂及不動 林野 土地(以上 現時價 十萬圓假量)를
모다 梵魚寺에 獻納케 되엿슴으로 梵魚寺에서는 그 代身 每朔
百圓式 京城布教所에 支佛하야 經費에 充當케되엿다 한다.[32]

---

32 『佛教時報』 17호(1936. 12), 「大覺教堂이 다시 大本山 梵魚寺 京城布教所로
移轉手續」.

그런데 이런 조치, 즉 범어사의 관리라는 전환에 대한 문제점, 반발이 제기될 수도 있었다. 1938년 4월 3일, 『동아일보』 보도에 의하면 용정에 있는 대각교당도 해산하라는 통보를 받았다고 한다. 그리고 용성의 명의로 되어 있는 용정 대각교당의 재산이 상실되는 위기를 맞이했다. 그 세부 사정은 아래의 글이 참고가 된다.

간도 龍井大覺敎會에는 경성부 봉익정 이번지(京城府鳳翼町二番地)에 거주하는 동 교회 창설자이며 현재 고문격인 백상규 대사(白相奎大師)(67)로부터 돌연히 지난 25일에 대각교회 해산 통고문이 도착하였는데 그 내용은 (昭和11년 10월 20일에 中央本部大覺敎會가 解散한바 支部인 龍井大覺敎會도 時速히 解散하라)는 것이며 동 교회 운전기관인 幹事會원 중 안용호, 강재덕, 방태용(安容浩姜在德方泰容) 三氏가 지난 二十二日 상경시에 역시 해산하라는 말과 지금으로부터 12년 전에 기부한 토지 시가(時價一萬五千圓)을 반환하라 함으로 동 교회에서는 四월 三일에 신도대회信徒大會를 개최하고 대책을 강구하리라는바 이제 탐문한 바에 의하면 그 리면에는 복잡한 관계가 있다 한다.[33]

용성은 대각교를 창종한 이후부터 쌓아온 연길, 용정의 중요 기반이 무너지는 위기를 맞이하였던 것이다. 용성이 실현하고자 했던 서원이

---

[33] 『동아일보』 1938. 4. 3, 「龍井大覺敎會에 突然解散通告, 기부금 만오천원도 반환 요구에 대한, 信徒會서 對策講究」.; 『間島新報』 1938. 4. 12, 「용정대각교에 대하여 경성본부에서 해산명령」.

변방에서부터 위기에 직면한 것이다. 용성은 위와 같은 위기를 맞았지만 불교실천운동을 포기하지 않았다.

　용성은 경성에서부터 대중선 운동을 하고자 하였으나 당시 시절 인연이 그렇게 할 수 있도록 그냥 두지 않았다. 당시 조선총독부에서는 불교의 대표적인 단체인 중앙교무원中央敎務院[34]에게 국민정신 총동원 체제에 참가할 것을 강요하였다. 그래서 교무원에서는 그를 이행하자는 결정을 하여, 31본사에 지시를 내려 조선인들을 강제로 동원하는 일에 협조했다.

朝鮮佛敎中央敎務院에서는 國民精神總動員에의 參加를 위해 다음과 같은 具體的 要綱을 결정하고 三一本山에 指示하다.
〔指示要綱〕
一. 各 末寺 또는 布敎堂은 天皇陛下의 御殿牌를 봉안하고 朝夕의 기도에서는 皇軍의 武運장구를 기원할 것.
… 중략 …
六. 일체의 物資는 이를 철저히 節約하여 末寺, 布敎堂에 있어서는 廢品利用組合을 조직, 종이·鐵·편직물 기타 廢品을 모아 共同販賣로 얻은 돈은 이를 貯金할 것.[35]

　이렇게 일제의 군국주의, 조선의 군수 기지화 정책이 강요되는 현실에서 용성의 행보도 제약을 받았던 것이다. 한편 대각교라는

---

34 이 단체는 1941년 조계종이 등장하기 이전, 교단 역할을 하였다.
35 『東亞日報』 1938. 8. 1, 「朝鮮佛敎中央敎務院에서는 國民精神總動員」.

258

간판이 내려지고 그 대신에 대각교의 정신을 살려 용성은 76세인 1939년에 대각교당을 '조선불교선종총림' 체제로 개편하였다. 조선불교선종총림이라는 명칭을 통해서 드디어 용성이 그토록 실현하려고 하였던, 조선불교계에 선종의 총림이 선포된 것이다. 이것은 용성에게 있어서 자신이 추구한 대각운동의 정체성을 지속시키면서, 수행자의 근본을 성찰케 하는 조직을 염두에 둔 것으로 생각할 수 있다.

용성이 말년에 유의한 것은 경전과 조사선의 선어록을 조선말로 번역하는 것이었다. 용성의 이 불사에 대한 뜻만은 조선총독부에서도 막지를 못했다. 그러나 그 당시 불교는 조선총독부의 명령에 복종하는 종교였고, 미래를 준비하는 불교의 행보를 가늠할 수 없다는 패배주의적인 사고가 팽배하던 시기였다. 즉 불교는 소신, 신념, 희망을 상실한 종교로 지탄받았다. 이런 배경하의 조선불교계는 사상적인 빈곤의 시대를 걸어가고 있었다. 조선불교계가 이런 치욕에서 벗어나기 위해서, 사상적인 토대를 마련하기 위해서는 조선이 일본의 식민지체제에서 벗어나도록 하는 정신운동이 필요하다고 용성은 보았다.

비록 대각교라는 간판은 내려졌으나 대각교의 정신을 계속 살리면서 불교의 각성운동을 시도하였다. 그 시도가 바로 대각교당을 '조선불교선종총림'으로 개편한 것이었다. 대각교 대표인 용성은 당국으로부터 사상적 분류 명단에 포함되었다. 다음은 사상적으로 요시찰 인물로 분류된 대상자들이다.

安民煥, 李仙枰, 張奎相, 林昌俊, 白相圭, 李業伊, 朴商彧, 李源祥
지명 : 蓬萊町, 新設町, 孝子町, 昌信町, 光化門通, 信川, 九月山,

冷泉町, 鳳翼町, 尙州[36]

한편 조선총독부는 조선불교선교양종 외의 신흥 종교 단체들을 유사종교로 몰아 탄압을 가하는 정책을 수립하였다. 특히 사상적 분류 세력을 조사하여 기존 조직에 통합시켰으며, 이렇게 조선총독부가 지목한 유사종교[37] 단체에는 불교계에서는 유일하게 대각교가 포함되었다. 당연히 조선총독부는 대각교와 용성을 철저하게 감시하였다. 이런 구조 하에서 용성의 대각교는 당국에 의해 강제로 해산되고 말았다. 선종총림으로 전환되었지만 그로부터 얼마 안 되어 용성은 입적하였다.

3) 용성의 불교실천운동의 의의와 한계

용성은 일제 강점기에 출가하여 수행자의 덕목을 실천하고, 청정성을 지향해야 할 불교의 역사적 과제를 파악하였다. 그러면서 깨달음을 위해 수행자가 실현해야 할 불교실천운동을 전개하였다. 용성은 이를 통해 조선불교의 명예를 회복하려고 하였다. 또한 용성은 조선불교선교양종 체제를 인정하지 않고 그 대안으로 대각교를 창종하였지만

---

36 京畿道警察部長,「京高特秘 제1902호(1939. 7. 22)」,「思想에 關한 情報綴(4) 類宗 大覺教 檢擧에 관한 건」참조.

37 『국내외 항일운동문서』자료, 附表, 宗教類似團體教勢調査表 1934年 3月 治安情況天道教, 侍天教, 神理宗教, 青林教, 大道教, 大覺教, 聖化教, 靈神會, 崇神人組合, 關聖教, 檀君教, 人天教, 正道教, 天人道, 甘露法會, 佛教極樂會, 水雲教, 普天教, 矯正會, 東天教, 文化研究會, 円融道, 大成教, 大華教, 大倧教, 円覺玄元教, 靈覺教, 性道教, 皇道大本, 神道天皇居, 東學党, 天道教日報

조선총독부의 압력으로 그 활동은 중단되고 말았다.

용성은 자신의 불교사상을 조선불교계에서 불교실천운동을 구현하는 데 있어서 최선을 다했다. 그리고 이는 한국불교사에서 역사적인 의미가 지대한 불교운동이었다. 필자는 용성의 불교실천운동이 갖고 있는 역사적 성과를 높이 평가한다. 용성이 실현하고자 했던 불교는 멈추어질 수 없는 것이다. 용성을 통해서, 행동하는 것이 불교이며, 실천하는 것이 불교라는 것을 알게 되었을 것이다.

그러나 현실적으로는 조선총독부의 대각교당에 대한 통제가 더욱 강화되어 갔다. 그 단적인 것이 포교 규칙의 개정이었다.

總督府 警務局에서 宗教統制를 더욱 강화하기로 하고 그 대책으로 布教規則을 改正하여 教會堂 說教所 講義所를 설치할 땐 許可를 받도록 하다.[38]

조선총독부의 조치로 인해 용성도 엄중한 감시를 받는 몸이 되었고 모든 활동에 제약이 따랐다. 하지만 조사선의 선어록을 한글로 번역하는 불사의 뜻만은 조선총독부에서도 막지 못했다. 용성은 조선불교선교양종 체제 하에서의 조선불교는 사상적으로나 교리적으로 발전할 수 없다고 판단하였다. 그래서 용성은 미래불교를 위해, 조선불교선교양종 주지들의 비판에도 굴하지 않고, 감옥에서 서원을 세웠던 역경 사업을 입적하는 그날까지 꾸준히 계속해 나갔다.

---

38 『東亞日報』1938. 5. 26, 「總督府 警務局에서 宗教統制를 더욱」.

이는 용성에게 있어 수행자의 근본정신으로 돌아가 불교실천운동이라는 목표를 쉬지 않고 정진하겠다는 결연한 의지의 산물이다. 하지만 조선총독부는 조선인들의 종교 활동에 대하여 제약하였다. 대각교는 조선총독부가 행한 분류에 의하면, 유사종교로 단정되었다.

總督府에서 思想取締의 方針을 세운 바, 犯罪行爲를 現行하지 않더라도 社會的으로 온당치 못할 때는 作爲・不作爲를 막론하고 취체키로 되다.
一. 유사종교의 취체는 물론 기독교・불교・유교 등을 순전히 일본화시키는데 주력하고 더우기 구미 의존에서 독자적 계통을 유지하던 기독교를 일본화시키도록 각종 취체와 보도책을 강구할 것.
二. 문화면에 있어 민족적 색채가 있는 것은 엄중히 탄압 지도할 것.
三. 人民戰線 系統의 氣運이 있다든지 또는 사상적으로 타국과 연락의 혐의가 있다면 단호한 처치와 지도를 가할 것.[39]

위의 『동아일보』 기사는 일제의 사상 및 종교 통제가 얼마나 철저하였는가를 보여준다. 일본이 조선을 침략하는 데 있어 장애가 되는 조선인들에 대한 탄압은 대단하였다. 일제는 용성이 행한 대각교 운동뿐만 아니라 만주 용정의 대각포교당을 개설한 것도 예의주시하였을 것이다. 그리고 순종적인 기존 교단과는 달리 3・1운동 민족대표, 대처식육 건백서 제출 등에서 보이는 용성의 행보가 일제에게는 눈엣

---

39 『東亞日報』 1938. 6. 17, 「總督府에서 思想取締의 方針을 세운」.

가시와 같았을 것이다. 이런 배경에서 용성은 종교인으로서 가슴 아픈 경험인, 대각교가 강제로 해체당하는 비운을 맞이했다. 대각교는 일본불교화 되어 가는 조선불교를 지켜내어 역사성과 정통성을 회복시키는 것이 근본 목적이었다. 또한 대각교는 개화기 이후 불교계로서는 최초로 해외에 포교당을 건설하였고, 출가 수행자들에게 노동선을 실천하는 백장선을 수행의 기본으로 삼게 하였다. 그리고 사찰의 경제력을 자급자족하기 위한 차원에서 선농불교를 실천하였다. 그리고 이런 용성의 지성과 행보는 일제·일본불교에 저항, 반발, 대안, 독자 노선이라는 의미를 갖는 것이다.

또한 용성이 조선불교선교양종 체제로부터 온갖 비방을 받으면서도 굴하지 않고 대각교 운동을 전개할 수 있었던 것은 불교실천운동의 신념으로 가능하였다는 측면을 주목해야 한다. 그리고 한편으로 조선총독부의 탄압에 의해 어쩔 수 없이 중단되었지만, 해외 대각교 교당과 관련해서는 문제점이 전혀 없었던 것은 아니다. 여기에서 용성의 대각교 운동이 지속되지 못했던 원인과 문제점을 대별하여 제시하고자 한다.

첫째, 대각교의 조직이 체계적으로 이루어지지 못했던 점을 지적할 수 있다. 조직 체계는 단체를 구성하고 이끌어 나가는 근원적인 힘이다. 그래서 조직이 사상으로 무장되지 못하면 이런 조직은 오래 지탱될 수 없다. 용성은 운동을 전개해 나가는 일에만 급급하여 대각교 조직에 필요한 이론 정립에 소홀했던 것이다.

둘째, 용성은 일반 대중들과 함께하지 못하였다. 즉 대중성을 결여하였다. 대중 기반을 강구하는 것이 무엇보다 중요함을 알고 다양한 방안을 마련했어야 했다. 그리고 대각교를 사상적으로 이끌어 갈 수 있는 인재를 교육하는 데에도 소홀했다. 대각교의 교리가 어려워 일반 대중들이 이해하기에는 어려움이 있었다면 교육과 학습 체계에서 문제점이 있었을 것이다. 요컨대 대각교를 연구하고 포교할 인재 양성을 위한 교육기관을 두지 못했다.

셋째, 용성은 조선불교선교양종 체제를 애초부터 무시하는 태도를 취함으로서 고립을 자초한 면이 있었다. 비록 생각은 다를지라도 동조 및 협조 그리고 후원을 해줄 우호세력 확보를 위한 정치력을 발휘할 필요가 있었다. 그런데 결과적으로 대각교가 해체 위기에 몰렸을 때 31본산에서 어느 본사도 도움을 주려고 나서지 않았다.

이런 문제들에도 불구하고 용성이 삼장역회를 통해 수많은 경전과 논설을 조선어로 번역하여 일반 대중들이 쉽게 불교를 접할 수 있도록 했다는 점은 높이 평가해야 한다. 비록 대각교라는 간판은 내려졌으나 대각교의 정신을 계속 살려 나가기 위해 용성은 1939년에 대각교당을 '조선불교선종총림朝鮮佛教禪宗叢林'으로 개편하였다. 조선불교선종총림이라는 명칭을 통해 근대 불교사에서는 '선종의 총림'이 최초로 등장하였다.[40] 그래서 조선불교선종총림은 조선불교사에서 새로운 총림의 시작을 알리는 명칭이었다. 이런 전환은 용성의 선학원 발기의

[40] 청담은 1935년 3월 7~8일, 선학원에서 열린 수좌대회에서 영산회상과 같은 大叢林 건설을 이상으로 하는 模範 禪院을 건설하자고 주장하였다. 그리고 1944년 대승사 선원에서 성철, 청담은 해인사에 叢林을 세워 여법한 수행도량을 만들자고 고민하였다. 그러나 이런 모색은 있었지만 정식으로 등장하지는 않았다. 김광식, 「청담의 불교정화운동과 정화이념」, 『마음사상』 9집, 2011, pp.157~163.

주역으로 나타났는데, 이는 자신의 정체성과 선학원의 지향이 동질적인 것에서 나온 것이라 보인다.

용성은 자신의 수행정진, 그리고 불교사상을 실천하기 위한 불교실천운동을 전개함에 있어 언제나 최선을 다하였다. 조선총독부의 방해가 아무리 집요하고 가혹해도 용성은 자신의 뜻을 굽힌 적이 없었다는 점을 긍정적으로 인정해야 한다. 이것이 바로 용성의 불교실천운동의 역사성이다.

3. 용성의 열반과 미래 불교운동

1) 용성의 열반 이후의 역할

1940년 2월 24일 조선불교선종총림 방장인 용성 대종사가 열반에 들었다. 특히 용성은 후학들에게 경을 읽고 생사를 면하라는 유언을 남겼다.

> 내가 일처 사람의 마음병 다스리기 위하여 십만권의 경을 발간하여 모든 사람에게 많이 펴 노았으니 이경을 자세히 보고 수행하면 生死大事를 免하리라. 나는 지금 팔십당년이라 다시는 법문할 수 없고 경을 다시 번역할 수도 없으니 이왕 번역하여 노은 경을 아모쪼록 보아 생사를 면케 하시오.[41]

이제 용성의 사상을 불교적·민족적 관점에서 조명하는 데 있어

---

41 白相奎, 『吾道는 眞理』(京城: 三藏譯會, 龍城全集4, pp.970-971).

용성이 열반에 들 때까지의 수행의 역사를 시대별로 살펴보면 다음과
같다.

첫째, 용성이 조선말 개화기에 태어나 불교에 입문하여 해인사,
고운사, 금강산 표훈사, 통도사, 송광사, 지리산 칠불선원, 중국관음
사, 망월사 등에 머무르고, 이후 경성 대각사를 창건하고 1919년
3월 1일 조선독립운동에 참여하여 민족 지도자로서의 역할을 수행한
시기이다.

둘째, 감옥에서 출소한 뒤에 선학원을 건립하고 역경삼회를 설립하
여 역경과 출판, 포교운동을 통해 불교의 대중화, 불교의 역경화,
불교의 포교운동이라는 불교실천운동을 실현한 시기이다.

셋째, 불교의 정법수행인 선을 중심에 두고 조선불교를 기존의
교단과 구분하려고 하였으며, 일본불교에서 벗어나 조선임제종을
창종하고 원종과의 차별을 시도하였으나 조선총독부에 의해 저지당하
자 대각교를 창종하여 대각사상을 실천하려고 한 시기이다.

넷째, 조선불교를 새롭게 하려고 선농운동을 실천하려고 하였으나
조선총독부의 탄압으로 실현하지 못하고, 불교사원 경제를 위해 금광
과 농장 경영을 시도했으나 성공하지 못한 시기이다.

다섯째, 용성의 수행에 있어 가장 걸림돌이 되었던 것은 조선총독부
의 정치적 탄압이었으며, 이로 인해 용성의 불교사상은 전파되지
못하였다. 조선불교선종총림을 통해 대중선을 실행하려고 하였지만
결국 인간의 세연이 다해 「임종결」이라는 글을 남기고 열반에 들었다.
용성은 열반할 때 다음과 같이 기록을 남겼다.

제자가 물어 가로되 우리가 제일 큰 일은 죽을 때 임종하는 것이오. 또 알 수 없는 것은 本性이니 그 본성의 本體가 본래 어떻게 된 것이오리까 설명하여 주시오.[42]

용성은 제자가 임종할 때에 대해 묻자 「임종결」로 대답하였다. 인간에게 있어서 임종은 누구나 언젠가는 마주칠 수밖에 없는 운명이다. 임종 시에 후회의 마음을 남기지 않으려면 살아생전에 자신에게 주어진 본분을 다하는 것이 중요하다고 답했다. 제자들은 물론 일반 대중들이 모두 열심히 공부하고 노력하여 충일된 삶을 살기를 염원하였던 용성의 「임종결」에는 불교실천운동의 목표가 집약되어 담겨 있다.

용성이 答曰 생사를 면하고자 할진대 생전에 念佛 參禪 看經 呪力 등을 일심으로 수행하되 지극한 마음으로 간단없이 공부하사 임종 시에 그 공부하는 습기가 임종 때에 즉시 왕생하게 되나니 생전에 공부도 하지 않고 임종시에 생사를 해탈코저 하는 것은 목마름을 당하여 우물을 파는 것과 같으니라.[43]

용성 대종사는 열반하기 전에 미리 「임종결」을 남겼으며, 1940년 2월 24일 열반에 들었다. 세수 77세, 법랍 61세였다. 용성 대종사는 평생 조선불교계의 계율 중심의 청정한 비구계단을 회복을 위해 노력

白相奎, 『臨終訣』(京城: 三藏譯會, 龍城全集5, p.507).

白相奎, 전게서, pp,517-518.

한 불교실천운동의 선구자였다. 용성 대종사는 자신의 존재에 대한 철저한 성찰과 함께 출가수행자의 덕목인 계율을 중심에 두고 대중선운동을 통해 생활 속에서 불교를 실천하려고 하였으며, 선수행을 할 때에는 아미타불 공안을 간화선 수행과 같이 참구하면 최후에 아미타불 대각 성존을 친견할 것이라고 하였다.

客이 물으되 極樂國土를 가고자 할진대 무삼도를 닦아야 가나뇨. 답하되 阿彌陀公案을 힘써 參究하여야 극락세계에 가서 聖尊을 親見하고 우히없는 도를 성취하나니라.[44]

즉 용성은 아미타불을 일심으로 염하면 아미타불을 친견할 것이라고 하였으며, 「극락세계 노정기」에서는 인간은 사후 극락세계에 왕생한다고 하였다. 마침내 열반의 낙을 얻은 용성은 다음과 같은 임종게송을 남겼다.

칠십칠 년 헤매다가　七七年間遊幻海
오늘날에 고향 가네　今朝脫骸返初源
본시부터 업는 자리　廓然空寂元無物
보리생사 무슨 말가.　何有菩提生死根.[45]

이제 용성은 중생구제를 위해 이 땅에서 전개하였던 불교실천운동의

44　白相奎, 『대각교의식』(京城: 三藏譯會, 龍城全集8, pp.605-606).
45　釋大隱, 「故白龍城大禪師의 追慕」 『佛敎時報』 59호(1940. 6).

부활을 후학들에게 남긴 채 세상과 인연을 다하였다. 용성은 임종게송처럼 삶의 무상함을 남기고 떠나갔다. 석대은釋大隱의 「故白龍城大禪師의 追慕」라는 글을 보면 용성에 대한 존경이 그 당시에 얼마나 지극했는지 알 수 있다.

> 조선불교 禪學界에서 善知識으로 일체의 추앙을 밧는 이가 만이 기시지마는 최근에 와서는 宋滿空, 方漢岩, 申慧月, 白龍城 네 분이 사천왕과 가튼 존재를 가지고 기섯는데 맷해 전에 신혜월 스님이 열반하셔서 선학계에 적막한 소식을 전하드니 또 금년 사월 일일에 백용성스님이 도라 가섯다. 그런데 백용성 스님 가치 세상에 기실 때에 고란이 만코 구설이 만은 분도 업지마는 또 백용성 스님과 가치 사후라도 업적을 마니 남겨노코 가신 분도 업다.[46]

식민통치가 막바지에 이르러 더욱 극악스러워지고 있던 1940년대의 문턱에서 조선불교계의 양심인 용성 대종사가 열반하였고, 이로써 그와 함께 조선의 양심을 지킨 만해 선사만이 독립운동을 위해 저항해야 했다. 비록 용성과 만해가 계율관에 있어서는 다른 입장이었지만 조선불교를 전통선 중심의 불교로 이루고자 했던 점에서는 같았다.

> 아미타 공안을 참구하면 자력과 타력을 합하여 일치하게 나아갈 것이니 엇지그 묘하지 아니하리오 미타공안을 잘 의심하여가면

---

[46] 위와 같음.

참선과 넘불이 둘이 없이 견성성불과 왕생 극락이 다 자기의 방촌가
운데 있나니라.[47]

한편 용성은 극락정토에 왕생하려는 이들은 아미타불 공안을 탐구해
야 한다고 말하고 있다. 용성 자신도 열반에 임하면서 극락정토에
왕생하기를 원하였고, 그 국토에 왕생하고자 하는 마음을 아미타불
공안에서 찾고자 했다

2) 용성의 계율 전승과 불교정화운동의 체용體用

용성이 열반에 든 1940년 이후 조선불교는 미래 불교를 위해 실천해야
할 과제가 무엇인가를 설정해야 했다. 그럼에도 불구하고, 조선불교계
에서는 그러한 고민·연구조차 하지 못하였다. 조선총독부는 조선불교
선교양종 주지들로 하여금 일본에 충성을 다하라는 명령을 하달했다.
이는 일제가 일으킨 태평양전쟁을 미화하는 일에 앞장서게 하는 것이
었다. 조선불교선교양종 주지들과 그동안 자존自尊을 지켜왔던 명성
높은 조선의 지도자급 인사들은 일본의 강압에 순응하였다. 그 결과
다수의 승려들이 창씨개명을 하였다. 불교의 자존이 수모를 당하였던
것이다.

용성이 열반함으로서 선맥禪脈을 이어왔던 조선불교계의 선승의
자존도 상실되고 말았다. 용성이 열반했는데도 조선불교선교양종
본사 주지들 가운데 선뜻 애도의 뜻을 표시하는 이가 희박하였다.[48]

---

47 白相奎, 『대각교의식』(京城: 三藏譯會, 龍城全集8, p,606).
48 장수 죽림정사에는 용성 열반 시에 대각사로 보내온, 만공과 효봉의 입적에

이것은 용성과 당시 고승 간에 얼마나 대화가 단절되어 있었던가를 알 수 있게 한다. 용성은 조선 선불교계를 대표할 수 있는 대종사였지만 종단장도 거행하지 못하였을 뿐만 아니라 다비장도 구하지 못했다고 한다. 용성은 자신의 출가 본사인 해인사에서 입적入寂을 원했지만, 일제의 감시가 두려워 해인사는 이를 수용하지 않았다. 그러나 용성은 중생이 중요하였지 대종사와 찬란한 다비를 원하지 않았을 것이다. 이런 정황은 아래의 글에서 가늠할 수 있다.

아미타불의 광명이 시방국토에 빛나니 참 이것이 화엄경 진리와 같아 국토가 이 법을 설하고 중생이 이 법을 설하고 삼계일체가 다 이 법을 설하니라.[49]

용성이 비록 조선불교선교양종에 맞서 살았다고 해도, 용성이 고매한 승려라면 고인의 뜻을 받들어 출가 본사인 해인사로 법구를 옮겨 다비를 하는 것이 당연한 조치였다. 그러나 해인사는 끝내 용성의 법구를 받아들이기를 거부하였으며, 다른 어느 본사도 용성의 법구를 수용하겠다고 나서는 사찰이 없었다. 그만큼 용성대종사는 열반에 들 때까지도 조선총독부의 감시의 대상이었으며, 조선불교선교양종에서도 배척을 받았던 것이다.

한편 용성이 탄생하여 열반에 이르기까지의 조선 시대는 참으로

대한 게문이 전한다. 그리고 통도사 선승 경봉의 일기에도 용성 입적에 대한 게문이 전한다.

49 白相奎, 『대각교의식』(京城: 三藏譯會, 龍城全集8, pp.622-623).

파란만장한 격동의 세월이었다. 당시 조선의 위정자들은 개화기를 맞아 적절한 정치적 선택을 제때에 하지 못하였다. 그로 인해 조선의 국력은 쇠퇴하였고, 마침내 국권을 상실하였다. 이로써 조선은 일제의 식민지가 되는 비극을 겪었다.

용성은 태어나서 열반하기까지 조선의 개화기를 거쳐, 파란만장한 역사의 중심에 서 있었다. 용성은 급격한 불교계의 변화를 온 몸으로 만났다. 그런 시기였음에도 불구하고 용성은 바른 정법의 서원을 세우고, 불교실천운동을 전개하면서 용맹정진하였던 것이다.

조선불교계는 이 시기에 주어진 역사적 과제를 해결하지 못하고 미온적인 역할에 그쳤다. 즉 불교계는 수난과 오욕의 역사를 감당하였다. 조선총독부에 의해 만들어진 조선불교선교양종 체제는 일본 식민통치의 수혜자, 협력자였다. 그들은 불교의 역사관을 상실하고 일본불교의 대처식육 풍습을 받아들였다. 그에 반해서 계율을 지키는 조선승려는 극히 소수였다.

이처럼 혼란스런 시기에 용성은 청정한 승려로서 다양한 수행을 치열하게 하고, 경전을 열람하고, 포교운동을 하고, 조선불교를 바로 세우는 일에 진력했다. 그러면서 조선독립운동을 실현하려고 하였던 민족주의 인사들과 뜻을 같이 했다. 이런 그의 행보는 불교실천운동 그 자체였다.

용성 대종사가 실현하려고 하였던 이상세계는 다양한 행적에서 찾을 수 있다. 그가 경성에 대중포교를 목적으로 대각사를 창건하고, 역경·저술·포교의 근간이 되었던 대각운동을 전개한 것은 불교실천운동의 역사이다. 특히 용성이 가장 중요하게 여긴 대각교 운동은 우리 불교의 역사와 우리 불교의 자존심을 되살리는 운동이었다. 비록 조선총독부의 탄압으로 대각교 운동은 중도에 중단되고 말았지만, 용성이 이루고자 했던 불교실천운동의 이념 및 목표는 오늘날 대한불교조계종이 다양한 방면에서 계승하고 있다. 특히 선수행의 전통성을 전면적으로 이어가고 있다고 본다.

용성은 해방된 조선을 보지 못하고 열반하였다. 그러나 용성의 후예들이 재건한 대한불교조계종은 용성의 수행성, 청정성, 실천성 등을 전승하여 종단 이념의 지표로 인식하고 있다. 1950년대 정화불사를 거치면서 나온 1962년 통합종단의 재출발은 그 예증이다. 용성의 뜻은 한국불교정화운동의 전승에서 두드러졌다. 그리고 용성의 청정 불교관, 금강계단의 계율 정신, 대중선 중심의 수행 등은 종단이 수용, 활용해야 할 소재들이다.

조선불교는 일본이 조선을 침략하고 난 뒤에 일본불교인들에게 영향을 받았다. 그리고 8.15 해방을 맞아 일제의 억압에서 벗어나 재생의 기회를 얻었지만 조선불교계는 일본불교화에서 벗어나기에는 지난하였다. 일제 식민통치를 겪은 그 시대적인 산물은 은연중 조선불교 곳곳에 전승되었다. 이런 식민지 불교의 잔재를 제거하는 것이야말로 용성 사상의 계승 그 자체라고 하겠다.

용성이 걸어간 조선불교 전통성의 회복, 불교개혁운동, 불교실천운동 등은 조계종단의 이념적 초석이 되었다는 사실을 분명하게 인식해야 한다. 대한불교조계종의 재정립을 가져온 불교정화운동 때에 용성의 이념을 근거로 운동을 추동하였던 것이다. 이런 내용은 당시 문건의 곳곳에 나온다. 특히 불교정화운동 당시 용성의 계율 수호, 건백서 정신은 그 핵심이었다. 그의 불교전통 회복운동과 불교실천운동의 정신은 대한불교조계종의 정화이념의 사상적인 토대가 되어 전승되고 있다. 이제는 그 정신을 지금 이 시대에 맞게 변용하여 토착화시킬 과제를 맞고 있는 것이다.

> 1954년 12월 13일, 삼천만 민족은 들어라. 우리나라의 불교 정화는 세계 정화의 길이다. 불교 정화는 국토 정화다. 일본불교의 전승을 회계하고 진실로 불자가 되라. 자비의 묘음을 누가 듣고 발심하지 않으며 감동하지 않으리요.[50]

거듭 강조하건대, 대한불교조계종이 바르게 실천해야 할 종단의 목표는 전통불교의 계승과 일제 식민지의 잔재가 남아 있는 불교계의 문제점을 청산하는 일이다. 이를 통해 용성의 불교정신을 현대적으로 재조명하고, 그를 종단 정체성에 투영시켜야 한다. 작금에는 개혁종단에 대한 선양 및 역사만 찾고 있거니와 이는 몰 상식, 몰 용성사상, 몰 정화운동에 다름이 아니다. 이와 같이 종단 및 불교의 역사의식을 고려하지 않는 종단사, 운동사, 지성사는 반불교적인 노선이다.

용성의 불교실천운동 정신을 계승하여 청정 교단을 정립하고 미래불교계의 노선을 확고하게 지켜나가야 한다. 청정교단은 한국 불교계가 시행해야 할 현대적 책무이며 한국불교 미래의 과제이다. 용성의 사상에 근거하여 전통불교를 복구하고 실현하려고 했던 1950～1960

---

50 민도광, 『한국불교승단정화사』(정화사편찬위원회, 1980), p.181

년대 승려들은 불교정화운동을 성사시켰다. 그런데 현재 불교의 주역들은 용성의 지성, 고민, 행보, 실천성을 이해하지 못하고 있다. 아니 찾지도 않고 있다. 여기에 시대적 모순이 있는 것이다. 용성이 고민하고 실행에 옮겼던 불교의 대중화, 불교의 역경화, 불교의 포교화를 실천해야 한다. 이것이 바로 용성이 이루고자 했던 불교실천운동이다.

VI. 결론

용성이 출가하여 승려로서의 삶을 살았던 때는 격변과 혼란의 역사로 이어진 시기였다. 조선후기, 개화기, 근대기라는 이질적 문화현상이 융합되던 그 시기는 용성 개인뿐만 아니라 조선불교계로서도 큰 시련과 도전을 겪어야만 했다. 용성의 정체성을 상징하고 있는 불교실천운동은 그러한 시련을 극복하려는 노력에 다름이 아니었다. 실제로 용성은 대각교를 창종하여 조선불교를 위기에서 구해내고, 조선불교의 역사성과 전통성을 회복하기 위한 행보를 다각도로 추진하였다. 즉 용성은 조선불교의 정체성 정비 및 확립을 하기 위한 운동을 전 생애에 걸쳐 시종일관하였는데, 그 추진 자체가 용성의 정체성이 되었던 것이다.

본서에서는 이러한 용성의 삶과 실천운동을 그 시대적 상황 및 조선불교계의 모습에 투영시켜 살펴보았다. 지금껏 용성의 생애사, 행적, 역경 및 포교, 선농불교, 저술 등에 대한 단편적인 연구가 적지 않게 수행되었다. 필자는 그에 근거하여 용성 삶의 전체를 불교실천운동의 관점에서 살펴보았다. 이제 그 분석, 정리를 마감하면서 필자의 견해를 다음과 같이 대별하여 피력하고자 한다. 구체적으로는, 용성의 행적을 큰 가닥으로 묶어 음미하면서, 그의 불교실천운동이 한국불교 및 한국사회의 변화에 어떤 영향을 미치고 또 반영되었는지를 다음과 같이 정리해 보았다.

첫째, 용성은 자주·자립의 기조 하에서 수행을 하였다는 점이다. 산중불교로 상징되는 무교단의 정황 하에서 용성은 스스로 조선불교의 전통을 찾고, 그를 익히고, 홀로 수행하였던 것이다. 용성이 출가하여 비구승으로서의 삶을 시작했을 무렵, 조선불교계는 교단조차 갖추지 못한 채 혼미한 상태에 놓여 있었다. 불교 학문을 제대로 전수해 줄 교단도 갖추어져 있지 못했던 것이다. 그래서 용성은 스스로 조선불교의 전통인 삼장三藏을 수학하였고, 조선불교를 위해 해야 할 일들에 대한 사상적 기반을 구축하였다. 그 시기 일본불교는 조선 승려들의 도성출입 허가를 받아낸 것에 도움을 준 일로 감사와 찬양의 말을 들으면서 조선 곳곳에 포교당을 개설하여 교세를 확장하고 있었다. 용성은 조선불교가 일본불교화로 경도되는 것에 맞서 조선불교의 전통성 및 역사성의 회복으로 대응하였다. 용성이 조선불교의 정체성을 모색하고 대안을 수립하는 대상으로 검토한 것은 임제종 계승, 간화선 등이었다.

둘째, 용성은 계율을 전통불교, 조선불교의 핵심으로 내세웠다. 계율을 삼장의 일원, 승려들이 지키는 규칙 정도에서 벗어나 불교의 정체성을 대변하는 위상으로 끌어 올렸던 것이다. 용성은 계율의 철저한 수지라는 점에서도 모범적인 승려였다. 용성은 일본의 탄압과 회유에도 불구하고 수행에 전념하였다. 그러면서도 특유의 불교실천 운동을 구상하고 끈질기게 밀고 나갔다. 용성은 수행과정에서 조선불교의 정체성을 이어받은 비구승단의 구성을 촉구하였다. 그는 엄격하게 출가수행자로서의 계율을 지키면서 조선불교에 이러한 정신이 전승되도록 하는 일에 평생을 두고 진력하였다. 대처식육 반대의 건백서 제출, 무처승려 청정승려의 수행공간 확보 대안 마련, 범망경 번역 및 출판 등이 그런 성격을 대변한다.

셋째, 용성은 기존 교단을 부정하고 새로운 교단을 만든 종교혁명가였다. 그는 종교혁명을 단행하기 위해 많은 고민을 하고, 그를 실천하였다. 그리고 이는 단순히 기존 교단 행보에 대한 비판 차원에 머물지 않았다. 거기에는 용성의 철학, 이론 및 대안의 노선 수립, 실행이 있었다. 일면에서 전통불교, 조선불교를 그 시공간에 맞추려는, 변용을 통한 불교철학적인 재해석이라는 고투가 있었다. 필자는 이번 작업을 통해 그런 흔적, 지성적 행보를 감지만 하였다. 이 점은 후학들에 의해 조명, 분석되어야 할 것이다. 이런 구도, 배경 하에서 대각교, 대각운동이 조명되어야 할 것이다. 용성은 대각교를 통해 식민지 시대에 점점 왜색을 띠어 가는 불교교단에 맞서 조선불교의 정체성을 지키고자 노력하였다. 아울러 조선 민족의 독립이 없이는 불교의 진리성을 구현할 수 없다고 믿어 애국·독립지사들과 교류하였다. 또한 경학, 참선, 기도, 주력 수행 등 종합적인 수행불교를 모색하고 실천하는 일에도 관심을 보였다.

넷째, 용성의 지성, 행보, 대안에는 대중적·민중적 측면에서의 초점·관점이 강력하였다. 지금껏 이런 측면은 소홀하게 인식되었다. 물론 용성의 이념은 기본적으로 보수, 중도의 성격을 갖고 있지만 그의 행보의 저변에는 이 같은 진보성이 끈끈하게 깔려 있었음을 인정해야 할 것이다. 용성의 번역, 역경, 포교 등에는 이런 의식이 구현되었던 것이다. 용성은 3·1운동 후 서대문 감옥에서 수감생활을 하는 동안 불교포교에 대한 개안을 하게 되었다. 용성은 일반 대중들이 쉽게 불교경전을 대하고 이해할 수 있도록 '조선의 뜻'으로 번역하여 발간하는 작업에 많은 노력을 기울였다. 이와 더불어 '조선어'로 된 의식집儀式集도 만들어 '우리말' 의식화에도 선구적 역할을 하였다. 어린이 포교, 찬불가 운동 등의 실례도 이 같은 지성적 행보에서 나온 것이다.

다섯째, 용성은 독립운동가였다. 그의 독립운동은 정신, 문화, 사상의 측면에서의 고투였다. 그리고 그는 입적하는 그날까지 좌절, 변절, 타협하지 않았다. 민족지도자, 불교지도자로서의 고결한 삶을 걸어갔던 것이다. 지금껏 만해 한용운만 주목하였지만 이제 그 시선을 용성에게로 돌려야 할 것이다. 이제 용성에게서 그런 정신이 나온 저변, 배경, 지성 등을 찾고 적절한 자리매김을 해야 할 것이다. 용성의 항일정신은 불의와 타협하지 않겠다는 결연한 의지의 발로였다. 일본에 영합하여 일신상의 안락을 누리고자 했던 친일세력에 대한 준엄한 경종이었다.

여섯째, 용성의 지성, 사상의 계승에 대한 정립이 요청된다. 용성의 사상을 통해 조계종단이 재정립되었고, 조계종단 구성원의 상당수 승려가 용성문도라는 점을 주목해야 한다. 현재는 대각회, 대각사상연구원, 문중 및 문도 차원에서 용성사상의 모색이 검토되는 정도이다. 이제부터는 조계종단, 한국불교, 근대 지성사 등의 관점에서 용성을 찾고, 기리고, 이어가기 등을 해야 한다.

일부 측면에서 용성의 원력은 오늘날에도 이어져 한국불교와 조계종 단이 추진하고 있는 불교의 역경사업, 포교사업, 교육사업 등에 반영되었다. 그리고 용성이 그토록 염원했던 비구승단은 그 틀은 갖추어져 있으나 그 정신 및 사상은 공허하지 않은지 반추해 보아야 하겠다.

마지막으로, 필자는 연구를 위해 관련 자료들을 수집하고 정리하면서 경이롭고 아쉬운 감이 들었다. 특히 용성이 우리 근대 불교사에 끼친 공헌과 영향은 지대하였음에도 연구의 양과 질적인 측면에서 만해와 비교해서 너무나 소략하다는 생각마저 들 정도였다.

용성은 출가 후 열반에 들 때까지 무려 61년 동안 비구로서 조선불교 계를 위해 많은 업적들을 남겼다. 그 행보는 불교가 개혁할 방향을 제시함과 아울러 불교교단이 수행해야 할 과제들이었다. 그중에서 어떤 것들은 해결되었고, 어떤 것들은 아직도 미완인 채 해결해야 할 과제로 남아 있다. 근래 들어 용성을 연구하는 학자들이 증가하고 있음을 다행으로 생각하면서 우리 불교계에서 용성을 조명하는 사업들이 더욱 활발하게 펼쳐지기를 기대해 본다. 이제, 용성의 불교실천운동은 재조명되어야 하고, 그를 기반으로 지금 이 시대의 불교실천운동을 모색해야 한다.

참고문헌

〔경전류〕

『梵網經』卷下「菩薩心地戒品」(大正藏24, 1006,c)

〔자료집〕

金寂音 『禪苑』, 京城: 禪學院, 龍城全集 13

동산문도회, 『동산대종사문집』, 범어사, 1998

東山慧日 撰集, 『龍城禪師語錄』卷上, 京城: 三藏譯會, 龍城全集 1

東山慧日 撰集, 『龍城禪師語錄』卷下, 京城: 三藏譯會, 龍城全集

白相奎, 「大覺敎旨趣」, 京城: 大覺敎中央本部, 龍城全集 1

_____, 「譯經의 趣旨」龍城全集 3

_____, 「自敍」, 龍城全集 3

_____, 『覺說梵網經』, 京城; 大覺敎中央本部, 龍城全集 3

_____, 『覺海日輪』, 京城: 大覺敎堂 龍城全集 7

_____, 『금비라동자위덕경』, 京城: 大覺敎會, 龍城全集 9

_____, 『대각교의식』, 京城: 三藏譯會, 龍城全集 8

_____, 『大方廣圓覺經』, 京城: 大覺敎中央本部, 龍城全集 7

_____, 『釋迦史』, 京城: 大覺敎中央本部, 龍城全集 7

_____, 『釋迦史』, 京城: 大覺敎中央本部, 龍城全集 7

_____, 『釋迦史』, 京城: 三藏譯會, 龍城全集 7

_____, 『禪家龜鑑』, 京城: 三藏譯會, 龍城全集 7

_____, 『禪門撮要』, 京城: 三藏譯會, 龍城全集 4

_____, 『首楞嚴經鮮漢文演義』, 京城: 漢城圖書株式會社, 龍城全集 9

_____, 『修心論』, 京城: 大覺敎中央本部, 龍城全集 1

_____, 『신역대장경』, 京城: 三藏譯會, 龍城全集 5

_____, 『心造萬有論自敍』, 京城; 三藏譯會, 龍城全集 4

_____, 『吾道는 覺』, 京城: 三藏譯會, 龍城全集 4

_____, 『臨終訣』, 京城: 三藏譯會, 龍城全集 5

_____, 『조선글 화엄경』, 京城: 三藏譯會, 龍城全集 12

_____, 『조선글 화엄경 일곱째권-열둘째권』, 「저술과 번역에 대한 연기」, 京城: 三藏譯會, 龍城全集 12

_____, 『晴空圓日』, 京城: 大覺敎中央本部, 龍城全集 8

_____, 『팔상록』, 京城: 三藏譯會, 龍城全集 9

_____, 『歸源正宗』, 京城: 漢城圖書株式會社, 龍城全集 8

_____, 『佛門入敎問答』, 京城: 朝鮮禪宗中央布敎堂, 龍城全集 8

龍城震鍾, 『호국호법삼부경』(금강명경, 묘법연화경, 신역구역호국인왕경), 大覺會, 龍城全集 10

休靜, 『禪家龜鑑)』, 京城: 大覺會, 龍城全集 7

〔단행본, 논문〕

강석주·박경훈, 『불교근세백년사』, 민족사, 2002.

고광덕, 「용성선사의 새불교운동」, 『불광』 58~58호, 1978.

김경집, 『한국근대불교사』, 경서원, 2000.

_____, 『한국불교 개화기 교단사 연구』, 동국대 박사논문, 1996

김정희, 「백용성의 대각교의 근대성에 대한 소고- 마음(覺)을 중심으로」, 『불교학연구』 17호, 2007.

_____, 「백용성의 이상사회와 불교개혁 ; 근대와 전통의 만남」, 『철학사상』 17호, 2003.

_____, 「백용성의 생애와 불교개혁론」, 『불교평론』 45호, 2010.

김석주, 「연변지역 불교의 발전과 대각교회 연구」, 『대각사상』 16집, 2011.

김광식, 『용성』, 민족사, 1999.

_____, 『한국 근대불교사 연구』, 민족사, 1996.

_____, 『한국 근대불교의 현실인식』, 민족사, 1998.

_____, 『새불교운동의 전개』, 도피안사, 2002.

_____,『민족불교의 이상과 현실』, 도피안사, 2007.

_____,『한용운 평전』, 참글세상, 2009.

_____,『동산대종사와 불교정화운동』, 영광도서, 2009.

_____,『한국현대선의 지성사 탐구』, 도피안사, 2010.

_____,『한용운 연구』, 동국대출판부, 2011.

_____,『불교와 국가』, 국학자료원, 2013.

_____,『불교근대화의 이상과 현실』, 선인, 2014.

_____, 1910년대 불교계의 조동종맹약과 임제종운동」,『한국민족운동사연구』 10집, 1994.

_____,「1926년 불교계의 帶妻食肉論과 白龍城의 建白書」,『한국독립운동사연구』 11, 1997.

_____,「백용성의 독립운동」,『대각사상』 창간호, 1998.

_____,「백용성의 선농불교」,『대각사상』 2집, 1999.

_____,「백용성의 불교개혁과 대각교 운동」,『대각사상』 3집, 2000.

_____,「한국현대불교와 정화운동」,『대각사상』 7집, 2002.

_____,「불교 근대화의 노선과 용성의 대각교」,『대각사상』 10집, 2007.

_____,「백용성 계율사상의 계승의식 - 동산·고암·자운을 중심으로」,『대각사상』 10집, 2007.

_____,「백용성 연구의 회고와 전망」,『대각사상』 16집, 201.

_____,「대각교의 조선불교 선종총림으로의 전환 과정 고찰」,『대각사상』 20집, 2013.

_____,「근·현대 불교, 연구 성과와 과제」,『한국불교학』 68집, 2013.

金振九,「金玉均과 朴泳孝」,『삼천리』 제15호, 1931.

김순석,『일제시대 조선총독부의 불교정책과 불교계의 대응』, 경인문화사, 2004.

_____,「한용운과 백용성의 근대 불교개혁론 비교연구」,『근현대사연구』 35집, 2005.

_____,「개항기 일본 불교종파들의 한국 침투」,『한국독립운동사연구』 8집, 1994.

_____,「중일전쟁 이후 선학원의 성격 변화」,『선문화연구』 창간호, 2006.

김영태,『특강 한국불교사상』, 경서원, 1997.

김치온, 「용성선사의 선밀쌍수에 관한 고찰」, 『선문화연구』 12집, 2012.

동봉, 『평상심이 도라 이르지 말라 - 용성 큰스님 어록』, 불광출판사, 1993.

마성, 「백용성의 승단정화 이념과 활동」, 『범어사와 불교정화운동』, 영광도서, 2008.

문선희, 「용성 선사의 『수심정로』에 대한 소고」, 『대각사상』 6집, 2003.

_____, 「선수행의 대중화에 대한 일고 - 용성선사를 중심으로」, 『대각사상』 13집, 2010.

민도광, 『한국불교승단정화사』, 한국불교승단정화사편찬위원회, 1996.

백용성, 『각해일륜』, 불광출판부, 2004.

신규탁, 「『각해일륜』의 분석」, 『대각사상』 11집, 2008.

_____, 「『육조단경』과 용성선사」, 『대각사상』 12집, 2009.

_____, 「『범망경』「상권」과 「하권」의 관계에 대한 소고 -심지(心地) 수행과 계율(戒律) 실천의 병행」, 『한국선학』 29, 2011

_____, 『근현대 불교사상 탐구』, 새문사, 2012.

심재룡, 「근대 한국불교의 네가지 반응 유형에 대하여 -論 ; 한국근대 불교의 四大 사상가」, 『철학사상』 16집, 2003.

원두, 「용성문도와 불교정화의 이념」, 『범어사와 불교정화운동』, 영광도서, 2008.

원영, 「삼취정계의 형성과 자서수계」, 『대각사상』 10집, 2007.

이광린, 『개화당 연구』, 일조각, 1973.

_____, 『개화기 연구』, 일조각, 1997.

李能和, 『조선불교통사』, 동국대출판부, 2010.

이덕진, 「용성 진종의 선사상에 관한 일고찰」, 『한국불교학』 48집, 2007.

이영선, 『금강산건봉사 사적기』, 동산법문, 2003.

이현희, 『한국개화백년사』, 한국학술정보(주), 2004.

정광호, 『근대한일불교관계사연구 -일제의 식민지정책과 관련하여』, 경희대학교 박사논문, 1989

_____, 「한국 근대불교의 '帶妻食肉'」, 『한국학연구』 3집, 1991.

_____, 『한국불교최근백년사편년』, 인하대출판부, 1999.

조계종 불학연구소, 『불교근대화의 전개와 성격』, 조계종출판사, 2006.

_____, 『경허·만공의 선풍과 법맥』, 조계종출판사, 2009.

종호, 『임제선연구』, 경서원, 2001.

지관, 『한국불교의 계율전통』, 가산불교문화연구원, 2005.

진관, 『근대불교 정화운동사 연구』, 경서원, 2009.

____, 「개화승 이동인 연구」, 『한국불교학』 58집, 2010.

____, 『동산의 불교계 정화운동 연구』, 운주사, 2014.

차차석, 「일제하 간도지역의 한인사회와 불교」, 『간도와 한인종교』, 한국학중앙연
    구원 문화와종교연구소, 2010.

최병헌, 「일제불교의 침투와 식민지불교의 성격」, 『한국사상사학』 7호, 1995.

_____, 「일제의 침략과 불교」, 『한국사연구』 114호, 2001.

_____, 「근대 한국불교 선풍진작과 덕숭총림」, 『경허·만공의 선풍과 법맥』, 조계
    종출판사, 2009.

_____, 「한국불교 역사상의 조계종」, 『불교평론』 51호, 2012.

_____, 「한국의 역사와 불교 – 사회전환과 불교변화」, 『한국불교사 연구 입
    문』(상), 지식산업사, 2013.

한동민, 「1910년대 선교양종 30본산연합사무소의 설립과정과 의의」, 『한국민족운
    동사연구』 25집, 2000.

_____, 「사찰령 체제하 본산제도 연구」, 중앙대학교 박사논문, 2005.

한보광, 『용성선사연구』, 감로당, 1981.

_____, 「용성선사의 수행방법론」, 『이지관스님 화갑기념논총 한국불교문화사상
    사』, 가산불교문화연구원, 1992.

_____, 「용성스님의 전반기의 생애」, 『대각사상』 창간호, 1998.

_____, 「용성선사의 불교개혁론」, 『회당학보』 2집, 1993.

_____, 「용성스님의 중반기의 생애」, 『대각사상』 2집, 1999.

_____, 「용성스님의 후반기의 생애(1)」, 『대각사상』 3집, 1999.

_____, 「용성스님의 후반기의 생애(2)」, 『대각사상』 4집, 2002.

_____, 「백용성스님의 역경활동과 의의」, 『대각사상』 5집, 2003.

_____, 「백용성스님의 불교정화운동」, 『대각사상』 7집, 2004.

_____, 「백용성스님의 삼장역회 설립과 허가취득」, 『대각사상』 9집, 2006.

_____, 「백용성스님과 한국불교의 계율문제」, 『대각사상』 10집, 2007.

_____, 「대각사의 창건시점에 관한 제문제」, 『대각사상』 10집, 2007.

_____, 「백용성스님의 대각증득과 점검에 관한 연구」, 『대각사상』 11집, 2008.

_____, 「백용성스님의 민족운동」, 『대각사상』 14집, 2010.

_____, 「백용성스님과 연변 대각교당에 관한 연구」, 『대각사상』 16집, 2011.

_____, 「백용성스님 국역 『조선글 화엄경』 연구」, 『대각사상』 18집, 2012.

_____, 「백용성스님의 해인사 및 고암스님과의 인연」, 『대각사상』 20집, 2013.

한상길, 「개화를 향해 달려간 비운의 승려 이동인」, 『불교평론』 46호, 2011.

_____, 「한국 근대불교와 오쿠무라 엔신」, 『일본불교사연구』 9호, 2013.

_____, 「근대 화계사의 역사와 위상」, 『대각사상』 19집, 2013.

호정, 『용성선사의 대각사상 연구』, 연세대 박사논문, 2014.

____, 「용성 선사의 선사상」, 『한국선학』 34호, 2013.

____, 「용성 선사의 대원각성 이해」, 『대각사상』 19집, 2013.

홍윤식, 「대각교 운동의 역사적 위치」, 『대각사상』 창간호, 1998.

허우성, 「백용성 : 대각교 운동은 자아완성과 구세의 길」, 『불교평론』 50, 2012.

〔신문〕

『間島新報』 1938. 4. 12. 「용정대각교에 대하여 경성본부에서 해산명령」

『獨立新聞』 1920. 3. 1. 「大韓民國臨時政府」

『獨立新聞』 1920. 3. 1. 「1919. 11. 15에 發表된 대한승려연합회 선언」

『東亞日報』 1920. 4. 6. 「3·1獨立運動 全國示威의 主動者」(1919年 特像 第1號同 第5號, 高等法院管轄裁判所決定書謄本)

『東亞日報』 1920. 7. 12. 「삼일운동」

『東亞日報』 1921. 9. 18. 「불교청년주최인사동회관에서, 白龍城씨 청빙코강연회 개최, 모임欄」

『東亞日報』 1921. 8. 28, 「불교의 민중화 운동 삼장역회의 출현」.

『東亞日報』 1921. 12. 23. 「 3·1獨立運動으로 入獄中이던 民族대표」.

『東亞日報』 1925. 10. 31. 「참지 못할 一呵(下의 三) 去益悲運의 佛教界」

『東亞日報』 1926. 5. 6. 「朝鮮佛教禪宗派 大本山 梵魚寺에서」

『東亞日報』1926. 5. 12. 「이달에 賣佛事件으로 면직을 당한」

『東亞日報』1926. 5. 19. 「이달에 一部 住持와 全國 各寺의」

『東亞日報』1926. 5. 19. 「犯戒生活禁止陳情」.

『東亞日報』1926. 6. 9. 「己未獨立萬歲運動 당시 33人의」

『東亞日報』1938. 4. 3. 「龍井大覺教會에 突然解散通告, 기부금 만오천원도 반환 요구에 대한, 信徒會서 對策講究」

『每日申報』1912. 5. 26. 「京城 中部 寺洞에 새로 設立한 朝鮮臨」

『每日申報』1919. 3. 7. 「午後 2時경 서울 鍾路 파고다」

『每日申報』1919. 3. 7. 「高等警察關係年表」

『每日申報』1919. 8. 3. 「朝鮮總督府判事 永島雄藏」

『신한민보』1921. 2. 24. 「대한독립선언서」

『신한민보』1921. 3. 3. 「한국 독립선언서 본문」

『신한민보』1922. 3. 2. 「축 독립선언 제4년」

『신한민보』1924. 3. 6. 「선언서 일부와 공약들」

『朝鮮佛教月報』第6號(1912. 5), 「佛教의 30本山 住持 總會가」

『朝鮮佛教月報』15호(1913. 4)

『皇城新聞』光武 6. 29, 「韓國佛教 視察次로 日本淨土宗에서」

〔잡지〕

『개벽』제16호(1921 10), 「智之端」(논설)

『佛教』창간호(佛教社, 1924. 7), 「禪話漏說」

『佛教』3호(佛教社, 1924. 9), 「禪話漏說」

『佛教』4호(佛教社, 1924. 10), 「禪話漏說」

『佛教』5호(佛教社, 1924. 11), 「因緣觀」

『佛教』6호(佛教社, 1924. 12), 「因緣觀」

『佛教』7호(佛教社, 1925. 1), 「因緣觀」

『佛教』9호(佛教社, 1925. 3), 「因緣觀」

『佛教』15호(佛教社, 1925. 9), 「活句參禪萬日結社會臨時事務所發表」

『佛教』43호(1927. 11), 「화엄경전질 백용성에 의하여 한글로 번역됨」

288

『佛教』61호(佛教社, 1929. 7), 「八日佛事와 設戒大會」

『佛教』62호(佛教社, 1929. 8)

『佛教』93호(1932. 3), 白龍城, 「中央行政에 對한 希望」

『佛教時報』13호 (彙報), 「大覺教堂을 海印寺京城布教所로 變更」

『佛教時報』17호(1936. 12), 「大覺教堂이 다시 大本山梵魚寺京城布教所로 移轉
    手續」

『佛教時報』59호 釋大隱, 「故白龍城大禪師의 追慕」

『佛教時報』, 59호(1940. 6)

『禪苑』(禪學院) 2호

『신한청년』창간호, 「한국승려연합대회선언서」

『삼천리』제5권 제1호, 「半島에 幾多人材를 내인 英・美・露・日 留學史」, 1933.

『삼천리』제8권 12호(1936. 12), 白龍城, 「나의 懺悔錄」

『唯心』1918,7.10,20, 백용성, 「破笑論」

『朝鮮佛教』89호, 沈斗爕, 「白龍城師를 訪ねて」

〔자료집〕

『대한민국임시정부자료』, 獨立運動史 目錄詳載 該卷之首

『대한민국임시정부자료』, 제6호(1920. 10), 「해외불교도성명서」

『동학농민혁명자료총서』, 『東經大全』판본 종류

「萬日禪會 芳啣錄」, 1926~1928.

『서울 6백년사』, 제3권, 서울특별시, 1979.

「禪學院 上樑文」, 「財團法人 禪學院略史」(선학원), 1986

「禪學院創設緣起錄」, 선학원,

『禪院總覽』, 조계종 불학연구소, 조계종출판사, 2000.

『承政院日記』, 고종9년(1872 임신), 3. 20.

『承政院日記』, 고종11년(1874 갑술), 2. 24.

『承政院日記』, 고종18년(1881 신사), 2. 10.

『承政院日記』, 고종18년(1881 신사), 8. 2.

『承政院日記』, 고종21년(1884 갑신), 6. 17.

『承政院日記』, 고종21년(1884 갑신), 11. 24.

『承政院日記』, 고종32년(1895 경자), 3. 29.

『承政院日記』, 고종44년(1907 광무11), 6. 9.

『연변문사자료』, 제8집(종교사료 전집)

『조계종사』(근현대편), 조계종출판사, 2005.

『朝鮮總督府 統計年報』, 朝鮮總督府官報

『韓民族獨立運動史資料集』(三・一運動I ; .三一獨立宣言關聯者訊問調書(京城地
　方法院, 國漢文),「白相奎 신문조서(제2회)」

『태고종사』, 종단사간행위원회, 2006.

『한국불교승단정화사』, 한국불교승단정화사 편찬추진위원회, 1980.

『한국독립운동사 자료집』, 4(임정편Ⅳ), 史料集『獨立運動의 事件第』

『한국독립운동사 자료집』, 8(종교운동편)

『한국독립운동사 자료집』, 20(임정편Ⅴ), 上海佛租界工務局文書(낭트소장사료)

찾아보기

【ㄱ】

『각설범망경』 237

『각해일륜覺海日輪』 52, 144, 146, 231

각황사覺皇寺 97

간화선 15, 49, 52, 147, 226, 276

간화선 수행 49

갈마아사리 243

강대련 94

강영균康永勻 96

개교사장開教師長 91

『개벽』 141

개화승 23, 25, 30, 39, 42

개화파 25

건백서建白書 179, 184

건봉사 27

경성지방법원 125

경허 144

「故白龍城大禪師의 追慕」 268

고운사 13

고종 22, 51

공약 3장 109

관음사 71

교수화상 243

구경각 깨달음 61

국가보안법 120

『귀원정종歸源正宗』 83, 84

「극락세계 노정기」 267

금강계단 54, 73, 237, 238

금강마하반야바라밀경전부대의륜관 143

금강산 49

금광 15, 103

금봉金峰 67

『금비라동자위덕경』 159

『기신론』 146, 234

김상봉 51

김옥균 23, 28

【ㄴ】

「나의 참회록」 228

내란죄 120

내원암 177, 199

노동선勞動禪 217

【ㄷ】

다라니 수행 44

대각大覺 148, 161

대각교 15, 146, 156, 160, 249, 275

대각교당 15, 255

대각교 운동 158, 187, 208, 262

대각교 포교당 210, 212, 214, 222
대각사 225
대각운동 146, 237
대곡파大谷派 37
대선사 법계法階 98, 100
대승계大乘戒 172
대은大隱 56, 245
대중불교 229
대중선 160
대중선 운동 157, 225, 230
대처육식帶妻肉食 176
대한불교조계종 272
대한승려연합회 122, 124
덕밀암 31, 32, 42
도성출입금지 39
도솔암兜率庵 47, 53
도은 66
독립선언서 14, 108
독립운동가 278
동산東山 199, 242
『동아일보』 135, 176, 179, 261

【ㅁ】
만공 65
만일참선결사회 177, 187, 191
만하 승림 57, 245
만해 121
망월사 177, 187, 191
명진학교明進學校 73

무불無不 23, 27
무용 49
무자화두 49, 59
무종단無宗團 상태 76
무처승려 186
문화정책 150
미타회彌陀會 74
민족대표 108, 110, 129

【ㅂ】
박영효 35
박한영 162
「반야심경」 163
백담사 27
백운산 218
백장청규 217, 219
범어사 92, 144, 152, 177, 223, 242
법륜사 153
법천암 69
보조 지눌 52, 229
부인선원 15, 226
부처님 탄신일 23
북경 71
북청 103
『불교佛教』 164, 166, 188, 210, 228
불교근대화 14
『불교시대佛教時報』 223
『불교시보』 255
불교실천운동 11, 14, 21, 99, 137, 162,

228, 260, 274

불교연구회佛敎硏究會 73

불교혁신 172

『불문입교문답佛門入敎問答』 89

『불일佛日』 162

불지암 67

비구계 54, 56

【ㅅ】

사곡獅谷 75

사법寺法 80

사법 개정 179

사찰령寺刹令 80, 81

30본사 주지회의 79

삼일암 59

3·1운동 14, 105, 106, 108, 110, 121

삼장역회 135, 139, 161, 170, 263

『삼천리』 228, 251

상비로암上毘盧庵 66

상선암上禪庵 59

상허相虛 44

서대문감옥 120, 130

서상수계瑞祥受戒 55

『석가사』 245

석왕사釋王寺 153

『선가구감』 227

선곡禪谷 55

선농불교 15, 218, 220

선농일치 217, 221

『선문염송』 66

『선문요지』 68

『선문촬요』 229

선우공제회禪友共濟會 155

『선원禪苑』 154, 168

선의禪意 162

선학원禪學院 149, 152, 177

선학원 상량문 151

「선학원禪學院 일기요초日記要抄」 154

「선학원창설연기록」 151

「선화누설禪話漏泄」 162, 164

선회禪會 225

성주암聖住庵 67

손병희孫秉熙 106

송광사 13

수계산림 계첩판 173

수선회修禪會 67

수월 44

승니가취 176

승려선언서 122

시민선방 226

신문 조서 115

『신역대장경』 142

실천불교 229

심전개발운동心田開發運動 251

『심조만유론心造萬有論』 139

【ㅇ】

아미타불 공안 267

연길 217, 218, 256

5가 선종禪宗 164

오도송悟道頌 47, 59, 61

『오도吾道는 각覺』 233, 246

『오도吾道의 진리眞理』 234, 248

오성월 94, 101, 144, 152, 226

옥련암 66

『용성선사어록』 222

『용성전집』 19

용정 15, 208, 210, 214, 256

운허 용하 222

원당암 74

원종圓宗 73, 75, 91

원흥사元興寺 73, 79

유대치 24

유사종교 259

『유심唯心』 104

유심론唯心論 140

유처승려 186

율맥律脈 57

율사律師 241

을사보호조약 68

의용승군체 123

2차 깨달음 60

이동인李東仁 23, 27, 29, 34

이보담 68, 75

이지관 55

이회광 73

「인연관」 164, 166

1차 깨달음 47

일련종 37

일본불교화 13, 80, 184, 262, 276

일요불교학교 15

임제종 94, 150, 152, 276

임제종 운동 92

임제종중앙포교당 91, 92

임제파강구소 95, 101

「임종결」 265

「입회선중주의사항入會禪衆注意事項」 194

【ㅈ】

자장 55, 57

전법傳法 의식 242

정수별전선종활구참선결사精修別傳 禪宗活句參禪結社 190

정토종 75

정토진종淨土眞宗 37

정혜사 64

제산 정원 65

조동종 91

조사선祖師禪 167

『조선글 화엄경』 207

조선독립운동 14, 210

조선불교선교양종 79, 94, 138, 150, 177, 234, 269

조선불교선종총림 255, 263

조선불교임제종 80

『조선불교』 179
조선선종포교당 97
조선임제종 100
조선임제종중앙포교당 120
조선총독부 79, 129, 150
조주趙州 165
종교혁명가 277
주력수행 46
중앙교무원 257

【ㅊ】
차홍식車弘植 23
「참회록」 251
『청공원일晴空圓日』 157
청규淸規 51
총본산 건설운동 243
최남선 108
최제우 31
출판법 위반 120
칠불 계맥 243
칠불선원 70, 83, 84
칠불암七佛庵 56

【ㅌ】
탁정식 33
태화관 108, 110
통도사 13, 54, 92
통주通州 72

【ㅍ】
「파소론破笑論」 104
『팔상록』 161
「팔일불사와 설계대회」 172
평상심平常心 49
표훈사表訓寺 13, 48, 53

【ㅎ】
한국불교정화운동 272
한용운 16, 92, 94, 104, 106, 110
해동선원 83
해인사 13, 43, 59, 242, 270
해인사 장경불사 68
혜월慧月 42, 64
호국사 70
호붕 59
홍월초 68
화과원 15, 218, 219, 221, 232
화두 147
『화엄경』 49, 199, 202
화엄사 65
화월 43
「활구참선만일결사」 188
「활구참선만일결사발원문」 197
「활구참선의 이전移轉」 199
흥국사 29

진관眞寬

1980년 동국대학교 불교대학 승가학과 수료

1986년 서울예술대학 문예창작과 졸업

1990년 광주대학교 신문방송학과 졸업

1992년 조선대학교 교육대학원 교육학과 석사

1999년 동국대학교 행정대학원 북한학과 석사

2007년 중앙승가대학교 대학원 박사과정 수료

2010년 동국대학교 선학과 대학원 박사과정 수료

2012년 중앙승가대학교 대학원 문학박사학위 취득

2014년 동국대학교 불교대학 철학박사학위 취득

주요 학술 저서로 『대각국사 의천 연구』(공저), 『동산의 불교계 정화운동 연구』, 『고구려시대의 불교수용사 연구』, 『한국불교 정화운동 연구』(공저), 『근대불교 정화운동사 연구』, 『태고 보우 임제종 연구』(공저), 『불교의 생명관』, 『고려전기 불교사 연구』(공저), 『청담대종사 실천사상 연구』 등이 있다.

용성 사상 연구

초판 1쇄 인쇄 2023년 4월 12일 | 초판 1쇄 발행 2023년 4월 24일
지은이 진관 | 펴낸이 김시열
펴낸곳 도서출판 운주사

(02832) 서울시 성북구 동소문로 67-1 성심빌딩 3층
전화 (02) 926-8361 | 팩스 0505-115-8361
ISBN 978-89-5746-723-7 93220 값 20,000원
http://cafe.daum.net/unjubooks 〈다음카페: 도서출판 운주사〉